EU	European Union		(従来の EC に共通外交政策、司法・内務協力を加えた総称)
FAO	Food and Agriculture Organization of the United Nations		国連食糧農業機関
FTA	Free Trade Agreement		自由貿易協定
FTAA	Free Trade Area of the Americas		米州自由貿易地域
G8	Group of Eight		先進主要国（日、米、英、仏、独、加、伊、露）
GATS	General Agreement on Trade in Services		サービスの貿易に関する一般協定
GATT	General Agreement on Tariffs and Trade		関税及び貿易に関する一般協定
GDP	Gross Domestic Product		国内総生産
GEF	Global Environment Facility		地球環境ファシリティー
GII	Global Issues Initiative		地球規模問題イニシアティヴ
GNP	Gross National Production		国民総生産
HDI	Human Development Index		人間開発指数
HIPCs	Heavily Indebted Poor Countries		重債務貧困国
IAEA	International Atomic Energy Agency		国際原子力機関
IBRD	International Bank for Reconstruction and Development		国際復興開発銀行（世銀グループ）
ICBM	Intercontinental Ballistic Missile		大陸間弾道ミサイル
ICC	International Criminal Court		国際刑事裁判所
ICCPR	International Covenant on Civil and Political Rights		市民的及び政治的権利に関する国際規約（自由権規約）
ICESCR	International Covenant on Economic, Social and Cultural Rights		経済的、社会的及び文化的権利に関する国際規約（社会権規約）
ICISS	International Commission on Intervention and State Sovereignty		介入と国家主権に関する国際委員会
ICJ	International Court of Justice		国際司法裁判所
ICPD	International Conference on Population and Development		国際人口・開発会議
ICRC	International Committee of the Red Cross		赤十字国際委員会
IDA	International Development Association		国際開発協会（世銀グループ）
IDB	Inter-American Development Bank		米州開発銀行
IEA	International Energy Agency		国際エネルギー機関
IFAD	International Fund for Agricultural Development		国際農業開発基金
IFC	International Finance Corporation		国際金融公社（世銀グループ）
IIC	Inter-American Investment Corporation		米州投資公社
ILO	International Labour Organization		国際労働機関
IMF	International Monetary Fund		国際通貨基金
INF 条約	Treaty on Intermediate-Range Nuclear Forces		中距離核戦力全廃条約
IOM	International Organization for Migration		国際移住機関
IPCC	Intergovernmental Panel on Climate Change		気候変動に関する政府間パネル
IPPF	International Planned Parenthood Federation		国際家族計画連盟
IRA	Irish Republican Army		アイルランド共和軍
IRC	International Red Cross		国際赤十字

ニューフロンティア
国際関係

The New Frontier of International Relations

安藤 次男　奥田 宏司　原 毅彦　本名 純　編

東信堂

はしがき

　私たちの日々の生活は、経済活動の問題であれ、平和の問題であれ、世界の国々との日常的な緊密な関係を抜きにしては成り立たない「グローバル化の時代」にある。このような新しい世界のあり方を正確に認識してよりよい国際社会を目指すことが国際関係学の課題である。

　立命館大学国際関係学部はこれまでに、国際関係学への導入をはかる入門書として、『プロブレマティーク国際関係』（東信堂、1996年）と『クリティーク国際関係』（東信堂、2001年）を刊行してきた。この2冊は、1年次の基礎演習の授業のテキストとなり、広く全国の大学でも教材として受け入れられてきた。本書は、国際関係学部のスタッフが共同研究と共同作業によって編纂したシリーズ3冊目という性格を持っており、国際関係研究の新しい地平を切り拓こうという意気込みを込めて『ニューフロンティア国際関係』と名づけた。

　現代国際社会を総合的に捉える眼を養うことを目的とする点では、これまでの2冊と共通するが、本書は次のような4つの特色を持っている。

　第1に、21世紀の世界に特有の現象に注目したこと。21世紀に入ってグローバル化がさらに深まり、しかも、2001年の9・11同時多発テロ事件をきっかけに国際社会のあり方が激変したので、その変化を視野に入れた新しい分析を盛り込んだ。

　第2に、環境破壊、開発と人権、EUの地域統合など、現代国際社会の「グローバル化」「越境化」の最前線を担っている課題を正面から取り上げて、その実態を分析した。

　第3に、現実の国際関係が、法や政治や経済や文化などという個別の分野だけに限ってバラバラに生起するのでなく、それらが複合的にからみ合って進行している実態に即して、第6章では環境問題の複合的な背

景に迫るために環境経済学と地域政治学の両面からアプローチし、第7章では開発と人権との相克を捉えそれを克服するという視点から経済学と法学の融合が図られ、第9章ではEUという地域統合の試みの全体像に迫るために経済的な側面と文化的な側面の関連性に注目した。

　第4に、国際関係学の学習は、対象が幅広いだけにともすれば個別の争点だけに眼がいって国際社会の全体像が見えてこないという「トピック主義」になりかねないので、第1〜3章は、国際社会の枠組みを大きく捉える眼を養うような内容とした。

　各章の位置づけを少し説明しておきたい。

　第1章は、国際関係の構造をどう捉えるかを歴史的視点も含めて論じたもので、経済的な視点から論じた第2章、文化的な視点から論じた第3章とあわせて総論的な性格を持たせている。平和については、戦争と平和という両面から考えることが必要であり、第4章と第5章を当てた。第6章から第9章までは、現代国際社会の重要な個別課題である環境、開発と人権、情報化、地域統合について論じた。日本で国際関係学を学ぶのであれば、日本への的確な洞察力が要求される。第10章は主に経済的な視点から日本の現状と課題を検討し、終章は日本と東アジアの関係をナショナリズムの史的視点から考察して東アジア地域における日本のあり方を考えようとするものである。次の時代を担うたくさんの若い世代が本書を通して国際関係学への関心を高めてほしいと願っている。

　今回の出版に当たっても、東信堂の下田勝司社長と編集担当の二宮義隆氏をはじめとするスタッフの方々からたいへん貴重な御助力をいただいた。記して、感謝の意を表したい。

　　2006年2月

編集委員を代表して
安藤次男

目次／ニューフロンティア国際関係

はしがき …………………………………………………………… i

第1章　国際関係学の構築へ ………………… 安藤　次男 …… 3
　本章のねらい (3)
- **1　国際社会の成立** ……………………………………… 4
  - 1　ビリヤードモデルの世界？ (4)
  - 2　冷戦とポスト冷戦の時代 (7)
  - 3　グローバル化の時代へ (9)
- 論点1 (11)
- **2　9・11事件は世界をどう変えたのか** ……………… 11
  - 1　9・11事件とその衝撃 (11)
  - 2　テロとの戦い (13)
  - 3　アメリカ帝国？ (14)
- 論点2 (17)
- **3　21世紀の国際社会** ………………………………… 17
  - 1　多様なアクターが活躍する時代 (17)
  - 2　グローバル市民社会の可能性 (19)
  - 3　国際関係学の構築を目指して (22)
- 論点3 (23)
- **参考文献** (23)

第2章　世界の資本主義体制の変化 ……… 奥田　宏司 …… 25
　本章のねらい (25)
- **1　IMF・GATT体制の成立** ………………………… 26
  - 1　1930年代のブロック経済 (26)
  - 2　第2次世界大戦の性格 (27)
  - 3　ブレトン・ウッズ会議と戦後の国際諸機関の設立 (28)
  - 4　植民地体制の崩壊（南北問題）と冷戦構造 (29)
- 論点1 (30)
- ●コーヒーブレイク　冷戦とドル危機 (30)

2　多国籍企業、多国籍銀行、NIEs……31
1　多国籍企業、多国籍銀行と世界経済 (31)
2　途上国開発問題と NIEs の登場 (34)

論点 2 (36)

3　現代の世界経済……36
1　IT 化と蘇生するアメリカ経済 (36)
2　今日の日本経済 (38)
3　EU 経済 (39)
4　エマージング市場の通貨危機と「東アジア共同体」構想 (40)

論点 3 (42)
参考文献 (42)
用語解説 (42)

第 3 章　「文化」の変化、変化の文化 ………… 原　毅彦……45
本章のねらい (45)

1　「文化 culture」以前（その 1）：ギリシャ……46
1　ヘロドトス (46)

●コーヒーブレイク (1)　「文化 (culture)」という語の歴史 (48)

2　さまざまな方法 (49)
3　世界の果て (52)

論点 1 (54)

2　「文化」以前（その 2）：新世界……54
1　ルネサンスと大航海時代 (54)
2　1492 年 (56)
3　ラス・カサス (61)

論点 2 (63)

3　変貌する文化……63
1　国家と民族 (63)
2　資源と民族 (65)
3　教育と民族 (66)

論点 3 (68)

●コーヒーブレイク (2)　文化の諸定義 (69)

参考文献 (69)

第4章　自衛のための戦争、人道のための戦争 ………………………… 小林　誠 …… 71

本章のねらい (71)

1　軍事化された世界 ………………………………………… 72
　1　人間存在と戦争 (72)
　2　近代の戦争 (73)
　3　冷戦は終わったけれど…… (75)

論点1 (77)

2　自衛のための戦争 ………………………………………… 77
　1　国際関係のアナーキーと自衛 (77)
●コーヒーブレイク (1)　戦争と祭司 (80)
　2　国際法は自衛のための戦争を防止するか (81)

論点2 (84)

3　人道のための戦争 ………………………………………… 84
　1　冷戦の終焉と人道のための戦争 (84)
　2　正しい戦争というロジック (86)
　3　コソボ空爆は人道のための戦争か？ (89)

論点3 (90)

●コーヒーブレイク (2)　民主主義による平和 (90)

参考文献 (91)
用語解説 (91)

第5章　現代の平和 ………………………………… 石原　直紀 …… 93

本章のねらい (93)

1　共有する平和 …………………………………………… 94
2　国連安全保障理事会と平和 …………………………… 96
　1　安全保障理事会の仕組み (96)
　2　安全保障理事会の行動 (98)

3　安保理決議と武力行使 (99)

論点1 (104)

3　平和維持活動 …………………………………………………104
　　　1　国連平和維持活動の発展 (104)
　　　2　冷戦後の平和維持活動 (106)
　　　3　国連 PKO と平和構築活動 (108)

論点2 (110)

4　アフリカの紛争と国連 …………………………………………110
　　　1　アフリカ紛争の事例 (110)
　　　　　①ルワンダの大量虐殺 (110)　②シェラレオネの紛争 (112)
　　　　　③コンゴ紛争 (114)

5　アフリカの紛争と国際社会 ……………………………………115

論点3 (118)

参考文献 (118)

用語解説 (119)

●コーヒーブレイク　国連事務総長報告書『より大きな自由を求めて』
　からの抜粋 (120)

第6章　グローバル化時代の
　　　　　　環境危機 ………………………大島　堅一・本名　純 ……121

本章のねらい (121)

1　環境問題と国際関係論 …………………………………………122

2　進む環境問題のグローバル化と気候変動問題 ………………123
　　　1　グローバル化時代の環境問題の課題 (123)
　　　2　究極の地球環境汚染──気候変動問題 (126)
　　　　　①気候変動問題の科学的知見 (126)　②必要とされる対策 (128)
　　　　　③京都を超えて (129)

●コーヒーブレイク (1)　気候変動問題と原子力発電 (130)

論点1 (131)

3　軍事と環境問題──聖域を超えて ……………………………131
　　　1　軍事と環境 (131)

2　軍事関連基地建設と環境 (132)
　　3　軍事基地の日常のオペレーションによる環境破壊 (133)
　　4　戦争準備による環境破壊 (134)
　　5　実戦による環境破壊 (135)
　　6　平和と環境保全の世紀を目指して (135)
論点2 (136)
4　森林破壊 ……………………………………………………136
　　1　紙と日本人 (136)
　　2　チェーンソー・テロ——違法伐採の政治犯罪学 (139)
　　3　違法伐採による社会的ダメージ (143)
　　4　何をすべきか、何ができるか (144)
論点3 (145)
おわりに ………………………………………………………145
参考文献 (146)
用語解説 (147)

第7章　開発途上国の開発と人権 ……………長須　政司・君島　東彦……149

本章のねらい (149)

1　開発途上国の多様性 ………………………………………150
論点1 (152)
2　開発途上国の開発と開発援助 ……………………………152
　　1　第三世界としての団結 (152)
　　2　南北問題の提示と開発援助 (153)
　　3　開発・援助戦略の変遷 (154)
　　　①工業化などの支援 (154)　②ベーシックヒューマンニーズ（BHN）(155)　③構造調整 (155)　④ガバナンス、貧困削減、MDGs (156)

論点2 (157)
3　日本の開発と開発援助 ……………………………………157
●コーヒーブレイク (1)　開発分野のカタカナ言葉 (158)

   1　開国と文明開化 (160)

●コーヒーブレイク (2)　琵琶湖疎水と田邊朔郎 (161)

   2　戦後復興と被援助国としての日本 (162)
   3　援助大国日本へ (162)

論点 3 (164)

4　日本の援助の今後の方向 ……………………………… 164
5　開発と人権 ……………………………………………… 166
   1　脱植民地化、開発独裁、開発援助 (166)
   2　開発が人権を侵害する (169)
   3　開発と人権の統合――発展の権利、人権に基づく開発アプローチ (171)

論点 4 (174)

●コーヒーブレイク (3)　自然の権利訴訟――自然生態系が原告となる！ (174)

参考文献 (175)
用語解説 (176)

第 8 章　情報化社会 ……………………………… 清本　修身 …… 179
本章のねらい (179)

1　情報化と社会変動の構図 ……………………………… 180
   1　情報の価値体系 (180)
   2　情報公共圏の変容 (182)
   3　ネット社会の諸相 (184)

論点 1 (186)

2　グローバル化時代のメディア …………………………… 186
   1　活発化するメディア再編 (186)
●コーヒーブレイク (1)　ハリウッド誕生物語 (189)
   2　情報戦略 (操作) (190)
   3　肥大化する広告産業 (193)

論点 2 (195)

3　国際情報環境とその課題 ……………………………… 196
   1　情報秩序と情報格差 (196)

2　文化摩擦とメディア (198)
　　3　メディア・リテラシー (200)
論点3 (202)
●コーヒーブレイク (2)　パブリック・ディプロマシー（Public Diplomacy）(202)
参考文献 (203)
用語解説 (204)

第9章　ヨーロッパ統合 ………… 星野　郁・中本真生子 …… 207
本章のねらい (207)

1　ヨーロッパ統合の展開 …………………………………208
　　1　ヨーロッパ統合の原点 (208)
　　2　ヨーロッパ統合推進のてことしての経済・通貨統合 (209)
　　3　冷戦体制の崩壊とヨーロッパ統合のダイナミズム (211)
　　4　多極化する世界と存在感を増すEU (212)

論点1 (214)

2　ヨーロッパ統合の課題 …………………………………214
　　1　政治統合の強化と民主主義の赤字の克服 (214)
　　2　国際競争力の強化とヨーロッパの社会モデルの堅持 (216)
　　3　世界経済の安定と国際社会の平和への貢献 (218)

論点2 (220)
●コーヒーブレイク (1)　EUの意思決定をめぐる大国と小国の対立 (220)

3　ヨーロッパ統合と「文化」──多様性の中の統一 ………221
　　1　「ヨーロッパ市民権」の誕生 (222)
　　2　ヨーロッパ・アイデンティティーの形成 (224)
●コーヒーブレイク (2)　映画「スパニッシュ・アパートメント」に見る「エラスムス」の若者たち (226)
　　3　多様性の中の統一 (227)

論点3 (228)
　　4　「統合」の中の対立 (228)

論点4 (230)
参考文献 (231)

用語解説 (231)

第10章　世界の中の日本経済 ……………高橋　伸彰……233
本章のねらい (233)

1 日本経済の大国化──**貿易摩擦とバブルの発生** …………234
　1　アメリカの赤字と日本の黒字 (234)
　2　統計上の大国と成長神話の崩壊 (237)

論点1 (241)

2 日本のゆたかさと世界の貧困
　　──**グローバル化の光と影**……………………………………241
　1　ゆたかな社会と社会的共通資本 (241)
●コーヒーブレイク　何のための「お金」か (242)
　2　グローバル化の理論的可能性と現実 (244)

論点2 (250)

3 内なる格差と福祉国家の危機 ……………………………250
　1　平均と分散で見る日本の現状 (250)
　2　社会保障をめぐる問題と再構築の展望 (252)

論点3 (255)

参考文献 (256)

終章　国際社会の中の日本と
　　　　アジア ……………………文　京洙・安藤　次男……257
本章のねらい (257)

1 隔たる歴史意識 …………………………………………258

2 近代日本の国民国家形成とアジア ……………………260

3 歴史認識の到達点と課題
　　──**グローバル化とナショナリズムの相克**………………263

参考文献 (266)
用語解説 (267)

索　引……………………………………………………………268

ニューフロンティア国際関係

第1章　国際関係学の構築へ

安藤　次男

―〈本章のねらい〉―

　かつて、人は1つの国の中で生活し、自分の国から外へ出ることはほとんどなかった。国民の生活は、国（政府）が規律し、その代わりに国は国民の生活を保障してくれた。しかし、現代は、日常的に、ヒト、モノ、カネそして情報が国境の壁を超えて行き交うグローバル化の時代と言われる。経済的なグローバル化は、世界の経済的な発展をもたらしたが、他方では、1つの国の中での、また、国家の間での貧富の格差が拡大して自分の生命を維持することすら難しい人々が増え、国際社会は不安定になってきている。

　現代の国際社会は、どのような構造をしていて、それはどのようなルールによって運営されているのだろうか。そこではどんな問題が起きているのだろうか。国際社会のリアルな実態を総合的に捉えて、現代国際社会が抱える諸問題を解決する筋道を見つけることが、国際関係学の関心である。

　国際社会は、ウェストファリア体制に見られたような、国益をめぐって国家と国家が相争う無政府状態ではない。国家という行為主体だけでなく、市民、企業、NGOなどの非国家的行為主体が重要な役割を果たしつつある。

　本章では、現代の国際社会ができてきた歴史的なプロセスに注目しながら、グローバル化の意味を考え、国家だけでなく市民や企業などが重要な役割を果たしている現実社会を理解するための視点と方法を考える。

1 国際社会の成立

1 ビリヤードモデルの世界？

　現代国際社会は、国家や地域を超えて日常的にヒト、モノ、カネ、情報が交錯している「国際化された社会」である。グローバル化された社会と言ってもよい。64億人がおよそ200の国や地域に生活し（国際連合加盟は191の地域と国家）、毎年のモノとサービスの貿易が9兆ドルを超え、インターネット利用者が急増（2004年で約9億人）している。

　この現代国際社会ですべての人々が平和で経済的に安定した生活を送れているならば問題はないが、現実はそれからひどく遠い。核兵器の保有は確認されているだけでも15,000発以上、1日1ドル未満で生活せざるをえない人が10億人、祖国を離れて他国での生活を余儀なくされている亡命者が900万人いる。貧しいエリトリアは軍事費がGDP（国内総生産）の20％にもなり（日本は1％）、スワジランドの平均余命は35歳で（日本は82歳）、ブルキナファソの15歳以上の人々のうち字が読める者は13％しかいない。地球の温暖化が進んで、100年後には地域によっては10℃近い気温上昇に見舞われる危険性が指摘されている。酸性雨やオゾン層破壊など環境の悪化も進んでいる。動植物は15,000種以上が絶滅の危機にあると言われる（国連などの調査、2000〜2004年）。

　人々の生活は、まずその「国家」（政府）によって守られることとなっている。では、国家とは何か。国家が集まって国際社会ができているが、国際社会は、どのような構造から成っているのか、また、その構造を動かしている（規律している）ルールは何か。国家と国際社会についての確かな知識ができて初めて現代国際関係の実相に迫ることが可能になる。かつては、国家あるいは政府がその国に住む人々の生命と生活を保障することが当然と考えられ、だから、「国家安全保障」というものが何にも増して大切なものだとされていたが、現代では、その政府なるものがその国の人々の生存条件を奪い、自由を制限することが少なくない。

現代の国家は、しばしば「国民国家」と呼ばれる。イギリスでは「近代国家はネイションステイト（nation state）として生まれた」と言われてきた。ネイションを基礎にしてその範囲（領域）でステイト（国家）が誕生したという場合のネイションとは、当初は民族的な要素を指していた。フランス民族などというまとまりの意識がその領域内で強制力を独占的に所有するステイトを作り上げた。このネイションステイトは、その後、フランス革命などを経て「1つの国民」という意識が醸成されて、「主権をもつ国民からなる国家」という意味で「国民国家」と呼ばれるようになり、20世紀半ばに植民地が一斉に独立して主権国家を形成することによって「国民国家の時代」がやってきた。

　国家が集まって国際社会ができ、その国際社会をうまく動かすことによって平和とか貿易の拡大とかという利益を実現できるのだという観念は古いものではない。その発端がウェストファリア条約が生み出した「ウェストファリア体制」である。西欧国家体系（European state system）とか西欧国際システムと呼ばれる。「主権国家」を国際社会の基本的な単位として考え、その平等性を前提とするこのような見方は基本的には現代でも通用している。

　領土をめぐる対立を背景にしながら、旧教の国と新教の国が30年にわたって戦争をした「30年戦争」は、1648年に結ばれたウェストファリア条約によって終了し、信条の違いを超えて協調して戦争を回避するルールを作り上げた。大国であれ小国であれ、軍事力の大きい国であれ小さい国であれ、お互いに「主権を持つ国家」としては対等であり平等であるということが確認され、ここに西ヨーロッパという小さな範囲ではあるが、「共通のルールを持つ国際社会」が初めて誕生した。共通のルールを作る努力は、ヴァッテルやグロチウスなどによる国際法の形成を促進した。力の差が少なければ他の国に対して軍事力を行使しようとはしないだろうと考えられて、「力の均衡」（balance of power）による平和の維持が重要な対外行動の指針となった。西欧国家体系は、植民地体制が崩壊して国民国家の時代に入った20世紀半ばに世界全体に広がった。た

だし、東アジアでは、中国の力が圧倒的に強かったために対等な国家間関係は形成されず、倭（日本）、安南（ベトナム）など周辺の小さな国が中国に朝貢しそれに中国が応えてその国の支配権を容認するという上下関係の国際認識が成立した。それは中心である中華と周辺である夷狄との関係という意味で「華夷秩序」と呼ばれた。

西欧国家体系は、イデオロギーや宗教的な信条の違いを互いに認め合いあるいは互いに無視し合うことによって国家間の対立を避けようとするシステムである。国家が対外的な行動をするときには、その目的は「国益」(national interest)の実現にある。ある領土をめぐってA・Bという二つの国が争う場合、A国がその領土を獲得すればB国は何も得られない。国益という利害は互いに対立するものであり、ピンポンのようなスポーツゲームと似ている。一方の国（プレイヤー）が1点とれば他方の国（プレイヤー）はゼロ点である。一方は「ゼロ」で他方は「サム（すべて）」を獲得する。そのようにゼロかサムかという利害の相反するゲームをゼロ＝サム・ゲームと言い、国際社会はそのようなものとして認識されてきた。つまり、国際社会は、国益の実現を目指してゼロかサムかを争う場であ

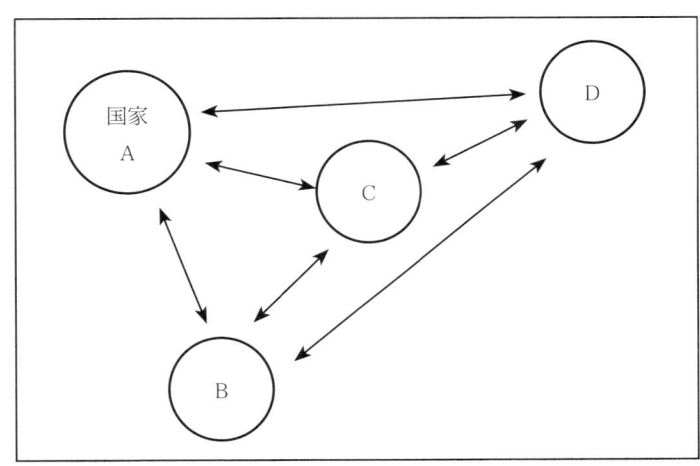

図1-1　ビリヤードモデルの世界

り、国際法が次第に整備されていったとはいえ、本質的には国際社会は「無政府状態」にあると考えられた。互いに独立した主権国家が互いに対立する国益の実現を目指しながら関わりを結ぶ関係は、ビリヤード（玉突き）ゲームと似ているので、「ビリヤード・モデル」で説明されてきた（図1-1）。このような見方は、現実主義（realism）と呼ばれている。

2　冷戦とポスト冷戦の時代

　19世紀から20世紀にかけて、イギリスが世界の多くの地域を植民地化するとともにその経済力で国際秩序の形成に大きな影響力を発揮した。このパックス・ブリタニカ」（Pax Britannica イギリスによる平和）の時代は、イギリスの国力が衰退して第1次大戦ころに終わった。第2次大戦が終わると、国際平和を維持するための国際機構として「国際連合」が五大国制のもとで設立され、戦争をすることが違法化されたが、アメリカが抜きん出た経済力と軍事力で国際秩序の形成に乗り出した。この「パックス・アメリカーナ」（Pax Americana アメリカによる平和）の時代は、同時に、米ソの対立を軸とする「冷戦」の時代でもあった。世界は、西側陣営と東側陣営に分けられ、常に、貴方の国はどちらの陣営の味方なのか、が問われる時代だった。共産主義とか反共産主義というような陣営の「イデオロギー」が優先させられて、「国益」の主張が通りにくくなった。一国の「国益」だけでなく、民族の権利を主張する「民族運動」も、自由を求める国民の「民主化運動」も、それぞれの「陣営を守る」ことが優先だという理由で押さえ込まれていた。

　ドイツや日本の奇跡的な経済復興の結果、1970年代以降、アメリカ経済の力が相対的に低下して、アメリカ一国で国際秩序を維持できなくなり、1975年にフランスのランブイユで、アメリカ、イギリス、フランス、イタリア、西ドイツ、日本の代表者が集まって（サミット、先進国首脳会議）国際的な経済協力のあり方が協議された。サミットは、参加国を拡大しながら経済問題だけでなく平和や文化の問題も含めて先進国が協調して世界の問題に対処するシステムとして機能するようになっ

た。アメリカ一国による国際秩序の形成と維持の時代から、先進国が協力して集団的に対処する「パックス・コンソーシャム」(Pax Consortium) の時代に入ったとも表現された。国際社会が1つのまとまりを持つには、国際貿易システム、国際金融システム、平和維持システムなどが必要であるが、第2次大戦後にそれらの「国際公共財」を提供してきたのはアメリカであり、アメリカ一国ではそれらを供給できなくなったために先進諸国の協調による世界運営のシステムに変わった、と説明する者もいる。1990年ごろに冷戦状況が東アジアを除けば世界的に消失して、ロシアもサミットの重要な構成員となった。

　1991年に「ソビエト社会主義共和国連邦」という有力な社会主義国がなくなった。すでに1970年代には、西側陣営では西ドイツや日本の経済成長、EC（現在のEU・ヨーロッパ連合）の発展によってアメリカ一極的な構造は後退し、東側陣営でも、ポーランドやチェコスロバキアがソ連の支配力に抵抗するようになって、「多極世界」が生まれていた。冷戦という国際社会の構造がなくなると、平和な国際社会の到来が期待された。しかし、それは冷戦時代とは別の新たな不安定な世界を生み出してしまった。地域紛争の噴出である。

　それまでのように自由主義か共産主義かの選択を最優先に問われることがなくなると、イラクのクウェート侵攻に端を発する湾岸戦争、ポルトガルからの東ティモールの独立、ロシア連邦内のチェチェン独立運動、自分たちの国家を持てない世界最大の少数民族と呼ばれるクルド人の運動など、世界各地で民族紛争の形をとった地域紛争が続出した。実効力をもつ政府が消滅する中で起きたソマリア内戦、有力な2つの民族が争ったルワンダ内戦などの国内紛争もアフリカを中心に頻発したが、国際連合は、東ティモール独立など少数の例を除くと、紛争の解決とその後の平和の構築に有効な役割を果たせなかった。しかし、それまで自分たちの権利を主張できなかったマイノリティ（人種的、宗教的、経済的な少数派の人々）が自己主張できるようになったという意味では、これは意味のある不安定であったとも言える。不安定を生み出す人々を押さえつ

けるだけの対応ではなく、貧困や人権抑圧など紛争を生み出している根源的なものをなくしてゆく国際的な合意つくりとそれに基づく行動が必要だろう（第5章を参照）。

この新たな不安定化の背後には、世界のグローバル化がもたらした「貧困と不平等の創出」という現象があり、それは21世紀国際社会の重要な課題となる「テロとの戦い」にも関わっている。

3　グローバル化の時代へ

20世紀末以降の国際社会は、その構造もルールも大きく変わった。それをもたらしたもっとも大きな要因は、グローバル化である。

グローバル化という言葉が使われるようになった理由は2つある。第1は、国家の間の壁が薄くなって「国家の間のつながり」が強くなり、とくに貿易や金融などの分野で共通のルールが形成されるようになったこと。第2は、国家と国家の間だけでなく、企業や市民などの民間レベルでも日常的な交流が活発になって、「市民と市民とのつながり」が深まり、共通の問題意識が生まれてきたこと。とりわけ、第1の側面に着目してグローバル化が叫ばれるようになった。国家はグローバル化が国際社会にもたらした独自なルールによって制約を受けるようになっており、その意味で主権が制限される時代になってきた。

アメリカ経済が世界を主導するようになる中で、1970年代以降、市場経済の原理が世界の国々に浸透するようになった（第2章を参照）。貿易と金融の自由化が世界的な経済活動の基本となった。政府による経済活動への規制を小さくして（規制緩和）自由主義的な経済活動を活発化する方向が各国で取り組まれた。貿易のための国際システムとしてのWTOシステムのようなものを、レジーム（regime）と呼ぶことができる。レジームの定義は論者によって異なるが、政府間協力のもとに、貿易とか環境とか特定の分野で、共通の規範・原理を持ちながら相互に行動を規律してゆくことによって目的（貿易の振興とか環境の保全とか）を達することを目指す組織体制を指すものである。

1970年代以降がグローバル化の時代と呼ばれるのは、単に経済活動が国境を超えて共通のルールで行われるようになったからだけではない。核兵器の破壊力の向上は平和の構築を国際社会の共同の責務とした。経済成長に伴う水質汚染や地球温暖化などの環境破壊は、一国レベルでは対応できない「地球的問題群」となった。航空機など移動手段の飛躍的発展やインターネット社会化の進展は、地球を物理的にも心理的も小さなものにした。人々が国を超えて同じ運命のもとで生活するようになったこの変化を「宇宙船地球号」の時代と呼ぶこともできる。グローバル化は、自由貿易体制を目指したアメリカの政策的な働きかけの結果という面を持つと同時に、他方では、環境問題など一国だけでは解決できない問題が増大したことへの対応という面も持つ。

　世界経済が急速に成長して国家や地域の間の経済的な「相互依存関係」が強くなったが、相互に依存する関係は「相手なしには生きられない」関係でもあり、強力な国が弱い国に対してより強い影響力を発揮する条件ともなるのだから、グローバル化がただちに共通の利益でつながる平等で対等な国際社会をもたらすわけでもないし、より調和ある安定した国際関係につながるものでもない。一国レベルで機能していた「市場原理」を国境を超えて適用させることによって貿易や投資を活発にすることを目指すグローバル化の考え方は「新自由主義」と呼ばれる。新自由主義は、世界各国の経済活動を発展させてきたが、他方でそれは、より富を蓄積する国とますます貧困になる国への二極分化を生み出し、発展途上国では貧困問題から飢餓、児童労働、人権抑圧などの問題が派生して、一国のレベルを超える国際社会の対応を必要とするようになっている。かつては、言論の自由とか、結社の自由とか、生存の権利とか、という人権をどこまで保障するかは、それぞれの国家に任されていたが、グローバル化が進む中で、人権は国家によって保障されたり制限されたりするものではなくて、国家を超えて普遍的に保障されるべきだとする認識が高まっていった。

> 論点1　国益とは何を指すのか。国益は互いに対立するものだという見方はどこまで正しいものだろうか。人類益と国益が衝突したら、どうすればよいのだろうか。たとえば、環境保全の問題を取り上げて考えてみよう。

2　9・11事件は世界をどう変えたのか

1　9・11事件とその衝撃

　アメリカ合衆国ニューヨークの中心地マンハッタンには、110階建て高さ415mの2棟の超高層ビルが建っていた。世界貿易センターのツインタワーである。21世紀が明けた2001年9月11日早朝、ハイジャックされた2機の民間旅客機がツインタワーに衝突して、ビルが崩壊し、そこで働いていた者だけでも3000人近い人々が一瞬にして犠牲になった。同じ時刻、別の旅客機が首都ワシントンDCの国防総省（五角形の建物なのでペンタゴンと呼ばれる）のビルに突入し、あるいは、操縦を誤ってペンシルバニア州に墜落した。

　19人の中東系の若者が民間航空機をハイジャックして大都市や軍事関連の建物に衝突させたこの自爆テロは、「同時多発テロ」と命名されて、アメリカ合衆国の国土の安全が重大に脅かされていることを明らかにした。国家の安全を脅かす武力行使は国家と国家の間で起こる「戦争」であるというのが常識だったが、9・11事件は、国際法が適用される「戦争」と異なって、アメリカの世界政策に敵意を持つ民間人が他国の民間人または政府施設を無差別に攻撃するものであり、戦争と違うという意味で「テロ」と呼ばれることとなった。

　いつどこでテロに遭うかもしれないという恐怖が高まり、アメリカでは、外国人とくにイスラム教徒の多い中東系の人々に対する警戒心が強くなった。愛国心を強調するために、あるいは、愛国心を疑われないように、家の門口や窓に星条旗を掲げる人々がそれまでにも増して多くなった

アメリカ国内でも、政府はテロ事件の再発防止のための対策に乗り出した。主要な対策の1つが「愛国者法」の制定であり、他の1つが「国土安全保障省」の設立である。

　テロ対策をより効率的にするために、政府は、2001年10月に「愛国者法」（正式名称は、「テロリズムを防止しそれを阻止するために必要な適切な諸手段を整備することによってアメリカを統一し強化する法律」）を制定した。同法は、アメリカ社会の安全を守るために、テロの芽を事前につむことを目指して警察などが裁判所からの制約をあまり受けずに自由に捜査活動できるように、告知なしでも家宅捜索ができる（本人の知らない間に家宅に侵入して捜索してしまう）こと、テロリストと疑われる者については7日間以内は無条件に拘束できること、電話だけでなくインターネットの傍受も簡略な手続きで行えること、などを盛り込んだ。社会の安全と個人の安全およびプライバシーとの間の矛盾をどう調和させるかという新たな問題が生まれた。国民の間では、同法に対する支持は高いが、国民の基本的人権の保障との関わりでACLU（アメリカ市民自由連盟）などの人権団体は反対運動をしてきている。

　政府は、テロ対策が、警察、司法省、CIA、沿岸警備隊などさまざまな政府機関で取り組まれていて、機関の間の情報が共有されないなど非効率であることを問題として、2003年に、FEMA（連邦緊急事態管理庁）、沿岸警備隊、国境警備隊、INS（移民帰化局）、など20以上の政府機関を統合して「国土安全保障省」（Department of Homeland Security）を設置した。本土に対するテロ攻撃への迅速で効率的な対応が目指されているが、緊急の場合にはインターネットプロバイダーがEメールなどの内容を裁判所の命令なしに捜査機関に提供できる（実際には、求めに応じて提供しなければならない内容の規定になっている）条項が盛り込まれるなど、国民の通信の秘密に関わる人権保障との関係では微妙な問題を含んでおり、ここでも社会の安全と個人の人権との間の相克をどう調整するかが問われている。グローバル化の時代と言われながらも、アメリカ社会は「内向き」志向を強めてきている。

2　テロとの戦い

多くの国々が国家間の戦争を想定して自国の安全を考えてきたが、9・11同時多発テロ事件は、共通の政治的信条や宗教的な信条で結ばれた超国家的な団体が国家という組織単位を超えて活動し国家の安全を脅かすという新しい脅威が発生したこと、そして、それがアメリカだけに固有の脅威ではなく、世界各国に共通する「新たな脅威」の存在を示すものだと受け止められて、そこから「テロとの戦い」が共通のキーワードとなったが、それを主導したのはアメリカだった。

2002年には、インドネシアのバリ島での爆弾テロで200名以上の観光客が死亡し、2004年のスペイン・マドリッドの列車爆破事件で200名以上が犠牲となり、2005年にはイングランドでのサミット開催当日にロンドンの地下鉄などでの爆破事件で50名以上が死亡した。

アメリカ主導のテロとの戦いは、国内レベル、アフガニスタン問題および国際レベルの3つの面で構成されてきた。第1の国内レベルでは、アメリカをはじめ各国で危機管理体制を強化し、人の移動を移民も含めて制約する傾向が生まれ、人権保障とりわけ外国人の人権保障が後退した。

第2のアフガニスタン問題。2001年10月、ビン・ラディン逮捕を目的としてアフガニスタンに対する戦争を開始した。軍事力で圧倒するアメリカは短期間にタリバーン勢力を駆逐してかつてタリバーンに追われたムジャヒディン勢力（北部同盟）を政権に復帰させ、2002年以降、アフガン人による政府の設立を進めた。

第3の国際レベルでは、従来より、テロ対策のための国際協力を目指して「核物質の防護に関する条約」や「航空機の不法な奪取の防止に関する条約」など12の対テロ条約が結ばれていたが、各国とも国内法体制を急速に整備するなどして批准を急ぐこととなった。1996年以降に安全保障や麻薬・武器密輸対策面での協力を話し合っていた中国やロシア、中央アジアの国々など6カ国が2001年6月に「上海協力機構」を設立し、

対テロの協力を強化した。東トルキスタン独立運動を抱える中国やチェチェン独立運動を抱えるロシアは、民族独立運動を民族自決権の行使ではなくてテロ行為とみなす傾向が強いために、「テロとの戦いこそ最優先」とするアメリカの提唱の中に共通の利益を見出したのである。

大量破壊兵器とくに核兵器によるテロ攻撃を恐れるアメリカは、イラクのフセイン大統領が国連による査察を拒否したと非難して、2002年11月の国連決議1441号（査察の受け入れ義務を果たさなければイラクは重大な結果に直面する）を理由に、2003年3月、イラクを空爆しイギリス軍とともに進攻したが、2005年にはブッシュ大統領もイラクが核兵器を保有しているという誤った情報に基づいて戦争が開始されたことを認めざるをえなくなった。

3　アメリカ帝国？

20世紀末の冷戦の終結は、「国家利益の表出」と「地域紛争の噴出」による新たな不安定を生み出したが、9・11事件はアメリカが主導する新しい国際秩序つくりの端緒となった。それを象徴するのが、アメリカ単独主義と呼ばれるアメリカの行動パターンである。

9・11事件まではともかくも「国連中心」の世界構造であったが、世界は「アメリカ単独主義」（unilateralism）に大きく制約されたものに変わった。国際的な協力関係に熱意を持たないアメリカ単独主義には、2つの側面がある。

第1に、アメリカは、相手が攻撃をしかけることをあきらめさせる「抑止力」としての軍事力、または、相手からの攻撃があった場合に自国を防衛する軍事力、というアメリカの伝統的な信条を覆して、「先制攻撃論」を打ち出しイラクに対してそれを実行した。

第2に、先制攻撃論は、民主主義に沿って独裁政権を作り変えることが世界とアメリカの安全を保障するという「民主化論」によって支えられている。20世紀後半にアメリカ主導で進んだ「経済のグローバル化」が経済のルールの共通化をもたらしたのに対して、「民主化論」は政治

レベルでの共通の価値観があるもしくはあるべきだとする理想主義である。しかし、それを主張しているアメリカが、イラクや北朝鮮の核兵器問題を非難しながらアメリカの盟友であるイスラエルがそもそもNPT（核拡散防止条約）自体に加盟していないことを容認して核兵器保有の疑いを放置するなど、アメリカ外交が「二重基準」を持ち、相手によって別の基準を当てはめていて不公平ではないかと多くの発展途上国が疑いの目でみている現実がある。

　アメリカの世界的な影響力はしばしば「覇権」（hegemony）という概念で捉えられてきたが、9・11事件以降に明確になったアメリカ単独主義は、「覇権体制」に代わって「アメリカ帝国」と呼ばれるにふさわしい新たな世界構造を作り出した。帝国という言葉には、「他の権力に制約されない世界権力という意味と、他民族を支配し、国民国家としては捉えることのできない国家という意味の2つがあるが、どちらの意味でも冷戦後のアメリカは帝国に相当するといってよい」（藤原帰一編『テロ以後』229頁）。イラク侵攻がイギリスやスペインなどの協力のもとに遂行されたことに現れているように、アメリカ帝国はアメリカに同調する国々を含む先進諸国から成る「有志連合」という性格も持っており、アメリカ帝国は経済的なグローバル化を政治的に支えるものだとしてそれを肯定する論者もアメリカにはいる。

　9・11事件以降のアメリカの単独主義外交への転換は、ABM条約（弾道弾迎撃ミサイル禁止条約）からの一方的な離脱、地球温暖化に関する京都議定書への批准拒否、さらには、ICC（国際刑事裁判所）条約への署名を撤回したことに端的に表現されている。先制攻撃論と民主化論に立って世界の各地域へ介入していく上で、ICC条約などがアメリカの国家主権（行動の自由）を縛りかねないことを嫌ったからである。

　アメリカに現れたこのような「国家の復権」とも言える現象は、他の国々でも見られる。フランスやドイツでは、以前から移民労働者を排斥するようなナショナリズムが台頭し、日本でも領土問題や靖国問題などを通して日本の歴史や権利を強く主張する国家主義的な考えが高まって

表1-1　国際連合の安全保障理事会における拒否権の行使（1946－2004年6月）

	1946－1971	1972－1991	1992－2004	合　計
フランス	4	14	0	18
イギリス	6	26	0	32
中　国	1	2	2	5
ソ連（ロシア）	111	8	3	122
アメリカ	1	67	10	78

注）1971年10月　台湾に代わって中華人民共和国が議席。
　　1991年末　　ソビエトが崩壊して、CISに。

きているように見える。

　しかし、アメリカが万能だというわけではない。2003年にアメリカがイギリスとともにイラク戦争を開始した際には、開戦を承認する国連安保理決議を改めてとろうとした英米はロシア、フランスの反対で断念せざるをえず、露仏に加えてドイツも反対して、ヨーロッパ対アメリカという対立の図式が見られた。この対立の構造はイラク問題に限られた一時的なものと見る見方もあるが、EUの経済的政治的統合の拡大（2004年に25カ国に）によるヨーロッパ経済の力の増大を背景にして、アメリカ中心の国際秩序に異議申し立てを始めたという側面があることも否定できない。表1-1は、かつては国際社会で孤立していたソ連が国連安保理で拒否権を頻繁に行使したが、1970年代以降は拒否権行使はそのほとんどがアメリカとその盟友であるイギリスに限られていることを示している。国際社会の枠組みの中で有利な立場にあると考える国は拒否権を行使する必要が少ないのであり、この数字は、アメリカの国際社会での立場の変化を物語っているとも言える。9・11事件以降、アメリカ単独主義と国連中心主義の綱引きが行われてきているのだが、BRICsと総称されるブラジル、ロシア、インド、中国が大国として急速な台頭をすると見込む考えもあり、その意味で、9・11以後に現れたアメリカ帝国とも呼ばれる国際秩序は、長期的には新たな多極世界へ向かっていくと見ることができる。

> 論点2　それぞれの国家は、国際社会の共通のルールにどれくらい縛られているだろうか。たとえば貿易問題で、たとえば平和問題で。

3　21世紀の国際社会

1　多様なアクターが活躍する時代

　国際社会を動かしている源は何だろうか。国際社会で行動する権利を持ち国際社会の生み出す結果を享受するものを「アクター」(行為体)と呼ぶならば、国際社会のアクターは、何よりもまず主権国家であり、現代国際関係が「国家間の関係」として存在することには変わりがない。国際連合は、基本的に対等平等な主権国家が集まった国際組織であり、したがって国連総会は、加盟国の人口や国力の違いを考慮せずに、人口13億人の中国にも人口11,000人のツバルにも同じ「一国一票の原則」が適用されている。このアクターは「国家的行為体」と呼ぶことができる。

　しかし、現代では、「非国家的行為体」と呼ばれる民間レベルあるいは私的なレベルのものが国際関係のきわめて重要な構成要素として登場している。第1に、企業など営利活動の団体である。ヒト、カネ、モノ、情報が国境を超えて日常的に行き交う現代国際社会で、その活動を主要に担っているのは国家ではない。貿易や金融活動を行っている企業であり、とりわけ、多国籍企業(MNCs)である。第2は、さまざまなNGO(非政府組織)。環境保護運動は、国境を超えて共通の目標の実現のために協力し合わなければならないが、狭い視野に立つ国益に縛られがちな主権国家では時代の要請に迅速かつ効果的に対応することはなかなか期待しがたい。地球温暖化防止や水質汚染防止運動などに取り組むNGOは取り組みに消極的な国家を国境を越えた運動で揺り動かす役割を果たしてきている。アムネスティ・インターナショナルや国境なき医師団は国際的に高い信頼を獲得してきている。女性や児童の権利の拡大を求める団体や労働組合もNGOである。いろいろな国で、NGOをNPO(Non

Profit Organization 非営利法人）と認定することによって税制上の優遇措置を与えるなどして活動を奨励するために NPO 法が制定されている。第3は、個人あるいは市民である。観光、労働、輸入や輸出などの経済活動、学術文化交流、婚姻、亡命・避難民など、個人が国境を超えることが日常的になり、個人の権利が国家の壁を超えて国際的に広く保護されるようになってきた。インターネット社会化は、個人が国家を媒介とせずに、外国の人々と直接に情報のやりとりをする新たな行動形態を生み出した。その結果、たとえば1989年の天安門事件（民主化を求めるデモ隊を中国政府が武力で抑圧した事件）では、政府が報道規制を行ったにもかかわらず、国民はインターネットを通じて国内で起こった事件を世界に向けて発信し、外国からの情報を取り入れて、国家からの制約を弱めた。

　非国家的行為体が国際関係で重要な役割を果たすようになったということは、単に行為体が多様に広がったということだけではない。それによって、国際社会の構造そのもの、国際社会のあり方そのものが変わってしまったことにも注目しなければならない。

　このように国際社会を動かす主体が国家だけでなくなったことは、「国際社会」（国家が集まってできた集合体）と並んで、「グローバル市民社会」（地球市民社会）ができつつあることを意味すると言うこともできる。

　もともと市民とは、「相互に対等な立場に立って、自由、平等、自立を尊重し合う人々である。この市民の目指す政治体制は、民主的共和制である。市民は、自分が所属する政治体（地方、国家、国際）の意思決定に、自発的に参加することを当然と考え、相互に参加の正当性を認め合う」（初瀬龍平他編『国際関係論のパラダイム』6-7頁）ような社会として認知されていた市民社会が世界レベルで成立しつつあるのではないかとする「グローバル市民社会論」が注目されている。NGO などに組織された市民が国益に縛られた国家の枠を超えて、特定の国家にとらわれない公共的な利益の実現を目指して活動するトランスナショナルな社会（国境の壁を超えて組織された社会）としてグローバル市民社会が構想されてきた。「たしかに地球市民社会をグローバルな公共利益に貢献しようとす

る人々からなる社会であるとするイメージは、ややもすれば期待と現実とを混同した、性善説的な単純化に陥る危険性をはらんでいる」(吉川元編『国際関係論を超えて』山川出版社、2003年、65頁) けれども、国際社会における「公共圏」の萌芽を大切にして、その萌芽を大きく育てる努力が求められている。国家 (政府) が公的利益を代表し市民は私的利益を追求するものだという二分法的な発想は、価値観が多様化する中で通用性を失ってきた。政府が国内の反対派やマイノリティの権利を抑圧する事例は、トルコ、イラン、イラクなど多くの国にまたがって2,000万人以上の人々が生活しそれぞれの国の政府から迫害されているクルド人に典型的に見られる。破綻国家と呼ばれるソマリアなども、国民の生存と権利を保障する力を失っている。人権保護や環境保全に関わる活動を進めてきた市民グループが国際社会で重要なアクターとして活動するきっかけになったのが、1992年にリオデジャネイロで開かれた地球サミット(環境と開発に関する国連会議) だった。

2　グローバル市民社会の可能性

　国家中心に考えられてきた国際社会のイメージは、現在、どのくらい国際社会の実態と合っているのだろうか。明らかに、国家中心のイメージは現実を十分に反映してはいない。「国家の復権」のような現象が見られるとはいえ、一方ではグローバル化が進み、他方では国家の存在そのものがマイノリティを含む国民の権利を侵害する現象が目立つようになると、国家によってこそ国民の生命や財産が保障されるという古くからの論理は正当性が薄れた。人々は、グローバルな市場原理によって制約を受けつつも、国境という壁を超えてより自由に考え行動できるようになり、国際社会のあり方が大きく変わってきた。第1に、グローバル化が進んだ結果、国際社会の中で国家が占める位置が変わってきたこと。第2に、国際社会が、国家(政府)だけでなく、その領域の中で生活する「住民」の生命や人権のあり方について積極的に関わることが必要だとする新しい常識が生まれつつあることである。

第1の国家の位置に関わっては、国際社会の構造の面でもっとも大きな変化は、EU（ヨーロッパ連合）などが発展してリージョナリズム（regionalism 地域主義）が定着してきたことだろう。2004年に25カ国に拡大したEUは、単なる経済的共同体であるだけでなく、共通の外交政策を志向する政治的共同体へ進化してきており、政策決定におけるヨーロッパ議会の権限が強まってきている（第9章を参照）。アジアでは、東アジア共同体の可能性を模索する動きが日本を中心に強まっており、共同体構想の前段階として、NAFTA（North America Free Trade Agreement 北米自由貿易協定）など自由貿易協定の形をとって地域のレベルでの経済的統一が各地で試みられている。地域主義が進むと、個別の国家による経済活動への規制が後退して、住民は国家を媒介せずに経済活動ができるようになる。個々の国家に生活する住民は、自分の所属する国家による制約が薄れるので、少数民族による国家への抵抗は必要性が小さくなると見られていて、国家が抱えてきた不安定要素が減ると予想されている。1つの国家の中では、マイノリティの権利擁護の意味もあって、地方分権的な志向が強まっており、このローカリズム（localism 地方主義）の進展によって、地方が国家を押しのけて一層直接に地域と結びつこうとする傾向も見られる。ローカリズムとリージョナリズムの間には、当然、ナショナリズムが存在する。ナショナリズムが横に結びついて、インターナショナリズムおよびグローバリズムを形成している。つまり、現代国際社会は、ローカリズム―ナショナリズム―リージョナリズム―インターナショナリズム、という連関を持っており、国家はその連環の中で初めてその役割を果たすことが可能になっているし、またその役割を果たすことが期待されている。絶対的な存在だった国家が相対化されたと表現されることがある。リージョナリズムは、自由貿易システムなどのグローバル化に抵抗して地域的な経済圏を主張するという「反グローバル化」の場合もあるが、一般的には、グローバリズムを補強するものとしてリージョナリズムが意識されている。

　第2の課題は、「人間の安全保障」という概念を生み出した。主権国家

の政府が管轄する国家の安全保障が個々の個人の生命や財産を維持しないことが明白になった場合には、国際社会が国家を通してあるいは国家を媒介せずに直接に住民の生活と権利を保障する必要性が主張されるようになった。UNDP（国連開発計画）は、1994年の報告書『人間開発報告書』で、安全保障の重要性を説いた上で、領土を守るとか国益を守るという安全保障から、病気、犯罪、人権、環境などの脅威から人々を守るという人間を重視した安全保障へ転換することの重要性を強調した。そこでは、恐怖からの自由と欠乏からの自由の2つが重視され、経済の安全保障、食糧の安全保障、健康の安全保障、環境の安全保障、個人の安全保障の7つの分野が考えられていた（佐藤誠他編著『人間の安全保障』東信堂、2004年、7頁）。主権国家の存在と役割を重視した伝統的な安全保障観が、軍備による安全保障を目指したのに対して、維持可能な人間開発による安全保障を志向する人間の安全保障は、国家を超える枠組みとして国際的な市民社会の発展を見通す点で、グローバル市民社会の考え方と共通するものを持っている。国家の壁を超えて、市民社会レベルでの共生と連帯が求められている。

　国際社会の調整と統治を国家だけが担う時代は終わった。国境を超える普遍的な価値が生まれつつある

　デイビッド・ヘルドが、国連改革に関して、現在の国家代表から成る「一国一票制」の総会に加えて、市民団体、労働団体、経営者団体、少数民族などからのいわばNGO代表を集めた「第2国連総会」の設置を提案しているのは、地球サミットなどで影響力を高めた市民社会の力を国連に反映させようとするものである（Daniele Archibugi and David Held, eds., *Cosmopolitan Democracy,* 1995, pp. 121-162）。彼は、当面は、決定権は第1国連総会にだけ認めて、第2院には協議機能だけを与えるという現実的な対処を提案しているが、二院制の国連は、ウェストファリア以来の国家中心主義を変えていく可能性を持っている。ただし、体制としてのグローバル市民社会における決定権は市民代表にあるのだが、市民代表とは、NGO代表、労働組合代表、経営者代表、女性代表、少数民族代表などの「職

能代表」を意味しており、だから、NGO に入っていない者、労組のメンバーでない者、経営者でない者、女性でない者、少数民族でない者などは、代表を送り出すことができないことになる。近代の民主的な議会制度では、国民を構成するすべてのメンバーが、住んでいる地域を単位として代表の選出に参加できる「地域代表」の原理を採用している。しかし、職能代表制度はすべての国民（住民）を包含するものではないので、国際社会の構成員の間の公平性・平等性を保障することが難しいという問題は残る。

3　国際関係学の構築を目指して

　国家中心だった国際社会は、大きく変わってきている。その変化は、構造とそれを規律しているルールの両面で進んでいる。

　ビリヤードの球のように、ばらばらに自国の国益の実現を目指して国際関係をとり結んで無政府的な状態だった国際社会は、グローバル化の進展とともに、共通のルールが増大して、1つのグローバルなまとまりを形成するようになった。経済に始まるグローバル化は、政治、軍事、文化などあらゆる側面で進行し拡大した。経済面では、共通のルールとなったのが市場の原理であり、それが国家レベルでの政府による国内的な政策調整を自由にさせないことから、一国レベルでの政策調整によって成立していたイギリスやスウェーデンの福祉国家が後退することとなり、また、第三世界の経済が先進諸国との市場競争に負けて国家間の貧富の格差が拡大したために、グローバル化に反対する運動が第三世界を中心に強くなっている。

　グローバル化は、ヒト、モノ、カネ、情報が国境を超えて自由に行き来することによって成立して、人々の生活をいろいろなレベルで豊かにしてきたことは否定できないが、グローバル化の内容そのものを再点検するとともに、グローバル化の負の側面を克服する努力が必要になっている。ここで重要なのは、市民社会の要素を国際社会の機能の向上にどう生かすかである。その理論的な努力の1つが「グローバル・ガバナン

ス論」である。

　現代国際社会の特徴を論じるのに、ガバナンス (governance 統治) という言葉が生まれたのは、「政府なきガバナンス」(governance without government) という表現が示しているように、企業や NGO を含む市民社会の要素が国家中心の運営に参画して、よりよき統治を実現することを目指したからであるが、それは結局、大国の行動や利益を制約する規範をガバナンスの名のもとに形成しようとする意図につながった。一国レベルのガバナンスではなく、地域レベルのガバナンスでもなく、グローバルな (地球規模での) ガバナンスを実現するために、国家 (政府) と非国家的要素が協力する新しい国際社会のあり方を見出して行く努力が求められている。

> 論点3　グローバル・ガバナンスのためにわれわれがやれること、やるべきことは何か。

〈参考文献〉
1　藤原帰一編『テロ以後－世界はどう変わったか』岩波新書、2002 年
　9・11 事件をきっかけに世界とアメリカがどう変わったのかを 12 人の研究者が多様な視点から分析した論文集。
2　岩田一政他編『国際関係研究入門・増補版』東京大学出版会、2003 年
　国際関係研究に関する諸理論を、政治分野、経済分野、文化分野、国際協力など多方面から紹介し、分析したもの。入門と銘打っているが、理論中心なので初学者には難しい。
3　初瀬龍平他編『国際関係論のパラダイム』有信堂高文社、2001 年
　国際関係論の全体像を、世界像の展開、国家の歩み、ヒューマン・イシュー、グローバル・イシューの 4 部構成で論じている。
4　関下稔・小林誠編『統合と分離の国際政治経済学－グローバリゼーションの現代的位相』ナカニシヤ出版、2004 年
　グローバル化が世界を一方では画一化しながら同時に世界を分裂させている現実に着目しつつ、第 1 部では理論分析を、第 2 部では各地域でのグローバル化の具体的な現れを論じている。
5　デヴィッド・ヘルド (中谷義和・柳原克行訳)『グローバル社会民主政の展望』日本経済評論社、2005 年

アメリカ覇権型の世界秩序を批判する立場から、社会正義と人格の尊厳に基づくグローバルな民主的ガバナンスの展望を明らかにしている。

6　ジョセフ・S・ナイ（山岡洋一訳）**『ソフト・パワー ——21世紀国際政治を制する見えざる力』**日本経済新聞社、2004年

軍事力や経済力など、他の国々に対して大きな影響力を発揮してきたハードパワーと対比して、文化や学術などのソフトパワーの重要性を論じている。

7　最上敏樹**『国連とアメリカ』**岩波新書、2005年

アメリカが国連に敵対的な態度を取り続ける原因を歴史の中に探りながら、国連中心の世界をどう作ってゆくかを検討する。

第2章　世界の資本主義体制の変化

奥田　宏司

──〈本章のねらい〉──

　この章では、1930年代から今日までの世界の資本主義体制の変遷を論じる。そうは言っても、歴史的な諸事実を列挙するのではなく、論理的な整理ができるように、以下の3点に絞りながら論じることにしよう。

　第1に、今日の世界経済の枠組みを形作っているIMF・GATT（WTO）体制が生まれてくる歴史的な経緯を、30年代のブロック経済、第2次世界大戦の性格、植民地体制の崩壊、冷戦構造の形成と関連させて論じる。

　第2に、IMF・GATT体制ができあがった60年代から70年代にかけての世界経済において、その主役となった多国籍企業、多国籍銀行の概要を論じ、あわせて、IMF・GATT体制において途上国開発戦略は変化を余儀なくされ、「輸出指向工業化」戦略の展開の中でNIEsと呼ばれる諸国が誕生してきたことを解明する。

　第3に、80年代から今日までの世界の地域経済の概要を、アメリカ経済、日本経済、EU経済、エマージング市場国に分けて論じ、それぞれの地域が抱えている諸問題を把握できるように努めた。

　これらの3点を概略的にであれ、把握することにより今後の資本主義の世界体制がどのように変容していくのか、関心を持ってもらえれば、筆者にとっては望外の喜びである。

26　第2章　世界の資本主義体制の変化

1　IMF・GATT 体制の成立

1　1930年代のブロック経済

　1929年のニューヨーク株式市場における大暴落は、30年代の世界恐慌の先触れになるだけでなく、最終的には第2次世界大戦につながるものであった。1929年から33年に世界の工業生産は約40％低下した（**表2-1**）。アメリカでは1,200万人、ドイツでは550万人の失業者が出たと言われる。また、各国の主要輸出品の価格は2分の1から3分の2以上低落し、輸出量も第1次世界大戦前の水準を10％下回るまでに落ち込んだ。

　こうした深刻な恐慌から抜け出すために各国は、差別的な関税制度の導入、輸入割当て（輸入数量または金額を相手国別に割当て）等の貿易制限によって貿易赤字を減らし、また、民間人が獲得した外貨は当局への販売を義務付け、輸入業者等へは許可制によって外貨を供給するなどの「為替管理」を強化して外貨の節約を図ろうとした。さらに、意図的に自国通貨の為替相場を下げること（＝平価切下げ）によって輸出を伸ばし輸入を抑制しようとした。しかし、ある国が平価切り下げを行うと他国も対抗的に切り下げを行うから30年代に世界の為替関係は大混乱をきたした。

　一方、列強諸国はこれらの諸策を講じながら、植民地や半植民地を販売市場と原料資源基地として囲い込むためにブロックを作り始めた。1932年のオタワ会議による「英帝国特恵関税制度」は、英帝国内の各地域内の貿易には関税を免除するか、低率とし、帝国外諸国との貿易にお

表2-1　恐慌前の最高点と恐慌中の最低点の比較

(%)

	アメリカ	イギリス	フランス	ドイツ
生産減退率	54	24	38	47
物価下落率	39	39	41	36

出所）牧野純夫『円・ドル・ポンド』岩波新書、1960年、50頁より。

ける関税との間に差別を設定するものであった。イギリスはこうして帝国内市場を排他的に独占しようとした。さらに、イギリスは英帝国内の貿易などの対外取引についてはもっぱらポンド・スターリングで行うようにしていった（スターリング・ブロック）。イギリスにならってフランス、アメリカや日本、ドイツ等も植民地や勢力圏を囲い込んでいった。フランスは関税引き下げや輸入割当ての撤廃によりブロック内での貿易拡大を図った。日本はすでに植民地にしていた朝鮮、台湾に「満州国」を加え、「大東亜共栄圏」なるものを形成しようとした。このようにして、列強はブロックを形成していったから世界経済は30年代にいくつかのブロックに分裂していった。

2　第2次世界大戦の性格

　以上のように、1929年から32年の世界恐慌とそれ以後の長期不況の中で列強は排他的なブロック経済圏の拡大強化を図っていったが、それは不可避的に軍事的対立へと発展していった。そして、第2次世界大戦へとつながっていった。

　第2次世界大戦は、いくつのかの性格をあわせ持つものであった。なによりも、大戦はファシズムに対する民主主義の闘いであった。また、大戦中の植民地においては独立運動が盛んになり、さらに、ソ連の参戦によりソ連にとっては社会主義の「防衛」という性格を持ち、第2次世界大戦の性格はさらに複雑になっていった。しかし、経済的基本要因として大戦はブロック間の市場、経済的権益をめぐる厳しい対立以外の何ものでもなかった。東欧の権益をめぐってイギリス、フランスとドイツは厳しく対立し、39年にドイツがポーランドに進攻することによって第2次大戦が勃発していった。また、アジアにおいては中国、インドシナ半島における植民地、権益をめぐって日本とアメリカ、イギリス等が激しく対立し、日本は中国などへ軍事的に進攻していたが、41年12月に日本軍がハワイの真珠湾を攻撃することにより太平洋戦争が勃発した。こうして、列強は連合国と枢軸国に分かれて第2次世界大戦を戦う

ことになった。

3　ブレトン・ウッズ会議と戦後の国際諸機関の設立

　第2次世界大戦は45年に連合国の勝利に終わるが、連合国の間では大戦中から大戦後の構想をめぐって対立がはっきり芽生えていた。大戦をともに戦う米英は軍需品の相互貸与等のために42年に「相互援助協定」を結んだ（これによって、アメリカは連合国の兵器廠となっていった）。その米側原案に「特恵関税制度」を廃止することが盛り込まれており、このことをめぐって両国は対立した。結局、米はそれを撤回したが、この対立は戦争中の44年に開催されたブレトン・ウッズ会議において再燃した。

　ブレトン・ウッズ会議は連合国が第2次大戦の勝利を確信した上で、大戦後の国際通貨制度を構築しようとする会議であった。この会議において米英は戦後構想をめぐって鋭く対立した。イギリスは大戦によって国富の約4分の1を失い、植民地等においてもドイツ、日本によって大きな打撃を受けていた。イギリスはスターリング地域を維持しつつアメリカから多くの援助を受けて経済再建を図ろうとした。それに対して、真珠湾以外には国土の被害を受けなかったアメリカは、戦時中に経済力を飛躍的に高め、それを背景に貿易等の対外取引の「自由、無差別、多角主義」を標榜し、ブロック経済の解体をめざそうとした。

　この対立を受けて戦後の国際通貨制度構想をめぐる議論も紛糾した。アメリカ財務省のプランは、国際的な金本位制が崩壊しているなかで、アメリカ財務省は海外の通貨当局（財務省または大蔵省および中央銀行）が保有しているドルに対しては金1オンス＝35ドルでもってドルを金に交換することを約束し、このことで国際通貨制度の中心にドルを据え、戦後復興期が終われば為替管理を撤廃して自由に諸通貨が交換されるようにしようとするものであった。また、加盟国（当初は連合諸国）が資金を出し合って基金を作り、国際収支の不安定を抱えた加盟国は、基金から借入を行えるようにしようとするものであった。

　このプランに対してイギリスはポンドの国際通貨としての地位が低下

すること、スターリング地域の保全が図れないことなどを理由に反対したが、難航の末、ブレトン・ウッズ会議ではアメリカのIMF（国際通貨基金）案でもって連合諸国間で合意が成立した。その後も、イギリスは反対を続けたが、アメリカが米英金融協定（45年12月）に基づきイギリスに37.5億ドルの援助を与えることでイギリス議会も批准を行った。なお、ブレトン・ウッズ会議においてIMFとともに欧州の戦後復興を目指す機関として世界銀行（国際復興開発銀行—IBRD）の設立が合意された。IMFは国際収支の安定化のために短期資金を供給する機関として、IBRDは復興、開発のための長期資金を扱う機関として設立されることになった。

　アメリカはさらに45年に国際貿易機構（ITO）設立の提案を行い、48年の国際会議で合意される（ハバナ憲章）が、各国によって十分な批准が得られず（アメリカ議会も反対）、ITO自体は流産する。その草案のうち関税と貿易に関する事項だけを抜き出してまとめたものが「関税及び貿易に関する一般協定（GATT）」である。ガットは種々の限界を持ちながら30年代のブロック化の弊害を乗り越え、IMFとともに自由貿易の実現に寄与し戦後の貿易拡大に貢献した。IMF、GATTが第2次大戦後の世界経済秩序を規定していることから、戦後国際経済秩序を指してIMF・GATT体制と呼ばれる。

4　植民地体制の崩壊（南北問題）と冷戦構造

　IMF、世界銀行、GATTが生まれる時期、世界では2つの別の事態が発生していた。1つには、第2次大戦中から植民地体制の動揺が始まり、戦後、多くの植民地が政治的に独立していき（いくつかの植民地では比較的に平和的に、また、いくつかの植民地においては解放戦争を経て）、植民地体制が崩壊していった。もう1つの事態は、ソ連に加えて東ヨーロッパ諸国が社会主義陣営に属することになり、アメリカを盟主とする資本主義陣営との対立が深まっていった（冷戦構造の発生）。第2次大戦後の世界の資本主義体制は、植民地体制の崩壊（＝途上国開発問題の発生）と冷

戦構造の深まりという2つの影響を受けながら進展していくことになる。

> 論点1　第2次世界大戦はどのようにして発生し、戦後直後の世界経済にどのような負の遺産を残したのだろうか。また、戦後の世界経済の枠組みの形成にどのような条件を生み出したのだろうか。

---コーヒーブレイク

冷戦とドル危機

　米財務省は30年代から外国通貨当局に対しては、金1オンス＝35ドルでドルを金に交換することを約束していた。これをもとに、IMF協定は各国通貨の平価をドルに対して決め、この平価を中心に為替市場では上下1％で相場が変動することを規定していた。たとえば、1ドル＝360円、1ドル＝4マルクなどである。つまり、ドルを中心とする国際通貨体制（IMF固定相場制）が1971年のニクソンショックまで続いたのである。

　このIMF固定相場制の崩壊に冷戦の深まりが関わっていたのである。アメリカは、冷戦の深まりの中で世界各地に軍事基地を設け、そのための海外支出が増大していった。また、アメリカはソ連や東欧諸国に敵対する諸国に対して軍事援助等を与えてきた。加えて、60年代にはベトナム戦争が激化していき軍事支出が増えていった。以上のほかに、もう1つアメリカ国際収支構造を悪化させる要因があった。それは、直接投資の増大である。アメリカ企業は冷戦対抗の中で開発された軍事技術の利用によって国際競争力を高め、それを武器に海外に進出し、多国籍企業化していったのである。

　以上の海外軍事支出、海外援助、資本輸出は、貿易黒字等による経常収支黒字額を上回り、基礎収支赤字を生み出していった。この赤字がドル安を生じさせ、アメリカ以外の通貨当局は自国通貨売・ドル買の為替市場介入を余儀なくされ、ドル準備を増やしていった。ドル買介入を行ったいくつかの通貨当局はそのドルを金に替え、アメリカの金準備は次第に減少していった。そして、各国当局の保有ドルがアメリカ保有の金準備を上回り、金1オンス＝35ドルでの交換が危ぶまれ、金市場では金価格が35ドルを超えていった（ドル危機）。そして、ついに、1971年8月、ニクソン大統領は、金ドル交換を停止し（ニクソンショック）、1年足らずの「スミソニアン協定時代」を経て、今日までの変動相場場制の時代に入っていく。まさに、冷戦構造がIMF体制を動揺させていったのである。

2 多国籍企業、多国籍銀行、NIEs

1 多国籍企業、多国籍銀行と世界経済

　大戦後の復興期を経てIMF・GATT体制が現実のものになり、第2次大戦後の諸特徴を持つ世界経済の状況が醸成されてくるのは1960年前後からである。この時期からアメリカ企業のヨーロッパへの直接投資が本格的に始まっていく。直接投資とは、利子、配当を目的とする証券投資と異なり、企業が海外に子会社等の拠点を設置し、生産・販売活動を行ない利潤獲得を目的とする第2次大戦後の新しい対外投資である。この直接投資をグローバルに展開しさまざまな国際事業活動を行う企業体が多国籍企業である。

　表2-2にアメリカの直接投資の推移が示されている。これによると、アメリカの対外投資のうちに直接投資が占める比率は1960年代前半期に50％前後、後半期にはそれが70％近くになって対外投資の主流になっていることがわかる。また、**表2-3**には各国別の直接投資残高が67年と比較しながら73年の数値が示されている。これによると、アメリカの地位がきわめて高く、次いでイギリス、西ドイツなどとなっている。日本もこの間に残高を急激に伸ばしている。

表2-2　アメリカの対外投資

（単位：100万ドル）

	1960	1964	1968	1972
直接投資	-2,940	-3,760	-5,295	-7,747
証券投資	-663	-677	-1,569	-618
非銀行企業の系列外海外企業に対する債権	-394	-1,108	-1,203	-1,054
銀行の対外債権	-1,148	-2,505	233	-3,506
計	-5,144	-8,050	-7,833	-12,925

注）－は対外投資、＋は米国への投資
出所）Department of Commerce, *Survey of Current Buisiness*, June 1987, pp.54-55 より。

表2-3 主要国の直接投資残高

(単位：100万ドル)

	1967年	1973年	1967-73年平均増加率(%)
日　本	1,458	10,270	38.5
アメリカ	59,486	107,268	10.3
イギリス	17,521	29,183	8.9
西ドイツ	3,005	11,926	25.8
フランス	6,000	10,934	10.5
カナダ	3,728	6,911	10.8

出所）通産省『通商白書』1975年版、412-413頁、ただし、坂井昭夫『国際財政論』有斐閣、1976年、226頁よりの引用。

表2-4は、多国籍企業の経済力を示す1つの指標として多国籍企業の売上高と各国のGNPを比較している（1993年）。これによると、GMの売上高はデンマーク、インドネシア、トルコのGNPに匹敵し、トヨタ、日立、松下等の日本企業の売上高もポーランド、ポルトガル、マレーシアのGNPに匹敵する。多国籍企業の世界経済における力量の大きさが窺い知れよう。また、表2-5には主要多国籍企業の海外資産比率と海外

表2-4 主要国のGNPと多国籍企業の売上高（1993年）

(単位：億ドル)

順位	国名・企業名		順位	国名・企業名	
1	アメリカ	63,887	36	フィンランド	962
2	日　本	39,267	⋮		
⋮			38	ポーランド	873
23	デンマーク	1,376	39	トヨタ（日）	853
24	インドネシア	1,370	40	ポルトガル	777
25	GM（米）	1,336	⋮		
26	トルコ	1,263	43	日立（日）	686
⋮			44	IBM（米）	627
29	タ　イ	1,202	45	松下（日）	614
⋮			46	GE（米）	608
31	ノルウェー	1,135	47	マレーシア	601
32	フォード	1,085	48	D.ベンツ（独）	591
⋮			⋮		
35	エクソン（米）	978	53	日産（日）	538

出所）杉本・関下・藤原・松村編『現代世界経済をとらえる Ver.3』東洋経済新報社、1996年、62頁。原資料は Fortune, The World Bank Atlas 1995.

表2-5 多国籍企業の海外資産比率と海外雇用比率（1990年）

順位	企業名	国籍	業種	海外資産比率（%）	海外雇用比率（%）
1	Royal Dutch Shell	英・蘭	石油	65.0	72.3
2	Ford	米	自動車	31.8	51.0
3	GM	米	自動車	29.2	32.7
4	Exxon	米	石油	58.8	62.5
5	IBM	米	コンピューター	52.2	44.9
⋮					
8	Nestle	スイス	食品	―	96.5
⋮					
15	Sony	日	エレクトロニクス	―	55.0
16	Volks Wagen	独	自動車	―	35.7
⋮					
29	Toyota	日	自動車	23.2	11.7
⋮					
46	Nissan	日	自動車	―	23.2

注) ―はデーターなし。
出所) 前表と同じ。原資料はU.N., *World Investment Report*, 1993.

雇用比率があげられている。これによると、アメリカ系を中心に海外資産比率、海外雇用比率が50％を超えている多国籍企業があり、日本の企業も30％を超えているものがある。多国籍企業は、まさに戦後世界経済を動かしていく1つの主役であり、国境を越えてグローバルに展開していることがわかる。

多国籍企業は、資源へのアクセス、豊富で安価な労働力、市場性等の立地条件を加味しながら世界中に子会社のネットワークを形成し、中間財から完成品まで親会社の統括下にグローバルに生産活動を行っている（＝「企業内国際分業」）。したがって、親企業と子会社、子会社どうしで部品や完成品の取引が不可避となり、それは実体的には同一企業内の移動にすぎないが貿易として表れてくる。それゆえ、多国籍企業が主役となる時代には部品等の中間財貿易の比重が高まってくる。また、企業内国際取引の盛行によって次のような事態が発生してくる。多国籍企業は

利潤の極大化を図るために税率の低い国に利益を大きくするべく、恣意的な価格を設定することがある（＝「振替価格」）。同一企業内の取引だからそれができるのである。

このように、多国籍企業の出現とともに、貿易や国際収支のあり様は大きく変化し、多国籍企業と国民経済の関係は一定の変容を余儀なくされることになった。

多国籍企業の時代にはもう1つの主役がある。それは多国籍銀行である。多国籍企業の活動には当然のことながら送金、信用供与、外国為替等の銀行業務を必要とする。子会社の利益の親会社への送金、企業内貿易の決済、親会社と子会社、子会社相互間の融資、余剰資金の国際金融市場での運用等、多国籍企業はこれまでとは異なる銀行業務のグローバルな展開を必要としてくる。したがって、多国籍企業の成長とともに、主要国の銀行も国際的な進出を余儀なくされていく。

表2-6にアメリカの銀行の海外店舗網の推移が示されている。アメリカの銀行の海外店舗網は1960年代後半期から急速に拡大し、60年代末から70年代初めにアメリカの主要銀行は多国籍化を完成させたと言ってもよい。米系銀行に対応しつつ、また、対抗しつつヨーロッパ諸国の主要銀行、日本の主要銀行も多国籍化を遂げていく。それは、米銀より少し遅れ、70年代中期から末にかけてである。

表2-6　アメリカの銀行の海外活動

	1960	1965	1968	1970	1973	1976
進出銀行数	8	13	26	79	122	127
海外支店数	131	211	375	536	697	731
同資産総額（10億ドル）	3.5	9.1	23.0	59.8	121.9	219.4

出所）関下・鶴田・奥田・向『多国籍銀行』有斐閣、1984年、20頁。原資料は Board of Governors of Federal Reserve System.

2　途上国開発問題と NIEs の登場

第2次大戦の直後から60年ぐらいまでに世界のほとんどの植民地は政治的に独立していったが、経済構造は植民地時代の構造をそのまま残し

ていた。つまり、旧宗主国から工業製品を輸入し、旧宗主国へ特定の一次産品を輸出するというモノカルチュア的構造である。途上国は政治的独立のみならず、一次産品の輸出に依存するモノカルチュア経済から脱却して工業化をはかり経済的自立を達成することが求められたのである。

　1950年代から60年代中期まで主力となった工業化戦略は「輸入代替工業化」（従来先進国から輸入していた工業品を国内で生産するための工業化）と呼ばれるものである。しかし、この工業化戦略はいくつかの要因により手詰まりになっていった。途上国の市場の狭さから輸入代替生産が非効率であること、資本財の輸入のために一次産品輸出が必要であるが、一次産品価格が安定せず国際収支難をもたらす等であった。しかも、IMF・GATT体制と呼ばれる戦後の自由貿易体制が工業化の阻止要因となっていた。

　IMF・GATT体制下における自由貿易は自由主義経済の「優勝劣敗」を必然化させ、競争力を持たない途上国には不利であった。したがって、途上国は新しい国際経済秩序の形成を標榜し、IMF・GATT体制の変革を迫るようになる。1964年に第1回国連貿易開発会議（UNCTAD）が開催されることになった。これは途上国の要求によるものであるが、先進国、社会主義国も含め140カ国以上が参加することになった。この会議で以下の主張を盛りこんだ報告がまとめられた。①先進国の途上国からの商品輸入数量目標の設定、②一次産品価格安定のための国際商品協定の締結、③途上国からの製品輸入に際して関税の引き下げ等である。しかし、この報告は強制力を持たず、先進各国は無視し、ほとんど実現していかなかった。

　こうした状況のもとで1973年に勃発したオイルショックは途上国側からの新たな動きを起こすきっかけとなった。このときに発動されたのが石油戦略である。すなわち、原油価格の引き上げ、石油事業の国有化、資源ナショナリズムの高揚であるが、これは74年の国連「新国際経済秩序宣言」につながっていった。基本思想は64年のUNCTADと基本的に

変わらない。自国の富や天然資源に対する恒久主権、途上国に不利な貿易体制の改善、多国籍企業の規制・監視等を内容としている。途上国のIMF・GATTに代表される体制に対する挑戦は最高潮に達した。しかし、先進国側はまたもや「宣言」を無視、拒絶し続け、その後事実上この「宣言」は空文化していった。

　それとともに、「輸入代替工業化」戦略が見直され、新たな工業化戦略が脚光をあびるようになってきた。一次産品価格の変動に影響されない工業化を目指そうとしたのである。すなわち、低賃金労働力を大量に使った労働集約的な工業製品の輸出を指向する工業化である（＝「輸出指向工業化」）。それは必然的に多国籍企業の国際分業の中に組み込まれる形での工業化である。東アジア諸国、ラテンアメリカ諸国等は欧米、日本から外資を受け入れ、外国資本の主導の下、資本財と中間財を輸入し、それを加工して先進各国へ輸出する形で高い経済成長を達成してきた。1970年代以降のNIEs（新興工業経済地域―NICsと呼ばれた時期もあった）の登場である。

　しかし、NIEsの登場とともに途上国世界は大きく分裂することになった。アジアや中南米等のNIEsとサハラ以南のアフリカ、南アジア諸国の「最貧国」と呼ばれる国々へである。こうして、独立時から64年のUNCTADの発足、74年の国連「新国際経済秩序宣言」に見られた途上国の大同団結は崩れてしまった感がある。

論点2　途上国の開発にとって、多国籍企業の功罪はどのようなものであろうか。

3　現代の世界経済

1　IT化と蘇生するアメリカ経済

　1980年代にアメリカ経済は競争力を失っていたが、90年代に入りアメリカ経済は復権を遂げてくる。その中心的役割を果たすのがアメリカ

におけるIT革命であった。80年代後半からのパーソナル・コンピューターの普及、91年からのビジネス用インターネットの開始によって企業、個人、政府機関における通信の大きな変化、IT技術の導入による企業経営の根本的な変化、これらがIT革命の内容であった。IT革命の中でIT関連の個人消費、設備投資が急速に増加し、これがアメリカ経済を引っ張っていった。IT設備投資は企業組織の変革をもたらしながら、高度なオートメーション、コンピューター制御を可能にして急速な生産性の上昇が実現した。95年までの約20年間のアメリカの労働生産性の伸びは年平均1.39％であったのが、90年代後半期にはそれが3.01％に高まった。

　こうしてIT経済化によってアメリカ経済は90年代に生産性の上昇と相対的に低い労働コストを実現し、国際競争力を高めていった。アメリカ経済は90年代に復権を遂げていったのである。これを背景にニューヨーク株式市場では90年代に驚異的な株価上昇が続いていった（図2-1）。株価上昇は企業には投資拡大、個人には消費拡大の効果を持つものであった（＝「資産効果」）。家計部門で言えば、株価上昇は株を持っている国民の消費を所得以上に伸ばし、また、貯蓄率を低めていった。

　ともかくも、株価上昇はアメリカの景気をますます上向かせ、投資と消費が伸びて海外からの輸入が増大していった。その結果、貿易赤字は90年代末にはこれまで記録したことがない3,450億ドルにも達した。しかし、この貿易赤字も海外からの大量の資本流入によってファイナンスされ（赤字が埋め合わされ）、アメリカ政府は80年代ほど貿易赤字のファイナンス問題に悩まされることはなかった。アメリカの企業実績と株価上昇は世界各地からアメリカへ資本を引きつけたからである。日本では90年代のバブル崩壊後、株価の低迷、超低金利政策のもとで国内に有利な投資対象が乏しかったために、金融機関は大量にアメリカの証券に投資したのである。

　以上の90年代におけるアメリカ経済の復権はそれだけにとどまらなかった。アメリカ経済の復権はグローバリゼーションを急速に進めた。

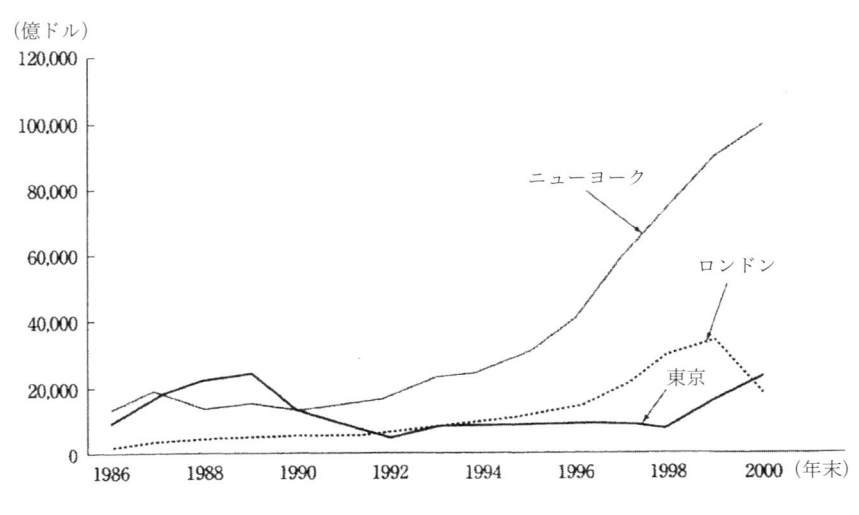

図2-1 三大証券取引所の株式売買代金の推移

注) 1　株式時価総額、売買代金は、外国株を含まない。
　　2　米ドルへの換算レートは、IMF, *International Financial Statistics* の数値を使用、時価総額については年末値、売買代金については年平均値を使用。
　　3　売買代金は片道計算。
出所) 松村・関下・藤原・田中編『現代世界経済をとらえる Ver.4』東洋経済新報社、2003年、162頁。原資料は東京証券取引所「主要取引市場の国際比較統計」。

　IT化は個人や企業、金融機関、政府等の情報交換に劇的な変化をもたらし、商品・サービス取引や金融取引を時空を超えて瞬時のうちに実現させることになったからである。おりしも、90年代初めのソ連をはじめとする東ヨーロッパの社会主義体制の崩壊によって多国籍企業、多国籍銀行、国際的投資ファンド等が全世界で活躍できる環境が作り出されたのである。これらの企業、金融機関は、IMFや世界銀行等の国際機関による東欧、途上国に対する市場化、自由化要求の後押しを受けながら、証券投資、直接投資等の種々の海外投資を行って、先進各国だけでなく東欧、途上国を巻き込んでグローバル化を進めていった。

2　今日の日本経済

　1990年代の日本経済は、バブル崩壊によって多額の不良債権を抱え

込むことになった。80年代のピーク時比べ、96年までに地価は約1,000兆円、株価は約300億円下落した。これらに投資していた企業、金融機関、個人の資産は一挙に減少し、企業は投資を控え、個人は消費を急激に減らし、日本経済はマイナス経済成長率を示すに至った。

　バブル崩壊による不良債権は建設業、不動産業に集中しているが、それらの企業へはもちろん、その他の企業へも土地購入のために都市銀行をはじめとする金融機関は、不動産を担保としてきわめて多額の融資を行った。それが地価の暴落により不良債権化したのである。銀行等の金融機関はその回収に困難をきわめ、90年代の不況が深刻化する中で新規融資を渋る（＝「貸し渋り」）だけでなく、企業への既設融資の早期回収（＝「貸し剥がし」）も横行するようになっていき、不況をさらに深刻化させていった。

　この90年代の日本の「失われた10年」に、戦後日本の政治・経済・社会を長期にわたって形作ってきたシステムに疑問が持たれ始めた。それは、経済的にはメインバンクに代表される日本的金融システム、系列的企業間の連携、終身雇用・年功序列的賃金等である。金融制度は98年のビッグバン（護送船団方式の金融行政を改革し徹底的な金融自由化を目指す）や90年代後半から21世紀初頭にかけて相次いだ大型銀行合併によって様相は一変した。

　中央行政制度では60年以来の総理府と12の省を基本とする体制から2001年には内閣府と10の省に統合・再編された。また、中央行政機構改革の一環として中央省庁の現業部門、国立大学、試験研究機関、博物館等が独立行政法人へと転換されていった。その他、60年代の高度成長期から引き継いできた諸々のシステムは今なお改革途上にあると言えよう。

3　EU 経済

　1993年11月のマーストリヒト条約の発効によって EC は EU（European Union 欧州連合）に発展した。93年は EU 全域で商品、資本、人が自由に

移動する単一市場がスタートした年である。これによって、すでに撤廃されていた域内関税に加えて非関税障壁（関税以外の工業規格の違い、運輸、保険等の規制の違い等に基づく貿易障壁）が撤廃されて、経済統合は急速に進展していった。

これを背景に通貨統合の機運が高まり、マーストリヒト条約は通貨統合の道筋を明確にさせた。条約は遅くとも99年1月1日までに通貨統合を行うことを規定していた。そして、99年1月にEU11カ国（ドイツ、フランス、イタリア、スペイン、オランダ、ベルギー、オーストリア、フィンランド、ポルトガル、アイルランド、ルクセンブルグ）がユーロを導入した。この時期にはユーロ紙幣は流通せず、ユーロは企業、金融機関等の銀行口座の振り替えにだけ利用される「帳簿上の通貨」であったが、02年1月からユーロ現金（紙幣、硬貨）が流通するようになった。

90年代のEUにはもう1つ重要な事項があった。それは、91年のソ連の崩壊によりそれまでソ連に所属していたバルト3カ国や東欧諸国のEU加盟問題である。97年にはポーランド、チェコ、ハンガリー、スロベニア、エストニア、キプロスの6カ国が加盟交渉対象国になり、2000年にはルーマニア、ブルガリア、スロバキア、リトアニア、ラトビア、マルタの6カ国が交渉対象国に加えられた。そして、02年のコペンハーゲンで行われた会議においてルーマニアとブルガリアを除く10カ国が04年のEU加盟が認められた。これによってEUは西欧の組織から東欧を含む組織に拡大され、4億6千万人の人口を持つ巨大共同体へと発展していくことになった。なお、ルーマニアとブルガリアは07年に加盟することになっており、トルコの加盟問題が1つの焦点になっている。

4　エマージング市場の通貨危機と「東アジア共同体」構想

1980年代末から90年代初めにかけて途上国のうちの10数カ国（ほとんどはNIEsと一部市場移行国）は、IMFや世界銀行の奨励（ときに圧力）を受けて金融の自由化を行ってきた。金利自由化や資本流出入の自由化である（日本の資本流出入の自由化は80年代になってからであり、NIEsの自由化が

経済発展度合いからして早いことが窺い知れる)。これらの自由化によって途上国のうちの10数カ国へ種々のかたちの外資が導入されることになった。これらの金融市場は国際金融市場に統合されていき、これらの市場はエマージング市場と呼ばれるようになった。

　エマージング市場国は金融自由化によって海外から多くの資本をとり入れることによって、より早いテンポでの経済発展を図ろうとした。また、先進国の金融機関はこれらの国に投資できることによってより多くの利益を獲得できるようになった。とくに、東アジアでは80年代末から海外からの資金を受けて「東アジアの奇跡」とも呼ばれるような経済発展を遂げてきた。

　しかし、エマージング市場に流れ込んだ外国資金は、何かのきっかけによって流出するものである。1997年タイでの貿易赤字の増大、不動産不況の表面化をきっかけに、外国資金は一挙にタイから流出していった。これがインドネシアや韓国などのアジア諸国に波及し、アジア通貨危機が勃発した。そして、奇跡と呼ばれた経済発展が中断することになった。通貨危機とはある通貨に対する投機によってその通貨の為替相場が急落することである。90年代には94年にメキシコで、97年にはアジアで、97年から98年にはロシアで、01年にはアルゼンチンで通貨危機が起こった。

　90年代から今日にかけて先進諸国には多額の余剰資金が滞留しており、途上国、エマージング市場国の金融・為替改革や経済変動に応じてそれらの国に大量の資金が流入し、また流出することによって、いつ通貨危機が発生してもおかしくない状況にあると言える。

　さらに、アジアではもう1つ注目すべき事態が進行してきた。それは、アジア通貨危機後、中国の存在感が急速に増し、その事態を受けて「東アジア共同体」という構想が打ち出されてきたことである。この構想の実現には種々の困難があり、紆余曲折があろうが、日本のこれからの進路を考える際、この構想を抜きには考えることができない。

42　第2章　世界の資本主義体制の変化

　以上、本章では1929年から21世紀の今日にわたる75年間における世界の資本主義体制の変化を跡づけてきた。今後の世界の資本主義体制がどのように変容していくのか、関心が湧いてくるところである。

> 論点3　日本は今後、環太平洋地域の経済においてどのような役割を果たしていけばよいだろうか。

〈参考文献〉
1　牧野純夫『**円・ドル・ポンド**』第2版、岩波新書、1969年
　1930年代のブロック経済からブレトンウッズ会議におけるIMF合意までの経緯が知れる。
2　大崎平八郎・久保田順『**世界経済論**』青木書店、1970年
　30年代における主要国の恐慌克服策、貿易・為替管理の実態が知れる。
3　松村・関下・藤原・田中『**現代世界経済をとらえる Ver4**』東洋経済新報社、2003年
　現代世界経済の各分野をまんべんなく把握するのに便利なテキストである。とは言っても、章によってはやや難解であり、丁寧な学習が求められる。第4版まで出版されているが、第4版だけでなく、これまでの旧版も参照されたい。
4　横田茂編『**アメリカ経済を学ぶ**』世界思想社、1997年
　現代のアメリカ経済を学習する際、まず、このテキストから始めるのがよいであろう。ただ、残念ながら90年代までの叙述になっている。
5　相沢幸悦『**ユーロは世界を変える**』平凡社新書、1999年
　ユーロ登場に至る過程がわかりやすく述べられており、入門書として第1に薦めたい。
6　小原雅博『**東アジア共同体**』日本経済新聞社、2005年
　これからの日本の進路を考える際、東アジアの状況を抜きには考えられない。この本は、種々のヒントを与えてくれるだろう。

―――― 用語解説 ――――

IMF（国際通貨基金）

　1944年にアメリカのブレトンウッズで開催された国際会議において国際復興開発銀行（IBRD）とともに設立された。IMF協定が規定している主要な柱は以下のようである。①為替制限の撤廃と通貨の交換性。第2次大戦中、各国は外貨確保の観点から

為替取引に制限を課し、自由な為替市場が機能しない状況になったが、これを自由化し、経常取引に関しては自国通貨の他通貨への交換を制限をなしてはならないとした。しかし、戦後の過渡期に限って制限を認めた。② IMF 加盟国通貨の「平価」を、金または金1オンス＝35ドルの価値を持つドルによって表示するとした。これでもって、1ドル＝360円、1ドル＝マルク、などの「平価」が設定され、各国通貨の中でドルが特別の地位を占めるようになり、ドル中心の国際通貨制度が樹立された。③1930年代に各国は輸出増進のために為替切り下げ競争を行い、国際的な為替関係を混乱させたことから、IMF は為替相場の変動を平価の上下1％以内に限るという固定相場制を導入した。④この固定相場制を維持するために、加盟各国の経済力に見合った出資によって基金(Fund)をつくり、赤字の加盟国は IMF から融資を受けられるようにした。この際、科せられるのがコンディショナリティである。

エマージング市場

1990年代に途上国の民間部門に向かって先進国の民間資金が大量に流れ込んでいったが、このような事態を指してエマージング市場の登場と言われることが多い。IMF などでは全途上国、市場移行諸国に香港、中国、イスラエル、韓国、台湾を加えた諸国の市場をエマージング市場といっているが、大量の資金が流れ込んでいるのは香港、中国、イスラエル、韓国、台湾と途上国の中の10数カ国であり、それらの諸国の市場をエマージング市場と呼ぶのが適当であろう。これらの諸国では中国を除いて、1980年代末から世銀などの国際機関の「圧力」もあって「金融自由化」が進み、これが資本の流入・流出を促進し、アジア通貨危機などの新たな途上国危機を生み出す1つの大きな要因になっている。

第3章 「文化」の変化、変化の文化

原　毅彦

―――〈本章のねらい〉―――

　本章では私たちにとってもっとも身近にあるのに、意外に気がつかない「文化」について考えます。その前に言っておきますが、「文化」という言い方自体はとても新しいものです。以前は「慣習」とか、「生活（の仕方）」などと言っていました。つまり、「文化」ということば自体が、ある文化を前提にしているのです。ここでは、一方で、私たちが前提にしているこの「文化」という考え方の変化を学びます。この考え方の変化に合わせて、一見普遍的な、「言語」や「宗教」あるいは「人間」という考え方も、変化してきたのです。そして他方で、その考えが対象にした「文化」がどのように変化したのかも見ていきます。政治や経済ではめまぐるしい変化が目にできますが、「文化」はあんがい変化がゆったりとしている場合もあります。歴史に「長い尺度」と「短い尺度」があるように、短いサイクルだけに目を奪われてはいけません。また変化しないのが「文化」だと思ってもいけません。まことに万物は流転する、なのです。もっとも、一見変化と見えるような場合でも、単なることばの言い換えにすぎないこともよくあります。具体的には私たちの学の源、ヨーロッパと、新たな世界、南アメリカ、そして私たちの生活する日本を材料にしました。気がつかない「文化」を発見して下さい。文体は、あえて、他の章に比べて、やわらかくしました。かたいこと言わないでね。

1 「文化 culture」以前（その1）：ギリシャ

1　ヘロドトス

　「文化」って何だろう？　答えるのがむずかしいねえ。「ことば」も「宗教」も文化にふくまれるだろう。「日本の文化」や「ロマの文化」（ローマじゃないよ！ロマって何だ？）というのも聞いたことあるね。でも、肝心の「文化」というのが何を指すのかはなはだ心もとない。でも、それは当然なのさ。あとでお茶の時間に読んでもらうけど、ぼくたちが今使っている意味のこういう「文化」ということばは、イギリスで19世紀の後半に発明されたものなのさ。アメリカでこのことばが一般的に使われるようになったのは、1922年以降とも言われているんだよ。日本で言えば大正時代！日本語でも明治時代のずいぶん経ってから、まさに「文化」という翻訳語が創られる。まだまだ一部の学者のことば、一般化するのはやはり大正時代を待たなければならない。だから「文化国家」とか「文化人」、はたまた「文化包丁」「文化住宅」とわけがわからない「文化」がたくさんあるね。コーヒーを飲みながらみんなで、身近にある「文化」ということばを考えてごらん！

　だからといって、「文化」ということばが発明される以前は、「ことば」や「宗教」や「お祭り」に誰も興味を持たなかったわけじゃない。いわんや世界に文化がなかったわけではない。このことばが発明されるずーっと以前から、やっぱり、みんなと同じように、こうしたものに目を向けていたんだね。どんな風にかな？　ここで一気に時間をワープ！

　今から2500年前、と言えば日本では縄文時代から弥生時代への境目にあるころ、ギリシャで一人の人が本を書いたんだ。世界史とってないから興味ない、なんて言うなよ。その本が日本語の翻訳で読めるってびっくりだね。文字があったからだよ（日本はどうだったかな？）。その人の名はヘロドトス（484〜425BC：BCってなーんだ？　知ってるね？　だけどどうして特定の宗教が歴史のゼロ年を決めたのかな？）。世界史の教科書にその像が

載っていたのを見たことがあるかもしれない。よく「歴史学の父」と言われているね。むろんそれは彼が書いた『歴史』という本のタイトルからもきている。地理学の教科書にも載っていたかもしれない。「地理学の父」としてね。有名な人類学者のレヴィ=ストロースは「最初の人類学者は誰ですか？」という問いに答えて、ヘロドトスの名前を挙げている。つまりヘロドトスにはたくさんの子供がいて、今日まで育っているというわけさ。歴史学のみならず、地理学や文化人類学も彼から始まったのだからね。つまりぼくたちが日本史で習う「飛鳥時代の文化」とか、地理で習う「インドネシアの文化」というとらえ方はすでにヘロドトスに始まっているのだよ。ながいながい道のり。何で『歴史』なのにって思わないかな？　でも歴史（時間）の外にある、歴史と関係のない事柄って何だろうね。逆に言えば、**どんな出来事もどんな文化も歴史の中にあるんだよ**。一見何百年も変わってないように見えてもね。めまぐるしく変化するものばかりが歴史じゃないんだよ！

　『歴史』は巻頭に述べられているように、ギリシャ人がペルシャ人と「いかなる原因から戦いを交えるに至ったかの事情」を「やがて世の人に知られなくなるのを恐れて、自ら調査研究したところを書きのべたものである」(1-序)。「太平洋戦争」の話や「広島」の話もやがて……、というわけで君たちも自ら調査研究してごらん。文字になっていないものを文字にする練習！　コピーじゃないぞ！　さて、ここでは、もうすでにギリシャとペルシャという広大な空間が問題になっているね。もっと言えば、ギリシャ（ヨーロッパ）とアジアの戦い (1-4)。19世紀のヨーロッパ列強によるアジア支配、ヨーロッパの「自由」とアジアの「隷属」の第一ラウンドだよ（19世紀、20世紀にはアジアの解放が盛んに叫ばれたね。誰が何から解放するんだ？）こうしてヘロドトスは自ら調査探求するために広大な空間に踏み出したのさ。東はペルシャ、西はイタリアまでにおよび、北は黒海沿岸を見聞し、南のエジプトにあってはナイル川をアスワンの向こうまで遡行する大旅行。さらに情報を聞き及んだ範囲はその外に広がっている。

コーヒーブレイク(1)

「文化 (culture)」という語の歴史

　Culture はラテン語の cultura に由来する語である。語源は、住む、耕作する、守る、尊敬するなどの意味を持つ、ラテン語 colere である。「住む」はラテン語 colonus を経て、colony（植民地）に、「尊敬する」はラテン語 cultus を経て、cult（崇拝）になった。「耕作する」の系統は穀物や動物の手入れに関わる語になった（agriculture、horticulture、apiculture など）。16世紀初期には拡大されて人間の成長に関わる語となった。18世紀後期から19世紀初期には「心を耕す」という意味として用いられている。19世紀には今日 culture と使われるところに civilty の語が見出される。フランスでも18世紀中葉から「洗練されたもの」を意味する語として使われ、他方、civilization（「文明」）の語も同じ頃現れた。ドイツでは18世紀初頭にフランス語から借用された cultur が、19世紀後期から kultur と綴られ「文明」の同義語として、第一に「開化」「洗練」の過程、第二に人間の成長の過程として使われた。1900年頃までには culture が精神的、civilization が物質的という区別もなされた。コーヒーブレイク(2)にあるウィリアムズ言うところの②の意味を英語で決定的にしたのは、1871年のタイラー『原始文化』である。①から派生した③は新しい用法。「文化とは、世界で最高のものと評価される有名なものを知ることである」（マシュー・アーノルド『教養と無秩序』原著1867年）（英語における culture については *Oxford English Dictionary* を参照してください）。

　日本最初の英語辞書（1814年）には civilty「謙譲、慇懃、丁寧」の記載はあるが、culture の項はない。上記のヨーロッパにおける語彙の歴史からも当然である。1867年の『英和対訳袖珍辞書』には、culture「耕作、育殖、教導修繕」と書かれている。明治初期の日本では、「文化」はもっぱら漢語的な意味で使われており culture とは結びつかない。「文」は漢籍であり、その渡来を意味する。1886年のヘボンによる『和英語林集成』には「学問、教育、風雅」の意味で、1903年の『双解英和大辞典』には「耕すこと、耕作、稼植、栽培、培養、攻修、琢磨、練習、教化、開化、博雅、文雅」の意味で載っているが、「文化」はまだ現れない。1900年の初頭には「文化」という語は「文明」と同義に使われ出した。1910年代にドイツ語の kultur が「文化」と翻訳され、「文化国家」は知識人の間で大流行。精神的な意味での「文化」は大正時代に「文化住宅」や「文化村」「文化主義」といった形で喧伝された。俗に言う「大正教養主義」の教養がこの「文化」を背景にした。1937年には「文化」勲章が制定され、戦後は「文化日本」に向けてまっしぐらである。その担い手として「文化人」も登場している（詳しくは柳父章『文化』三省堂、1995年）。

2　さまざまな方法

　君たちが旅をしたとしよう。いろんなものを見たり、聞いたりするね。でも何を見たり、聞いたりしているのだろう？ 何でも、なんて言うなよ！ 見てないものも、聞いていないものもたくさんあるんだから。それではそうした選択は何によっているのかな？ 特定の目的（貧困地域の調査とか）、学校で学んだ知識、ガイドブックに書いてある見所、友達の意見などなど。そうだね、こうして**意識的か、無意識的かは別にして、特定の対象を見聞きしている**んだね。ヘロドトスもそうだった。彼の調査研究の目的ははっきりしていたから、それに添って旅をする。こうして特定の資料を集めて、整理し、考える。

　ここには今日、「文化」研究といって目を向けるさまざまな項目がほとんど同じように挙げられている。自然環境の記述、農耕や狩猟、漁業といった生業（産業でもいいよ）、家畜（ペットかな？）、対象の人々の出自（どこから来たか？ お国はどちら？）、衣生活（どんな服着ているのかな？）、食生活（何食べているの？）、住生活（どんなお家に住んでいるの？）、結婚の仕方、お葬式、死への対処の仕方、病に対する対処法（ぼくたちなら、西洋医学から漢方、さまざまな信心）、神について、儀礼、生贄などなど。試しに手近にある「○○の文化」てな本を開いてごらん。ほとんど今日でも変わらない項目が並んでいるから。こうして見る**ポイント、項目を一定にしておけば、他の場所で得られたデータと容易に比較できる**ね。

　たとえば、日本では人が死ぬと四十九日の法要をやることがあるね（知らない人は自分で調べてごらん）。これは朝鮮半島にもある。あるいは中国は、あるいは仏教との関連で他のアジアにすむ諸民族ではどのようになっているのか、比較が可能になるね。エジプトの神々の体系や儀礼と、ギリシャのそれを比較するヘロドトスもいる（2-42〜45, 50〜51など）。共通な部分、異なる部分があり、なぜ異なっているのか、と疑問はつきないね。さらに言えば、歴史的にいつごろから、どこからという問題にも突き当たるだろう。さらに考えを進めていけば起源はどこにあるのかという問題にもなる。文化の伝播論、起源論だよ。ヘロドトスは

すでに考えている。「一年という単位を発明したのはエジプト人であり、一年を季節によって十二の部分に分けたのもエジプト人が史上最初の民族である」(2-4)。1年が365日っていう事柄にも、長い歴史があるんだよ。日本にもともとあったわけでもない。いつどこから来たのかな？「暦の考え方」を一つの文化項目として考えてみるのも面白いね。1月、2月なんていう数字プラス月ではなく、睦月、如月という考え方だよ！どんな意味かな？英語ではどうなるのかな？『歴史』では、文化の特定項目どころか、「言語」の最初まで追究されている(2-2)。どこの言語が最初か！はじめにことばがあったのはどこか？　どうしてそこで生まれたのか？特定の場所で、特定の言語が話されている理由は何か？　経済や、政治が理由でという場合もあるかもしれない。あるいはそこの自然環境が、しかじかの文化を生み出す原因になったかもしれない。今日言うところの環境決定論だね。「エジプトの地域は、いわば（ナイル）河の賜物」(2-5)ということばを聞いたことがないかな。ナイル河のもたらす生産性が都市文明を興す源になっているという考え方だね。

　もっと根本的な「文化」の観方もある。「実際どこの国の人間にでも、世界中の慣習の中から最も良いものを選べといえば、熟慮の末誰もが自国の慣習を選ぶに相違ない。このようにどこの国の人間でも、自国の慣習を格段にすぐれたものと考えているのである。そうすれば、これほど大切なものを嘲笑の種にするなどということは、狂人でもなければ考えられぬ行為といえるであろう」(3-38)。今日言うところの自民族中心主義に対する文化相対主義の必要性だね。自分の文化がもっとも優れていると思いがちなことは今日でも変わりないことだし、それを異文化のひとびとに押しつけたり、それが理由で混乱が生じていることもあるだろう。彼らも、同じように自分の慣習（文化）が優れていると思っているのだから、それを疎略に扱ったり、廃止しようとすれば軋轢が起こるのは当然だね。各自、例を考えてごらん。

　ヘロドトスはこういった事柄を、旅から旅へ行っては、さまざまな地域で、さまざまな人に出会い、話を聞いたり、実際に観たりして記録を

とった。これもぼくたちが今でも行っていることだね。でも今は聞く代わりに、書かれたものを見ることの方が多いね、インターネットや、図書館などなど。歴史を学ぼうとすれば、たいていは書かれたもの、古文書を調べることとなる。じゃあ、文字のなかった地域には歴史はなかったのかしら？ そうじゃないね、だからヘロドトスは話を聞きに自ら調査探求したのだよ。でもお話は書かれたものより信用できないかな？ 実際、ヘロドトスの次の世代になると、文字資料（書承）が語られた資料（口承）よりも信頼できるという考え方が当たり前になってくる。やがて「嘘つきヘロドトス」という評価が下される。時代が下れば、文字資料のない社会（無文字社会）は歴史なき社会とみなされるようになる。近代に入るとこの観方は、さらに固定されて、歴史とともにある近代、という自らの優越性を示すために、歴史なき「伝統的」社会を創造するに至った。**「未開社会」の発明**だね。近代社会／伝統的社会、文字社会／無文字社会、書承／口承、歴史／神話（作り話）、事実／虚偽、優（先進）／劣（後進）といった対立項が当てはめられた。自国の慣習を格段にすぐれていると思いたい気持ちは根強いものなんだ。今日では「未開社会」や「伝統的社会」ということばが、どのような意図で、どのように創られたかが明らかになっている。歴史の研究も書かれたものだけでなく、語られたものや、描かれたものに注目するようになっている。政治学者が「オーラルヒストリー」の本を書く時代。2500年ぶりの復権さ。

　「文化」ってことばを知らなくとも、ずいぶんと昔から同じことをしているのがわかったかい。また違ってしまったこともあったね。いろいろな項目から文化を考える観方には長い歴史があるのさ。もちろん持続は力だけど、続いているからと言って、その観方が正しい、とか唯一だという意味ではないね。まして、項目が固定されればされるほど、そこからこぼれ落ちるものが出てくるのも確かだね。あれを見ることは、これを見落とすことになるかもしれない。肝心なのは**自分がどのような観方を選んでいるかを知っておくことだね。**

3　世界の果て

　ヘロドトスが広大な空間を旅したことは前に言ったね。さまざまな民族の記録があった。そうしてどんどん遠くに、未知の空間に。「世界のさい涯にある地域は豊かな天恵に浴しているといえるかも知れない。まずインドは少し前に述べたように、世界の東端に位置する」(3-106)。インドには何があったろう？「インド人が最東端の民族である。インドの東方は砂漠を成しているため全く無人の境だからである」(3-98)。この砂漠には犬よりは小さいが狐よりは大きい蟻が住み、砂漠の中から金を含む砂を掘り上げている。「インドには金が無尽蔵」(3-106) で、こうして蟻から金を盗んでくるんだ。「インド人は多くの種族に分かれ」言語も異なり、定住民も遊牧民もいる。生肉喰いもいる。パダイオイ人は遊牧民であり、生肉を常食とし、病人が出ると、病にやつれてせっかくの肉がまずくなってはと、最も親しい友人達が病人を殺して食べる(3-99)。他にも農耕も営まず、住居も構えず、草を常食するひとびと(3-100)、「インド人たちはみな、男女の交わりを畜生同様に公然と行い」(3-101) といった具合。こうして世界の果てには無尽蔵の金(富)と、怪物(巨大蟻)、自分たち（ギリシャ人）にはありえない慣習を持つ、あるいはギリシャ人にはある慣習を持たないひとびとが登場する。

　他の果てはどうかな？「子午線が西に傾いている方角では、エチオピアが人の住む世界の涯になる。この国は多量の金、巨大な象、さまざまな野生の樹木に黒檀を産し、この国の住民は世界中で体躯は最も大きく、容姿は最も美しく、寿命は最も長い」(3-114)。「南方では、人類の住む最末端はアラビアで、乳香、没薬、カシア、シナモン、レダノンの生育するのはこの地域のみである」(3-107)。乳香は有翼のヘビが護っていて、この地からいつもえもいわれぬ心地よい香りが漂ってくる。ここでも金にも匹敵する富、香料の宝庫と怪物。「ヨーロッパの北方には、他と比較にならぬほど多量の金があることは明かである。その金がどのように採取されるのかについても、私は何も確実なことは知らないが、伝えられるところでは、一つ目のアリマスポイという人種が怪鳥グリュプスか

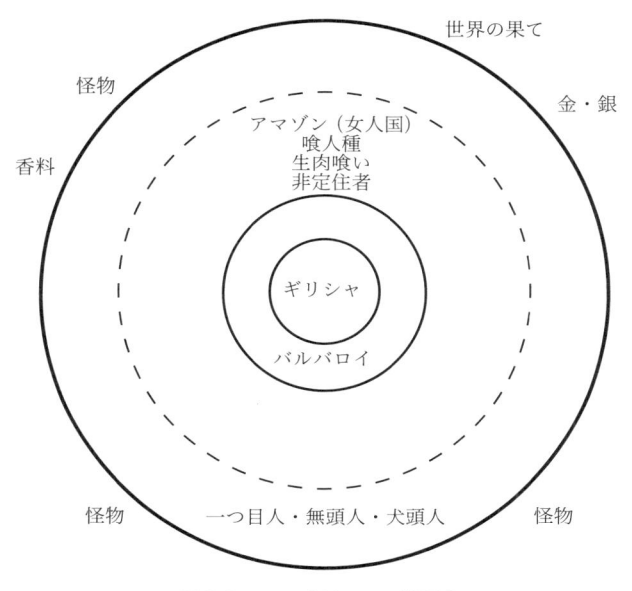

```
         世界の果て
   怪物              金・銀
      アマゾン（女人国）
      喰人種
  香料  生肉喰い
      非定住者

         ギリシャ
         バルバロイ


   怪物  一つ目人・無頭人・犬頭人  怪物
```

図3-1　ヘロドトスの世界像

ら奪ってくるのだという」(3-116)。もうわかったね。人間の住むところの向こう、世界の果てには莫大な富があって、そこには必ず怪物がいて、その内側には一つ目や、犬頭人、無頭人、女だけの社会アマゾン！さらに内側には「われわれ」にはない慣習を持ったり、「われわれ」にある慣習を持たないひとびと、こうして「われわれ」の世界に少しずつ近くになってくる。

　さて、何でペルシャとギリシャの戦いの話がこんなに遠くまで来てしまったのだろう。当時はギリシャが東に拡大していく時代だった。ヘロドトス自身その書の冒頭にあるように、ギリシャの植民都市、小アジア南部のハリカルナッソス出身であり、まさにアジアに向けてギリシャの文化が拡大していった場所に生まれている。世に言うヘレニズム、ギリシャ語を語る世界、ギリシャ風の慣習を持つ世界の拡大だね。自分の「言語」と「文化」を植民地に拡大する動き。なんだかいつの時代も同じだね。

「言語」と「文化」の植え付け！ 収穫は何だ？ この動きの果てにペルシャとの衝突があったのさ。そしてギリシャ語を語る「われわれ」に対して、理解不能な音を発するバルバロイ、つまり非ギリシャ人が現れたんだよ。バルバロイということばを耳にしたことないかな？ 今でも英語の単語 barbarian にその姿をとどめているね。どういう意味かな？ でもヘロドトスの時代にはそんな意味はなかったんだよ。単にことばによる「われわれ」と「かれら」の区別だね。この区別は「われわれ」から離れればはなれるほど別なものになっていく。つまりことばの問題ではなくなっていくんだ。そこでは異なる慣習が指摘される。「われわれ」のそれの裏返し。「われわれ」にない慣習の存在と、「われわれ」にある慣習の欠如。それが慣習のレベルから、身体のレベルへ。そうして「われわれ」人間から遠ざかるんだ。「畜生」の世界（「鬼畜」や yellow monkey とは誰のことだ？）。世界の果てにはこうして怪物が現れる。と同時に、無尽蔵の富！（図3-1）。われわれの世界の観方はここから遠く離れたかな？ どこかに奇習があって、怪物がいて、金があって、なんてことはないかな？

> 論点1　身近にある「慣習」の項目を設定して、他の地域と比較してみよう。何がわかるかな？

2　「文化」以前（その2）：新世界

1　ルネサンスと大航海時代

ルネサンスって知ってるね？ どういう意味かな？高校ではなんて習ったかな？「文芸復興」、「古典復興」かな。じゃあ、「文芸」、「古典」って何だ？ ルネサンス＝文芸復興と覚えていても意味ないね。そもそも re-naissance という単語は re ＝再び naissance ＝誕生という意味だね。フランス語を勉強している人はわかるね。ことばには意味があるんだよ（当たりまえか）。では、何が復興したんだろう。答えは、ギリシャの文

芸（古典）だ。でも、どうして再び生まれたの？　それまでは死んでいたの？　どうして？　面倒くさがってはだめだよ。疑問を持ち続けよう。そう、ギリシャの古典は死んでいたのさ。あれほど、中心的なギリシャ語の世界が、ラテン語の世界に変わっていたんだ。そして、それを支えるキリスト教の世界。ラテン語が唯一の普遍言語として、ギリシャの古典はあってもラテン語に翻訳されたものの方が読まれていたんだ。ルネサンスまでのヨーロッパ中世はキリスト教の支配する時代。しかも拡大する時代、十字軍を知っているだろう。北ヨーロッパの、あるいは東方の「野蛮人」（非キリスト教徒）の世界へ「聖なる戦い」を持ち込んでいったんだ。

　ここではヘレニズムで語られた「ことば」の拡大が、むしろ「キリスト教」すなわち宗教の拡大になっている。キリスト教徒にあらずんば、野蛮人！ギリシャはもちろんキリスト教の世界ではなかった。ギリシャ語も追いやられたのさ。ところが、ルネサンスになって復活！15世紀にもなれば、われもわれもと、学者はギリシャ語で原典を読み出したんだ。ラテン語の翻訳には間違いがあるってね。もっとも、そう簡単に原典が手に入ったわけではない。プラトンの著作がはじめてギリシャ語原典で大量に入ってくるのもこの時代。ヘロドトスだってなかなか読めなかった。こうしてギリシャの古典の捜索、発掘が行われる。それと平行してギリシャではその古典を書いた人々の生活の発掘さえ行われた。文字通り、考古学的な発掘だね。彼らはどんな生活をしていたんだろうと興味が湧いたのだよ。なにしろ、キリスト教一色になっていたヨーロッパにとっては異教の世界、にもかかわらず、アリストテレスやプラトンの生きていた、自分たちの過去だからね。君たちにもあるだろう。明治時代、古すぎるか、昭和時代ってどんな時代かなという興味。しかも昭和30年代とかね。自分たちの過去（君たちの親の時代）だけど、異なっていそうな時代。明治時代に入って2、30年経つと盛んに江戸時代のことを、知ろうとする気運が生まれ、『歴史』じゃないけど、やがて世の人に知られなくなるのを恐れて、調査探求の集まりや、本が出版される時代となった。つまり、時間の中に「異文化」を感じるだけの距離ができ

たんだ。「異文化」と言えば、すぐに頭に浮かぶのは空間的なものだね。あちらとこちらの違い。でも昔と今の違いでもありうるのさ。**「異文化」は時間の中にもある**。ルネサンスは時間の中の異文化に出会った時代なんだ。

　15世紀を特徴づけるのはルネサンスだけではないね。そう、大航海時代。1492年だけが大航海の年ではない。ここに至るまでのアフリカ沿岸部の南下の試み。地中海からパトロンを見つけた沢山の探検家が船出していった。ポルトガル、スペイン、イタリアが中心だね。いつでもイギリスやフランスじゃないよ。アメリカ合衆国はまだ存在しない！でも何で危険を賭してこんな探検をしたのか？ それを支えたパトロンがなんでいたのか？ もちろん十字軍にとって地中海の港は重要な軍事基地となっていた。そこから西、南ヨーロッパのキリスト教徒はアフリカへ、あるいは東方へと繰り出していった。これは宗教上、あるいは政治上の重要性だね。さらにはジェノヴァやスペイン、ポルトガルの商人たちの通商路として。セネガルなど、西アフリカから大量の金が奪取されて運び込まれる。1488年にはアフリカの南端、喜望峰が発見されている。香料の豊富なインドまではあと一息。東地中海からは東方の香料（ヘロドトスを想い出そう！乳香やシナモン）が運ばれてくる。こうしてヨーロッパにとっての富が、非キリスト教徒、「野蛮人」の世界から運ばれてくる。航路の確保は経済上も重要な問題だったんだ。

2　1492年

　1492年が何の年か知らない人はいないね。コロンブスによって新大陸が「発見」された年。もちろん「発見」というのはヨーロッパ人にとってだね。そこにはすでに先住民がいたのだから、かれらにとっては「発見」でもなんでもない。あるいはヴァイキングによってすでに「発見」されていたという説もある。「歴史的事実」というのは、誰にとってか、という問題があるんだよ。もちろんコロンブスは「アメリカ」の発見者でもないね。彼はそこをインディアスと呼んでいたように、最初はインド

地域に到着したと考えていたのだからね。だからこそ、そこの先住民をインド人（インディアン、インディオ）と呼んだんだ。いまだに使っている人はいないかな？　最初に到着した島々には、西インドの名前が付いているね。じゃあ、東インドはどこ？　オゴルマンという学者によれば、それは「発見」でなくて「発明」だという考え方もある（『アメリカは発明された』）。どういう意味か知りたい人は読んでごらん。

　コロンブスの目指した所はどこか？　もう知っているね。インドなんだ。ヘロドトスを想い出してごらん。無尽蔵の金のあるところ、さらには香料もある。パトロンが手をさしのべる理由もわかるだろう。もっとも、コロンブスもご多分にもれず、パトロン捜しに苦労した。インド航路を確保しそうなポルトガルの王家には断わられ、頼るはスペイン。ただ同じ方向、つまり東回りでは勝ち目がない！あとは西へ、西へ。まだ誰も行ったことのない西の果て！ヘロドトスにも記載がなかったろう？長らくヨーロッパ人は西へ行くと海で、その先に世界はないと信じていたからね。そこで、コロンブスの卵だ。むろん経済的理由だけじゃない。十字軍の時代から続いているキリスト教世界の拡大という宗教的、政治的理由もある。香料の道を大きく支配する異教徒（イスラム教）の世界を西と東から挟み込む戦略。経済的、政治・宗教的、軍事的な思惑を受けてコロンブスは西へと向かったのさ。

　当時のガイドブックは何か？　13世紀後半のマルコ・ポーロ『東方見聞録』（極東にある黄金のジパング！）や14世紀中頃のマンデヴィル『東方旅行記』をコロンブスはよく勉強していたんだ。むろん十字軍のひとびとの情報もあったろう。なんと言っても布教者は旅の大先達であり、大きな情報源だったからね（13世紀のカルピニ、ルブルク『中央アジア・蒙古旅行記』や、少し後のオドリコ『東洋旅行記』）。これらの記録には布教のために知らなければならない、「かれら」の慣習や信仰についてばかりか、軍事的に必要な地理的情報、軍事力、戦の仕方といった情報も満載されていたんだ。前に言ったろう。目的が定まれば、それに応じて調査探求する項目も決まってくるのさ。幕末に日本を訪れたアメリカ人のペリー

やハリスの報告を読んでごらん。何を観ているかな？ もちろん、ガイドブックには相も変わらず「東方の驚異」がいっぱい書かれている。それは、世界の果てにあるに違いない、ヘロドトス以来のたくさんの裏返しの慣習、怪物のすがた。

　コロンブスはこんなガイドに道案内されてインドへと向かったんだ。当然、インディアス（＝新世界）にそれらが観察されている。アマゾン川ってどこの川だ？ 何でこの名前が付けられたのだろう。もちろんアマゾンがあった（とコロンブスは思った）から付けられたんだ。待ちに待った「黄金郷エル・ドラド」もある（と思った）。なにしろ世界の果てには無尽蔵の金だからね。そしてここはまさに世界の果ての最前線だからね。金や銀、香料といった富は約束されていたんだ（実際には奪い取ったのだ）。ラプラタ川ってどこを流れる川だ？ 地図を観てごらん。ブエノス・アイレス（ああ、いい空気！）から北西に向かって流れている川だね。この名前の意味を知ってるかい？ スペイン語で「銀の川」だよ。たしかにこの川のずっと先には有名なボリビアのポトシ銀山があったけどね。たくさんの先住民が過酷な労働を強いられた銀山さ。

　人喰いの記録はいっぱいある。のちにカンニバリズム（喰人慣習）の語源になる、カリブこそ、コロンブスが最初に到着した西インド諸島の先住民族の名前なんだ。西インド諸島にいた先住民、カリブ人はいまやほとんど姿を消しているけど（どうしてだ？）、地域の名前に残っているね。カリブ海だよ！コロンブスはガイドブックに従って、たくさんのものを目にしたんだ。そこにはあるはずだと信じて疑わずにね。想い出そう。項目が決まると、目を向けるものが決まるんだよ。だから新世界に見出したものは、意外にヘロドトスの世界の果てと変わらなかったんだ。ぼくたちは「異文化」に何を見ようとしているだろう？ あるいは、見せられているのだろう？

　ここまでが普通みんなが知っている1492年の「発見」物語。コンキスタ（conquista）と呼ばれる征服だね。一方でレコンキスタ（reconquista）という出来事もあった。再―征服だね。どこのことかな？ この年はスペ

インの外で新世界の征服がはじまり、内で再征服が終わったんだ。スペイン人（カトリック教徒）がイスラム勢力からイベリア半島の国土を再び奪い返した年なんだ（国土回復運動）。スペインの南、アンダルシア地方を旅した人は知っているだろう。アルハンブラ宮殿を筆頭にたくさんイスラムの影響を目にするね。第一、アルハンブラも元はアラビア語だ。キリスト教とイスラムが接触しているのはトルコばかりじゃないよ。イベリア半島も、時代によってはさらに北のフランス南部までイスラムの支配が広がっていた時代があるんだ。ヨーロッパ＝キリスト教というのは必ずしも正解じゃない。東欧やロシアを考えてみよう！こうして1492年、最後のイスラムの砦がグラナダで陥落、イスラム勢力は追い出される。レコンキスタの完成。と同時にこの年、ユダヤ教徒も追放か改宗を迫られる。たくさんの地域王国があったスペインがアラゴン王国（フェルナンド王）とカスティーリャ王国（イサベル女王）が結びつくことで統一されたのも1492年（今でもスペインの地域主義は有名だね。カタルーニャとかアラゴンとかね）。一つの宗教（カトリック）の国が生まれる。異なる宗教の排除と、異文化の征服のはじまり。

　まだある。同年、人文主義者ネブリハによってスペイン語（カスティーリャ語）の文法書が書かれ、イサベル女王に献じられる。「言語は帝国の伴侶であることを常とし、それと歩みを共にしてまいったのです」という序文。そして敗者は勝者の立法を受け入れると同様に、言語も受け入れなければならぬという明言。ここに一つの宗教、一つの言語による王国が出現する。制定された国語は、帝国の拡大の道具ともなるのだよ（ずっと後で「言語帝国主義」ということばが生まれるね。何だ？）。むろん、カスティーリャ語によってスペイン語とするには、反対もあった。興味のある人はカタルーニャ語の復権やカタルーニャ自治運動を調べてごらん（東京語や標準語に対する地域語を考えてみよう。方言撲滅運動もあったよ！）。今でもラテン・アメリカの国々では、スペイン語（español）という語よりカスティーリャ語 castillano という言い方をよく聞くね。

　そもそも「スペイン語」という言語を帝国の言語とする考え方が画期

的だったんだよ。ネブリハには、すでに『ラテン語入門』(1481年)という著作があったように、まだまだこの時代は普遍言語としてのラテン語が第一等の位置にある。コロンブスが新世界に足を踏み出し、そこの先住民にその地を国王のものであると宣言したとき(立法の強制！)、語られた言語はラテン語だったんだ。なぜならラテン語こそ普遍言語であり、つまりは人類(神の創造物)であれば当然通じるという前提があったからね(英語ならどこでも通じると思っている人はいないか？)。その他の言語は俗語として低い位置にあったし、普遍的な言語とはみなされていなかった。にもかかわらず、新たな帝国の伴侶となる言語は、ラテン語ではなくカスティーリャ語(スペイン語)といったところがスゴイ。いわば埋もれていた俗語の「発見」だね。以降、俗語の隆盛はますばかり。当たり前だね。庶民にはラテン語なんてちんぷんかんぷん。しかし、文法書が書かれ、カトリック女王に捧げられ、帝国の伴侶となったことは、俗語の位置をいちやく上昇させたんだ。英語やフランス語、ドイツ語だって俗語だったんだよ。これは、ラテン語世界＝カトリック世界のほころびでもあったんだ。知っているかな？ 1517年にはルターが「95箇条の意見書」を示し、20年にはカトリックから破門される。それでどうした？ そうだね。プロテスタントの出現だ。この新たなキリスト教の拡大に大きく力を与えたのは、発明されたばかりの印刷術と、俗語の「発見」だと言われているね。みんなが読める聖書が出現したんだ。こうして複数のキリスト教と複数の言語(国語)が認められる。

　1492年は大変な年だったんだね。政治・軍事的にも、宗教的にも、文化的にも。そしてこれ以降、大量の富、とくに金・銀が新世界からスペイン経由でヨーロッパに流入する。ヨーロッパ経済の誕生。大西洋を挟んで(かつてなら地中海を囲んで)、新世界と旧世界が「世界」を形成する。「近代世界システム」(ウォーラーステイン)のはじまりはじまり。興味ある人は読んでみよう。あるいは、征服戦争が正義か否かを問うビトリア(1483?〜1546年)、「人類共通の法を求めて」国際法が提起される。新世界の「発見」が旧世界にもたらした影響は、経済的な問題でも、法的な

問題でもあった。

3　ラス・カサス

　1552年、一冊の本がスペインで印刷された。『インディアスの破壊についての簡潔な報告』というタイトル。これはキリスト教徒（カトリック）による正義として行われている征服が、実は破壊にほかならないという告発の書なんだ。著者はラス・カサス（1484～1566年）というカトリックの聖職者。いわば、内部告発といった形だよ。そこにはスペイン人によるおびただしい数の「インディオ」の虐殺が克明に描かれている。そのために、カトリックの堕落を撃つプロテスタント（プロテスト！）の、格好の材料となったのも事実。オランダ語、ドイツ語、フランス語、英語の翻訳があっという間に版を重ねて広まるんだ。

　ラス・カサスは1502年のエスパニョーラ島を皮切りに、何度も新世界（インディアス）に足を運び、布教に従事する。スペイン人による新世界での富の獲得は、先住民の搾取と表裏一体であった。なにしろスペインから新世界に渡ったにわか貴族は決して額に汗して働こうとはしなかったからね。征服者のなしている行為を目の当たりにしたラス・カサスは、それが正義ではないことに気づく。そして自分の所有する先住民を解放し、彼らの救済に向かったんだ。先住民を奴隷とするのではない平和的植民の計画を立て、彼らの生命と自由を護ろうと活動する。スペインの国王にこの書の元になった報告書を提出し、「インディオ」の奴隷化に反対。その結果1542年には「インディオ」を奴隷とすることが禁止される「インディアス新法」が成立する。貴族や商人たちが大反対したのは当然だね。知っているかな？　いわゆる奴隷制廃止がイギリスやフランスといったヨーロッパで法制化されたのがいつか？　18世紀こそ奴隷制や奴隷貿易がもっとも栄えた時代であったとすれば（どこで？　アフリカやアジアさ。ご主人様はどこの国かな？）、1784年のフランス国民公会による黒人奴隷廃止決議（1848年政令発布）や、1833年のイギリスにおける奴隷解放法の制定にうかがえるように、19世紀に奴隷制廃止の波

が起こるんだよ。アメリカ合衆国ではさらに後、南北戦争中だね（奴隷解放宣言。1863年）。何と、ラス・カサスの企ての早かったことでしょう！ベトナム戦争のさなか（あれも、「聖戦」と呼ばれた時代があったね。時代はめぐる）、何が正義なのかに疑問を感じて、「ラス・カサス、あるいは未来への回顧」を書いたドイツの詩人もいたね（エンツェンスベルガー）。もっとも、「インディオ」の代わりの労働力として、アフリカからの黒人奴隷を導入することに、一度は賛成したラス・カサスもいる。

　この「インディオ」を奴隷として良いか否かが、大きな論争を呼ぶんだよ。それはかれらがキリスト教の布教にふさわしい魂を持っているか否かを問うものであったし、もっと言えば「インディオ」が人間か否かを考えることでもあった。世に言うバリャドリの大論戦です。「インディオ」に対する戦争が正当なものか否か？　征服は正義と言えるのか？「征服戦争は是か非か」（セプルベダ）。こういった問題が問われたんだ。その時の焦点はいつも、「インディオ」の位置づけをめぐってのもの。かれらがキリスト教を受け入れるのにふさわしい魂をもたない「動物（＝畜生）」なのか、それとも「われわれ」と同じ「人間」なのか。だとすれば奴隷とするのも不当な扱いとなる。のちにはこの「魂」が「理性」ということばに置き換わるんだよ。「理性」＝人間、「理性」的じゃない存在＝ケダモノかな（でも「理性」って何だろう？）。セプルベダはアリストテレスに従って、かれらが「先天的奴隷」だとする。貴族や商人にとっては都合のいい考え方だね。人間（「われわれ」）以下、あるいは人間でないことを理由に、「かれら」にひどい仕打ちをする、あるいは「かれら」を抹殺することが正当とされる。今でもあるだろう？　こうして二つの陣営で戦われた「インディオ」は人間か否かをめぐる論戦は、めでたくラス・カサスの勝ちとなる。「世界の全ての民族は人間である」（ラス・カサス）ってね。人間なのは「われわれ」だけではないんだ、ことばが違ったり、慣習が異なっていても、「かれら」も人間なんだ。ということが論じられ、複数の「人間」、「民族」が認められたんだ。大変なことだよ！

　「かれら」を認めるとはどういうことだろう？　異文化理解？　晩年のラ

ス・カサスはこのことにも一つのヒントを与えてくれる。「インディアス新法」の成立後彼は『インディアス史』の執筆に向かう。これが単なる「インディアス」の歴史ならば彼以外にも、今日に至るまで、いくらでもあるだろう。でも「歴史」ってなんだ？　前にも言ったね、「歴史的事実」を選んでいるのは誰だろう？　つまり、「インディアス」の歴史はいつも「ヨーロッパ」が主体となって書かれてきたんだね。スペイン人キリスト教徒にとっての「インディアス史」なんだよ。主人の書いた奴隷の歴史。イギリス人にとってのインド史と、インド人にとってのインド史の違いさ（サバルタン・スタディって何だ？）。沖縄人にとっての日本史はいかがかな？「かれら」を認める、理解するということは、「かれら」の「歴史」もふくんでいるんだ。「われわれ」の「歴史」を押しつける（という意識さえ持たない？）のではなくてね。たくさんの「向こう岸からの世界史」（良知力）があるんだよ。こうして、新世界の発見は、「人間」とは、という問いと同時に、「歴史」とは、という問いも投げかけたんだよ。受けとめられるかな？

論点2　身近にある「向こう岸」と「こちら岸」の歴史の違いについて論じてみよう。

3　変貌する文化

1　国家と民族

　南アメリカの国々の公用語は何でしょう？　ペルー語？　アルゼンチン語？　そんなのないよ。どうしてかな？　どうしてスペイン語とポルトガル語が大半の国で公用語なのかな？　ネブリハのことばを覚えているかな？　敗者は勝者の言語を受け入れる、いや、受け入れさせられたんだね。宗教はどうかな？　知らないところはみんなイスラム教なんて言う人はいないだろうね。キリスト教、しかもカトリックが多いんだね。これも植民地の中で植え付けられた文化だね。彼らの言語、宗教はどこへいっ

たのかな？ 先住民のものや、先住民のかわりに連れてこられた西アフリカのひとびとの言語や宗教だ。彼らの歴史もあるね。

　19世紀の初めに南アメリカの国々はぞくぞくと独立するんだよ。フランス革命の影響もある。アメリカ合衆国もそうだね。自由・友愛・平等だね。もっとも世界で最初の黒人国家となったハイチの独立のように、かならずしもその自由・友愛・平等が宗主国に歓迎されたとは限らない（どこだ？）。合衆国の自由・友愛・平等だって、誰にとってのだ？　南アメリカの国々の独立はたしかに宗主国からの自由・友愛・平等への第一歩だった。でもそれは国の誰にとってでしょう。独立を推進した者たちはクリオーリョと呼ばれる現地（南アメリカ）生まれのスペイン系のひとびとだった。決して先住民ではなかったんだ。クリオーリョの人たちは、もともとスペイン語を話し、キリスト教を信じており、元を正せばスペイン人の意識を持っていた。そんな彼らが何代も経て、自分たちの国を創ろうとする。むろんもっと大きな連合国を創ろうとしていたボリーバルのような人もいたけどね。結果的にはペルーやボリビア（ボリーバルに敬礼！）、アルゼンチンといった今ある国々が、できあがった。一つの言語、一つの宗教、といっても他の国とて、そんなに違いはない。

　しかし、一つの領土は違う。他人の領土と自分の領土は明確に区別されなくてはならない。都市部から離れていた多くの先住民たちは、辺境のエクスパートとしても利用される。国境地域はしばしば先住民地域だったからね。独立国家にとって、一つの領土を確定する、国境ほど大切なものがないからね。たとえばボリビア南部、そこはグァラニ民族の住む土地だ。アルゼンチン、パラグアイ、ブラジル南部、チリと接する地域に広く住んでいる民族だよ。イグアスの滝って聞いたことあるね。イ・グアスというのはグァラニ語で「大きな流れ」を意味するんだよ。でもそれらの国々にとっては、一様に、彼らも国民なんだよ。つまりグァラニ人は存在しないんだ。いるのは単にボリビア人やアルゼンチン人さ。こうして国境の警備についた彼らは、ひとたび国境紛争になるやいなや、それぞれの国の兵士として戦わざるをえないんだ。勝手に線引きされて、

彼らの歴史は抹消され、それぞれの国の歴史に回収されてしまう。にもかかわらず、形勢が不利になれば、グァラニ人の中に敵に通じていたものがいるからだ、と言われるのがおち。こうした話はいまでも彼らから耳にすることができるよ。歴史の教科書には載っていないけどね。「やがて世の人に知られなくなるのを恐れて」誰か耳をかさない？

2　資源と民族

　戦力として利用する、あるいは彼らの国境地域での知識を利用するのは、国民として、彼らの存在を認めているからにほかならないね。一種の人的資源、知的資源だね。奴隷の時代以来、先住民の置かれてきた位置は、まず第一に彼らの労働力。19世紀の終わりにアマゾンの熱帯雨林からゴムが「発見」されると、ジャングルはあっという間にゴム・ブームとなったんだ。これだって先住民は昔から知っていたんだけどね。そこで知的資源をかすめとるばかりか、厳しい自然環境の辺境地帯での労働力として、ここでまた利用されたんだ。自動車産業にはどうしても必要な資源だろ。あとは国家間のスパイごっこさ。ブラジルから、イギリス人がかすめとる。王立植物園で育てられた苗は大英帝国の植民地プランテーションへ。マレーシアへ行った人はたくさんのゴム栽培を目にしなかったかい？　ゴムだけじゃないよ。熱帯雨林の材木だ。あるいは木を倒して、そこを別の市場作物のプランテーションにする。もっと最近は牧場もある。労働力は誰かな？　こうして先住民は否応なく、市場経済の末端に、最辺境に位置づけられたんだ。この搾取がいかにひどかったかはいまでも耳にできるよ。こうして雇い主の命ずるままに故郷をあとにして（転勤だな）、一つの民族が単なるペルー人の貧しい労働者に変貌する。

　利用されるのは労働力ばかりではないよ。今日、南アメリカのみならず、世界各地で問題になっている地下資源の利用だ（アラスカのイヌイト民族と石油資源とかね）。ブラジル、ペルー、ボリビア、エクアドルを通じて、アマゾンのジャングルからいかに地下資源を獲得するかは国家、あるい

は国家を超えた、重要な課題になっている。どこへ行っても石油や鉄鉱石などの地下資源採掘基地に出会う時代だね。国家の大きな財産でもある。国有化か民営化でもめている問題でもある。しかし、そこの土地に住む先住民の問題は？ 1960年代にはペルー国家にとってそこは、誰のものでもない「空白」の土地だった。だから国家にとってはどのようにも利用できる土地だったんだ。つまり、そこに住んでいる先住民たちは、存在さえ認められず、したがって権利は発生しようがなかったんだね。70年を前に少しずつ状況は変化して、彼らを国家が「先住民」とまず認定。そして彼らのテリトリーを決めてあげる！だからといって、彼らがそこの土地を「所有」しているわけではない。また、ここで「先住民」の認可が下りなかった、早くから国家に取り込まれていった元「先住民」には何の権利もない。でも国家が「先住民」を認可したというのは具体的にどのような現状だろう。

3　教育と民族

　南アメリカでは、どのような辺境に行こうが、まず出会うのがキリスト教の布教所。そうさ、500年のキャリアがあるんだから当たり前だね。そして彼らが行うのは、当然キリスト教の伝道。ミッション・スクールやキリスト教系の大学でもあるだろう？ 宗教の時間、クリスチャン・アワー。こうして先住民の「魂の征服」が500年行われてきた。今ではこれだけじゃないんだ。国家の教育の末端さえ担っている場合が多い。アマゾンのジャングルでも、国語(スペイン語！)、社会(ペルーの歴史、地理、政治、経済、法)、算数(お金の数え方)、体育は男子のフットボールに女子のバレーボール。その他の科目ももちろんある。

　たとえば80年代のペルー・アマゾンのマチゲンガ人の村。カトリックのドミニコ会のシスターが教えている小学校。一日のうちの何時間かがスペイン語で過ごされている。子供たちは自分の言語以外のスペイン語学習に一生懸命。だって義務教育だし、先生こわいもん？ 中には親よりもずっとスペイン語が流ちょうに、しかもマチゲンガ語がだめな子供も

アマゾン（マチゲンガ人）のジャングル内での教育風景

現れる。親の世代はまだ学校に行っていた人が少なかったこの場所では、下手をすると、子供がスペイン語の読み書きのできない親を馬鹿にすることさえある。しかしことばができなくなるのは、それだけにとどまらない。たとえば彼らのことばで「天の川」は「メシアリニ」という単語。「皮を脱ぐ川」という意味。これが子供にとっては「ミルクの道」というスペイン語となる。なんで「ミルク」なんだ？ マチゲンガ人には夜空の「ミルクの道」なんて見えない！。一方、メシアリニは死者が天に昇って生前の古い皮を脱ぎ捨てる川なんだ。こうして単なる単語ひとつが変わることでもっと大きな世界が変化する。こりゃ、親子の会話が成立しないね。あとは、お互いに相手を馬鹿にする？。

　教育効果はまだある。一日のうちの何時間かが学校生活に費やされる。かつては、男の子は父親や同性の年長者、女の子は母親や年長の同性者から、そこで生きていくのに必要な知識を教えられた。あるときは父親といっしょに狩りに行き教わる。森の見方、獲物の探し方、狩りの仕方、知らなければジャングルの生活はできない。あるときは母親から畑の知識や、さまざまな技術が教えられた。「家郷の訓え」（宮本常一）っていう

やつだね。むろんこれらの知識にはことばも入っていたし、技術も入っている。なかば遊びながら、なかば働きながら、学べるんだ。こうして結婚して一家を構え、ジャングルで生活する術を15歳くらいまでには学習するのが普通だった。ところが、学校生活はこの時間を奪ったんだな。いや、違う新たな学びに替えたんだね。ペルー人として（国際人として）恥ずかしくない学び。残念ながら、ペルーの歴史を知っていても、お金の勘定ができても、スペイン語がいくらできても、ジャングルの生活の足しにはならないんだけど。こうして村で生活するための知識・技術の習得は遅れることとなる。とうぜん婚期も遅れるね。何にもできないのに一家を構えることはできないからね。出生率も下がる。

　さて、親たちは子供のために働かなければならないんだ。あれっ、どこかの国も同じかな。義務教育だから教科書は無料だけれど、何から何まで無料ではない。ノートに、筆記用具、その他いろいろ。あるいはフットボールのためのシューズとか、欲望は果てしない。腕時計に計算機、果てはラジカセにゲーム機かな。今まで、まったく必要ではなかった品々、村には存在しなかった品々、つまり工業製品が外の世界から運ばれて、お金と引き替えに入手される。あこぎな高い値で売る商人もやってくる。そのお金はどこから？親がいままでしたこともない賃金労働に従事せざるを得ない。そこではお金の計算も、スペイン語も必要になるんだ。あーあ、勉強しておけばよかったかな？本当に？これだって、日本の過疎地をみれば同じ状況が目にできるよな。こうして辺境が中央に呑み込まれていくんだ。しあわせかい？

論点3　身近にある「民族」と「国家」の間の問題を論じてみよう。

コーヒーブレイク(2)

文化の諸定義

　エドワード・タイラー「文化または文明とは、知識・信仰・芸術・法律・その他、社会の成員としての人間によって獲得された、あらゆる能力や習慣を含む複合的全体である」(原著1871年、『原始文化』誠信書房)。

　ブロニスラフ・マリノフスキー「文化は明らかに、道具・消費財・種種の社会集団の憲章・観念や技術・信念・慣習からなる統合的全体である。極めて単純未開な文化と極度に複雑な発展した文化のいずれを考察する場合でも、直面する具体的な特殊な諸問題をうまく処理することを可能にする一部物的、一部人的、一部精神的な巨大な装置に出会う」(原著1944年、『文化の科学的理論』岩波書店)。

　レナート・ロサルド「文化は人間の経験を選択し、それを系統づけることによって、その意味づけをする。文化とは、狭い意味で、オペラや美術館のことをさすのではなく、広い意味で、ひとびとがそれを通して自らの生を解釈するさまざまな形態のことをさしている。文化には、たとえば政治学とか経済学といった領域のように、保留された領域があるわけではない。クラシックバレエのピルエットから、厳然たる事実にいたるまで、人間の行為はすべて文化に仲介されている。文化には日常的なものも深遠なものも、世俗的なものも高尚なものも、馬鹿げたものも崇高なものもふくまれている。文化は高級なものであろうと低級なものであろうと、そうしたレベルに関係なく、すべてのものに浸透している」(原著1989年、『文化と真実』日本エディタースクール出版部)。

　レイモンド・ウィリアムズ「①知的、精神的、美的発展の一般的過程を表す独立した抽象名詞で、18世紀から見られるもの、②独立した名詞で、一般的に使われても、特殊な意味で使われても、ある国民や時代や集団の特定の生活様式を示し、ヘルダーおよび19世紀からみられるもの。(中略)③知的、そしてとくに芸術活動の作品や実践を表す独立した抽象名詞」(原著1976年、『キイワード辞典』晶文社)。

〈参考文献〉
1　『**柳田國男全集**』全32巻、筑摩文庫
　　身近な日本の文化に関わることを、時間的にも空間的にもあますところなく論じている。とくに「ことば」との関わりに注目。
2　エヴァンス・プリチャード(向井元子訳)『**ヌアー族の宗教**』岩波書店、1982年
　　異なる文化(宗教)をいかに、自分の文化に翻訳して、説明するかの素晴らしい見本。
3　マージョリー・H・ニコルソン(小黒和子訳)『**暗い山と栄光の山**』国書刊行会、1989年
　　ヨーロッパの文化が育んだ、特定の「観念」(「山」とか「月世界」とか。『月世界への旅』

国書刊行会、1986年）の歴史的変化を探る名著。

4 ルイス・ハンケ（行方昭夫訳）『**アリストテレスとアメリカ・インディアン**』
岩波新書、1974年

新たな存在（人間）と出会ったとき、どのような問題が起こるのかについての詳細な事例研究。

5 スティーヴン・J・グールド（鈴木善次・森脇靖子訳）『**人間の測りまちがえ**』
河出書房出版社、1989年

人間（文化）を、数量的に差異化し、意味づけてきたことの意味を探る名著。脳の重さや、頭蓋骨のかたち、IQ のことだよ。

第4章　自衛のための戦争、人道のための戦争

小林　誠

―――〈本章のねらい〉―――

　戦争は人類史にあまねく見られる現象であるが、とくに近代以降、その工業化とともに殺戮と破壊の機能は著しく高まった。冷戦が終わると、大国間の核戦争やかつてのような世界戦争の可能性は下がった。だが、巨額の軍事費や核兵器体系に示されるように、戦争は今なお国際関係における制度として残っており、現代世界は高度に軍事化されたままである。なぜ戦争がなくならないのだろうか。戦争の制度化の意味を理解することが、本章のねらいである。そのために、自衛のための戦争と人道のための戦争という2つの観点から考察を進めよう。

　近代国家の成熟期に当たる19世紀後半から20世紀初頭には、戦争を行うことは各国の権利だとする無差別戦争論が広がった。だが、徐々に戦闘行為だけでなく、戦争目的そのものを規制する国際法が整備され、無差別戦争論は排除される。国連憲章は戦争の違法化の大きな進展であった。だがそれでも、自衛のための戦争は否定されていないし、そのために、自衛を名目にした戦争が繰り返されてきた。自衛のための戦争以上に論争を呼んでいるのが、人道的介入のための戦争である。人道的介入は冷戦の終焉以降提唱されるようになり、またそういった大義を掲げて戦争を行う事例も生じた。だが実際に行われた人道的介入を自称する戦争は、求めるべき理念にそぐうものではなかった。

　自衛戦争にしろ、人道的介入にしろ、それ自体を理念としては否定できるものではない。だが同時に、戦争の非制度化、世界の非軍事化を視野に入れ、戦争の契機を低減させる思考こそが必要だろう。

1　軍事化された世界

1　人間存在と戦争

　戦争は、現代世界において、もっとも組織的でもっとも体系的な暴力のしくみである。その恐ろしさを否定する人はいないだろう。紛争の平和的解決が可能なら、その方が好ましい。しかしながら、戦争は現代の国際関係においてさほど珍しい現象ではない。むしろさまざまな禁止や制約の努力にもかかわらず、事実上の強力な制度として存続していると言うべきだろう。なぜ戦争はなくならないのだろうか。

　武力を用いた闘争は、たとえば古代の権力者の墳墓の埋葬品に武具が見られたり、矢尻や石おのなどの兵器による損傷を残した人骨が多数発見されるなど、考古学の指摘を待つまでもなく、古くから多々見られることである。現代でも文化人類学者が、農耕社会や遊牧社会において、たとえば家畜を奪取する目的などで大がかりな闘争がときに行われることを報告している。これらを戦争と呼ぶかはどうかともかく、いずれにせよ、いかなる人間社会であっても組織的な武力を用いた闘争がかなり広範に起きているようだ。

　人間が人間である限り、攻撃性を遺伝的に備え持っており、種としての人間に戦争への衝動が埋め込まれているという見解が、動物学者から出されたこともあった。つまり、人間は他の動物に比べ種内攻撃や同種殺害が多く、人間どうしの殺害を抑制する能力が低いのだという。もっとも、人間に遺伝的な本性としての攻撃性が備わっているという仮説については多くの批判があり、こうした見解は非科学的だとされることが多い。しかし、生物学的な起源までさかのぼらなくても、政治や経済や文化といった社会現象の裏にある、人間の心の奥底に戦争の原因があるといった類の抽象的なレベルの主張は、今でも繰り返し論じられている。

　たしかに人間は肉体を持つ存在であり、固有の遺伝的な本性があることは否定できない。物理的な肉体とは異なる社会関係においても、人間

固有の本質めいたものがにじみ出てくることもあるだろう。たとえば、紀元前のローマ帝国の支配者と被支配者の関係が現代国家における関係に似かよっているように見えることがあるかもしれない。世界各地を旅行してみると、途上国でも先進国でも家族のあり方に一定の共通性があることを発見することもある。何世紀も前のヨーロッパ文学に表現された恋愛のあり方に感動し、主人公に自分を重ねてみることもあるだろう。この意味で、歴史や地域の違いを超えて貫通するような人間社会の普遍的な性質がある程度存在することは認めざるをえない。だが、戦争が人類史にあまねく見られる現象だとしても、それが人間存在の本質から自動的に導かれるものだと考えることは、やはり短絡的な議論だと言えるだろう。人間は戦争で命を落とすよりは、自然死する場合の方がずっと多い。また、武力の使い方や社会的な意味合いは歴史や地域で大きな差があり、戦争という言葉で指し示してきた内容自体も変化してきた。

2　近代の戦争

　私たちがまずここで認識しておかないといけないのは、人類史に広く見られる戦争一般と、近代に入ってから、現代の国際関係の形成につれて行われるようになった戦争とは、1つの区別をすべきだということである。そこで、近代の時代の戦争の特色を工業化という観点で捉えてみよう。

　16世紀以降、ヨーロッパ諸地域では近代国家が形成され、資本主義の胎動が始まる。やがて19世紀末になると、近代国家の成熟と普及が進み、資本主義が発展するにつれ、戦争が工業化され、戦争は社会全体に影響を拡大させ、またきわめて機能的に遂行されるようになった。戦争の工業化は以下の観点から整理することができる。
　・新たな輸送手段やコミュニケーション様式の軍事目的への適用
　・工業生産技術の兵器への応用
　・傭兵使用の断念
　・軍隊の専門的職業化、将校団の再編成

・戦闘行為の見せ物的・儀礼的側面の放棄
・陸上、海上、空中における軍事行動の統合

　この工業化の過程を通じ、社会生活の一部を覆うものでしかなかった戦争が、社会全体を覆うようになる。つまり、限定された戦争から総力戦への展開である。言うまでもなく、第1次世界大戦と第2次世界大戦は、人類史において前代未聞の大規模な総力戦であった。前者の死者はおよそ1,500万人、後者については3,500万人から5,000万人と見積もられている。

　戦争の工業化によって殺戮と破壊の機能は高度化するが、その窮極を示すのは、文字通り——つまり誇張や比喩ではなく——、人類の殲滅をも可能にする核兵器の登場である。1945年に広島に投下された原爆は通常のTNT火薬1万5,000トンに相当する爆発力を持ったが、今日の技術水準からすればそれは比較的小型であり、現在のミサイル弾頭にはその100倍以上の破壊力のあるものを搭載できる。さらに言えば、第2次世界大戦で使われた爆発物の総量は3メガトンの爆弾1つに匹敵するが、これは現在では巨大な1発の大陸間弾道ミサイルに搭載可能だとされる。第2次世界大戦後も国際的な緊張はたやすくは緩和せず、東西の2つの陣営に分かれた国家群がにらみ合う冷戦という構造が続いたが、冷戦のさなかには米ソ合わせて5万発以上の核弾頭を保有していた。核戦争がいったん起きれば——いずれの側も開戦を望まないような偶発戦争の可能性も含めて——、人類共滅の可能性さえ現実のものとなったのである。冷戦期には全面核戦争を内包した大戦がいずれ訪れると観測するような風潮さえ見られ、たとえば数学者のバートランド・ラッセルは第3次世界大戦を不可避とみなすよう悲観的な論文を1950年に発表している。

　実際、1962年のキューバ・ミサイル危機は、米ソ間の全面核戦争を含む第3次世界大戦に人類がもっとも近づいた歴史的瞬間だった。核弾頭の搭載可能なソ連の中距離ミサイルがキューバに配備されたことを米国が航空写真で発見したことから、危機は突如始まった。ジョン・F・ケネディ米国大統領はキューバを海上封鎖するとともに、キューバから

ミサイルが米国に発射された場合、これをソ連による対米攻撃とみなし、ソ連に反撃すると宣言した。同時に、米軍によるキューバ侵攻の準備を急いで進めた。米軍がキューバに攻め込めば核ミサイルの反撃を受けていただろう。いずれにせよ、大陸間弾道ミサイルを用いた米ソ間の報復合戦へとエスカレートする可能性が高まったのである。ついにキューバのフィデル・カストロ首相は「米国の侵略が24から72時間内に迫っている。米国による核の一撃を許すな」とソ連に電報を送ったが、これを受け取ったニキータ・フルシチョフ書記長は動転する。他方でケネディ大統領はキューバ爆撃を国民に発表する緊急声明を用意するに至っていた。ロバート・S・マクナマラ米国防長官は、「ホワイトハウスから見る夕日もこれで見納めだと思った」と後に当時を述懐しているし、カストロも「米国が攻めてきたら、キューバがたとえ滅んでもいいから抗戦するつもりだった」と回想している。開戦直前、トルコにあるNATO（北大西洋条約機構）基地のジュピター・ミサイル撤去という引き替え条件をケネディが持ち出し、これをフルシチョフが呑み、キューバからのミサイルの撤去に同意することが伝えられた。

　核兵器による高度な反撃力を備え、このために相手国に攻撃をためらわせるというのが核抑止の考え方である。ケネディとフルシチョフが互いにぎりぎりのところで譲歩したことからすれば、キューバ・ミサイル危機でも核抑止が機能したのだと言われることがあるのももっともだ。だが同時に、核抑止がもろくも破綻することが十分にありうることが示されたとも言えよう。1959年にはスタンリー・クレイマー監督の『渚にて』、1964年にはスタンリー・キューブリック監督の『博士の異常な愛情』といった核戦争をテーマとするような映画も作られたが、全面戦争に対する危機感は切実なものだったのだ。

3　冷戦は終わったけれど……

　キューバ・ミサイル危機後、1963年の部分的核実験禁止条約の発効、1970年の核拡散防止条約の発効など、核緊張を引き下げる努力が行われ、

東西陣営間にもデタント（緊張緩和）が進む。だが、1979年にソ連が親ソ政権樹立を目的にアフガニスタンに侵攻し、1981年に米国で対ソ強硬路線を掲げるロナルド・レーガン政権が成立すると、1980年代には第２次冷戦や新冷戦と呼ばれるような国際対立が再び高まった。しかし1989年のベルリンの壁崩壊、東中ヨーロッパ諸国の社会主義政権の市民革命による転覆という劇的な展開を経て、同年12月のマルタ・サミットではソ連のミハエル・ゴルバチョフ議長とジョージ・ブッシュ（父）大統領が「冷戦の終焉」をうたうに至った。90年に東西ドイツが統一され、91年にはソ連が解体する。こうして冷戦は、多くの人の予想しなかったあっけなさで終わりを告げた。

冷戦終焉後の今日、大国間の核戦争の可能性は、皆無だとはもちろん言い切れないが、冷戦期と比べれば格段に低くなった。第１次・第２次世界大戦のように、多数の諸国を巻き込む世界規模の総力戦が始まる恐れもかつてほどではない。これらは歓迎すべきことだ。しかし、それでも冷戦後でも、湾岸、ソマリア、ルワンダ、ボスニア・ヘルツェゴビナ、東ティモール、コソボ、アフガニスタン、イラク、チェチェン、スーダンなど、戦争と呼ぶべき大規模な武力紛争はなくなる気配がない。米国、ロシア、イギリス、フランス、中国の５つの核保有国の軍事戦略の中枢に核抑止が厳然として維持されていることも明らかだ。

戦争は今なお、厳然として国際関係に制度化されたままの状態にある。2004年の世界各国の軍事予算総額は１兆350億ドルに達するが（もっともその47％が米国）、これは世界人口１人当たり換算で162ドルに当たる。この軍事支出は、1987〜88年の冷戦末期のピークからすれば６％ほど低いが、1995〜2004年平均にすると年率2．4％で着実に増加している。米露英仏中の核拡散防止条約加盟の核保有５カ国、それにインド、パキスタン、イスラエルという事実上の核保有国を合わせると、2005年時点で世界に現存する核弾頭は１万３千発を越えるという。世界各国がそれぞれ大きな軍事機構を持っていることは言うまでもない。このように、幾多の戦争の被害や核戦争の恐怖から教訓を得たにもかかわらず、現代

世界は高度に軍事化されたままである。

では、現代世界にどうして戦争という制度が根強く残っているのかを考えるために、次に自衛のための戦争と人道のための戦争の2つに分けて考察してみよう。

> 論点1　近代以前の戦争と近代以降の戦争は、どこが似ていて、どこが異なっているだろうか。

2　自衛のための戦争

1　国際関係のアナーキーと自衛

　国家間に利害の不一致がときに生じることは避けられないことだし、利害の自然調和を期待することがかえって対立を拡大することもある。そうであるから、利害の不一致の存在を前提にして国家間の利害の調整を叡智をかけて行う必要があるが、多くの場合、それを担うのが外交である。そして、外交がその任務を全うできないとき、戦争という事態が生じる。ただ、国益のために戦争に訴えると言っても、他国に対する侵攻や支配のためにこれを行うことは許されないと多くの人は考えるだろう。しかしながら、「他国への侵攻や支配によって他国が被る被害と我が国が獲得する利益を比べると、後者が総量として大きいのだから、全体の利益を考えるとこの戦争は許される」という主張は、少なくとも一部の功利主義者のような立場に立てば、論理的には十分成立する見解である。ましてや「他国への侵攻や支配を行うことでしか我が国は生き残れない」という状況があるとすれば、その主張を無視することはできないだろう。さらにやっかいなことに、国家ごとに価値体系が異なるのが通常であるから、国家を越えた広い範囲で善悪や正邪の価値的な判断を行うことは、しばしば厳しい対立を生むことがある。つまり、ある国からすれば他国への侵攻や支配だと見られても、他の国からすればそうで

はなく、むしろ正当な行為だと判断されることは珍しくない。

　そこで、国家が戦争を行うことについて、それが正当なことなのかそうでないかは、一般的にそうたやすくは判断できないということをまず認め、戦争の遂行をそれぞれの国家の権利として互いに承認すべきだという考え方が生まれた。これは無差別戦争論と呼ばれ、近代国家が続々と成熟期に入り、国家主権を強力に唱え始めていた19世紀から20世紀初頭に広がった。無差別戦争論を根底のところで支えているのは、国家の自衛権の理念である。たとえば、すべての個々の人間に分け隔てなく自衛の権利があることに異論はないだろう。日本の刑法36条でも、急迫する侵害を排除して個人が身を守ることは正当防衛として認められている。同様に、すべての国家は自国の生存のために、武力を用いても自衛する権利を本来的に有していると、法理論上、今日でも通常考えられている。

　ここで国家の自衛の意味をさらに考えてみよう。人間個々人が普通は特定の国家の中で生活しているのと違い、国家は国際関係という環境の中に存在している。そこには世界国家とか世界政府とか呼べるようなグローバルな規模の普遍的な権力機構は、これまで存在したことはないし、現在も存在しないし、当面は誕生しそうもない。国際連合も決して世界大の政府を目指すものではなく、世界各地がそれぞれの国家に分かれており、それぞれが主権を持つということを構成原理としている組織だ。こうした意味で、国際関係はしばしばアナーキー（無政府状態）だと言われる。

　そもそも近代以前の国家は、周辺地帯を持つだけで、国境をほとんど持っていなかった。これに対し、近代国家は、国境を確定して国内と国外とをきちんと区別しようとする性質を持つ。実際には、日常的に国境を超えて人々が通商したり移動したりすることはあったし、特定の国家への帰属意識を持たない人々がいたり、国境を特定したり管理したりしきれずに放置することもあったが、それでも国境という敷居の高さを上げることが、近代国家の形成の1つの働きだった。

こうして、一方で国境の内部では一定の権力を持った政府が成立するが、他方で国際関係を横断するような権力機構が存在しないという、世界の二分化が近代以降に形作られた。これが、自衛のための戦争を生むメカニズムになる。と言うのは、国際関係においては、世界政府や世界国家が存在しないために、自国の安全を誰も守ってくれず、生存を自ら追求することが必要となるからだ。国際政治学者のケネス・N・ウォルツは、国家はさまざまな目標を持つとしても、すべての目標は国家が存続していないと追求しえないので、国家の安全が保障されないアナーキーな世界においては国家のサバイバルという目標はすべての目標の前提条件だと論じている。国家安全保障という概念が、国際関係学の大きなテーマになっているのはこのためである。

　よく知られていることだが、イギリスのトマス・ホッブズは1651年に出版された『リヴァイアサン』の中で、「自分たちすべてを畏怖させるような共通の権力がないあいだは、人間は戦争と呼ばれる状態、各人の各人に対する戦争状態にある」とし、「正邪とか正義不正義の観念はそこには存在しない。共通の権力が存在しないところに法はなく、法が存在しないところには不正はない。力と欺瞞は戦争における二つの主要な美徳である」と論じた。これは国家が成立する以前のいわゆる「自然状態」を想定して書いたものだが、国際関係が世界大の権力機構の存在しないアナーキーな状態であることから、この「自然状態」の比喩が好んで適用して論じられるようになった。今日でも「国際関係に道徳的進歩はなく、本質的に闘争的であり、国家間の富や権力を求める紛争の繰り返しである。秩序や正義や道徳は例外である」と言い切る国際政治学者もいる。

　前述した無差別戦争論は、こうした国際関係の実態を反映した考え方であった。さらに言えば、国家はアナーキーな国際関係の中で生まれたので、自衛のための戦争のしくみという性格を色濃く持っていた。ほとんどの近代国家はある時点で何らかの徴兵制を導入したし、「武装した国民」という考え方が「普通の国」のモデルであるかのように捉えられ、

先進国がこぞってこれを政策化したこともある。そこでは、ナショナリズムのイデオロギーが利用され、祖国を愛し、戦争で「国家のために命を捧げること」を最高の名誉だと信じさせるような操作がなされた。国家財政の多くを軍事費に費やすことも珍しくない。12世紀から19世紀にかけてイギリスの国家財政のなんと70〜90％が軍事費に当てられており、そのほとんどが戦争に費やされてきたという。また第2次世界大戦のような総力戦のさなかに主要な参戦国は財政のほとんどを軍事費に当てていたし、第2次世界大戦後でも米国などは連邦財政の半分ほどを軍事費に注ぎ続けている。国家は、国内に対しては民主主義や福祉政策のための好ましい平和的な装置であるという側面もあるが、他方で国際関係においては、アナーキーの世界における自助のしくみ、つまり自衛のための戦争の装置という意味を持っているのだ。

コーヒーブレイク(1)

戦争と祭司

　戦争を好ましいものではないとして批判する議論は、かつてはあまり多くはなかった。1934年に日本の陸軍省が配布したパンフレット『国防ノ本義ト其強化ノ提唱』は、「たたかいは創造の父、文化の母」とか「我が武力は皇道の大義を世界に宣布せんとする破邪顕正の大乗剣」などといったロマンティックな陶酔を誘う表現で、戦争を賞揚している。ときに戦争は美しいものであり、聖なるものでもあった。社会学者のロジェ・カイヨワは『戦争論』で興味深い見解を示している。つまり戦争は、近代以前の社会における祭りと同じ機能を近代社会の中で果たしており、日常が壊れて非日常が現れ、蓄財よりは浪費が行われ、強烈な感情が生まれ、道徳規範が根源的に逆転する。戦争においても祭りにおいても、日常の法に反するような、度はずれた、犯罪的な行動をするよう義務づけられ、「鯨飲と供応、強姦と狂宴、自慢と渋面、わいせつと罵声、賭と挑戦、けんかと残虐行為」が行われるという。それにしても、現代の戦争における破壊力の高まりは、そうした社会のガス抜き機能をすでに逸脱し、社会の平衡を取り戻す機能を失ってしまったように見える。

2　国際法は自衛のための戦争を防止するか

　もっとも、そうした国家の自衛のための戦争への志向を国際法が制限したり緩和したりするのではないか、という疑問が生じるかもしれない。では戦争に関する国際法について、見てみよう。1899年と1907年に、当時のほとんどの独立国が参加してオランダのハーグで平和会議が開かれ、国際法の法典化が進められた。その結果、ハーグ条約が採択されたが、これは戦争を開始することに正当な根拠があることを証明するよう求めるものではなかった。この点を象徴するのが開戦宣言に関する手続きの条項であり、そこでは開戦に「理由をつける」ことが求められたが、契約上の債務回収のために兵力を使用することが禁じられた以外は、開戦の理由が正しいかそうでないかについての是非は問われなかったのである。定められていたのは、戦闘員と非戦闘員の異なった取り扱い、捕虜や負傷者の保護など、「いかに正しく戦争を行うか」ということであった。

　戦争についての国際法は、「戦争に対する法」（つまり戦争目的規制）とも呼べる「ユス・アド・ベルム」(jus ad bellum)と「戦争における法」（つまり戦闘経過規制）とでも呼べる「ユス・イン・ベロ」(jus in bello)とに大別される。「ユス・アド・ベルム」は戦争を行うことに正しい根拠や目的があるかいなかを明らかにする法で、「ユス・イン・ベロ」は、戦争の根拠・目的いかんにかかわらず、戦闘行為という手段が正当であるよう制限を課す法である。戦争についての国際法の法典化の先駆けであったハーグ条約は、もっぱら後者を体現していたわけだ。

　その後、第1次世界大戦の惨劇を経ると、戦闘行為を規制するだけではなく、戦争そのものの発生を予防する必要があるとの認識が広まった。大戦の反省の中から1920年に設立された国際連盟は、規約の第11条で戦争や戦争の脅威はすべて国際連盟全体の利害に関わる事項であるとし、第12条では平和的な解決の手続きを尽くして戦争に訴えることがないよう加盟国に約束させた。続く1928年のパリ不戦条約は、第1条で国際紛争の解決のために戦争に訴えることを禁じ、国家の政策の手段と

しての戦争を放棄することを宣言し、さらに第2条で、紛争がいかなるものであっても、その平和的解決を求める義務を定めた。こうして、「ユス・イン・ベロ」に遅れながらも、「ユス・アド・ベルム」が法典化され始め、無差別戦争論を克服しようと試みられた。

しかしながら、これらの戦争法は第2次世界大戦によって大胆にも破られることになってしまう。とはいえ、大戦の終結後、国際法を破ったとされる枢軸諸国は処罰された上に戦後補償を行うよう求められ、侵略した領土は返還され、指導者は戦争犯罪人として個人としても処罰された。その後、1945年に国際連合憲章が作られ、「ユス・アド・ベルム」の理念は一層実質化されることになった。その第2条には次の条文がある。

3　すべての加盟国は、その国際紛争を平和的手段によって国際の平和及び安全並びに正義を危うくしないように解決しなければならない。
4　すべての加盟国は、その国際関係において、武力による威嚇又は武力の行使を、いかなる国の領土保全又は政治的独立に対するものも、また、国際連合の目的と両立しない他のいかなる方法によるものも慎まなければならない。

同時に、国連安全保障理事会には第41・42条で、「国際の平和及び安全」のために非軍事的・軍事的双方の強制措置を発動する権限が認められている（その意義について、詳しくは第5章を参照してほしい）。

また国連憲章の第51条では、「この憲章のいかなる規定も、国際連合加盟国に対して武力攻撃が発生した場合には、安全保障理事会が国際の平和及び安全の維持に必要な措置をとるまでの間、個別的又は集団的自衛の固有の権利を害するものではない」という規定がある。かつてパリ不戦条約では戦争が一般的に禁止されたが、条文に書かれていたわけではないにしろ、国家の自衛権は認められるという条件づきでの上での戦

争禁止だと一般に解釈されていた。国連憲章は、各国の自衛権についての明文上の留保の上で戦争を禁止しているのである。法的な表現を用いれば、これらの国際法で禁止されたのは戦争であって、自衛で阻却されるのは戦争の違法性である。

　以上を考えると、総じて言えば、国連の理念は、一般に戦争を禁止するが、国連が国際の平和と安全を守るために行う戦争や各国の自衛のための戦争は認めるという弁別に立っている。第2次世界大戦まではほとんど「ユス・イン・ベロ」だけにとどまっていた戦争に関する国際法は、「ユス・アド・ベルム」に大きく踏み出したのであり、無差別戦争論を克服したと言えよう。だが同時に、一定の枠内で戦争を制度として存続させていることも否定できない。自衛のための戦争は、今も合法である。

　また、こうした戦争に関する国際法が強い実効性を持つなら、第2次世界大戦後の世界には戦争はあまり起きなかったはずだ。残念ながら、現実はもちろんその逆である。戦争の違法化の条文にもかかわらず、朝鮮戦争、中東戦争、ベトナム戦争など、世界各地で悲惨な闘いが途切れなく続いた。国際法の整備やそれにともなう国際組織の設立に注目する限りでは、国内ほどではないにしろ、国際関係においても権力関係が成熟してきており、自衛のための戦争が認められるという構造が揺らいでいるように見える。だが、「国際関係はアナーキーであり、国家の安全が保障されていないという基本は変わりない以上、自衛のための戦争は許される」というロジックは、今なおきわめて強力であり、反論を強く排除することができる。

　「戦争はすべて反道徳的な絶対悪だ」とする極端な絶対平和主義の考え方をとらない限り、ある行為が「自衛のための戦争」であるなら、それは正しい行為であることが論理的に約束されている。「自衛」は定義的に正当な行為だからだ。そこで問題なのは、その行為が「自衛のための戦争」に該当するのかどうかという判断にある。自衛のためという根拠で戦われた戦争の多くが、実際には自衛の範囲を超えて行われてきたのではないだろうか。あるいは、戦争以外の手段がとりえたのに、そう

しなかったのではないだろうか。そうでなくては、これほど多くの戦争が繰り返されてきたことが説明できない。そして、国際法がこれを規制する力は弱い。ルワンダやボスニア・ヘルツェゴビナにおける戦争に関してアドホックに国際軍事裁判所が設置されたことはあるし、常設の司法機関として国際司法裁判所や国際刑事裁判所がハーグに設置されている。だがこれらの管轄権は限られており、国家や個人の行動を広く規制しているとは今のところ言いがたい。さらに、核兵器についても、国際司法裁判所は、核兵器の使用は一般的には国際法に反するが、「国家の存亡に関わる自衛の極限状況」ではその使用が合法か違法かは判断できないとの意見を1996年に表明している。

> 論点2　自衛のためとして戦われた戦争は、どこまで本当に自衛のためのものであったのか、また戦争以外の手段は本当になかったのか。事例を調べて論じてみよう。

3　人道のための戦争

1　冷戦の終焉と人道のための戦争

　自衛のための戦争を自ら掲げる闘いは、近現代の歴史上、おおよそいつの時代にも見られた。だがこれと異なり、近年、自衛のためではなくても、人道主義（ヒューマニズム）といった価値のために戦争を起こすことが必要な場合があるのではないかという提起が行われるようになった。また実際にも、いくつかの地域で人道的介入を掲げた戦争が行われ、これらの是非をめぐって多くの議論が行われるようになった。人道主義を掲げて行う戦争は、自衛のためのものと違って、必然的に他国への介入となる。

　人道的介入が国際関係の大きな争点になったのは、おおよそ冷戦が終わってからのことであった。冷戦期、あるいはそれ以前にも、他国への

介入という形の戦争は多々あったが、当事国が人道主義といった普遍的な価値を掲げることはほとんどなかったし、あったとしても説得力はなかった。たとえば米国のロナルド・レーガン政権は、1983年に「在外自国民の保護」の名目でカリブ海のグレナダに米軍を派遣して革命政権を倒し、これを人道主義によって正当化したが、共産主義勢力の拡大を阻止することが最大の目的であることは明らかだった。冷戦が終わりを告げ、人類の大きな目標を方向づけるようなイデオロギー上の対立が和らぎ、それを前提に、人道主義という普遍的な価値を追求する可能性が開けたと言える。

　人道的介入という用語は今のところ、国際法に明文規定があって定義されているというような概念ではなく、あいまいに、多義的に用いられている政治的な言辞である。とりわけ人道的という形容や人道主義という名詞の意味するところは不明瞭であり、恣意的な利用を際限なく許す可能性もある。人道主義は、元来はルネサンス期ヨーロッパで使われた人間の共通の本性を賞賛する言葉であったが、人道的介入のための戦争という文脈で使われる場合には、おおよそ、人権侵害が大規模で重大であり、また急迫していたり現在進行中である事態に対し、その救済を求める原理として使われている。しばしば用いられる表現を使えば、「人類の道徳的良心に衝撃を与えるような犯罪が行われているとき」に、それを止める権利と義務が発生するという理念である。1945年から開かれたニュルンベルク国際軍事裁判で、侵略戦争、平和に対する罪、戦争犯罪と並び、人道に対する罪が裁かれた。これはナチス・ドイツによるユダヤ人大虐殺に関するものであり、こうした惨劇を二度と起こすべきではないという思いが人道的介入を提唱するときの1つの原体験である。

　人道的介入という言葉を普及させたのは、1991年の湾岸戦争後、国連安全保障理事会が、ある政府による自国住民に対する容認しがたい迫害を国際共同体はやめさせる権利があると決議したことにあった。史上初めて、人道主義が主権国家に対する不干渉原則を乗り越えることがあることを、国連安保理が公式に決議したのである。これに従い、米英な

どはイラクに住むクルド人やイスラーム教シーア派の保護のため、イラク領土内に安全地帯（飛行禁止区域）を設置するという強制措置を発動した。次いで、国連安保理は1992年、人道上の理由で武力行使を認める史上初の決議を、ソマリアについて行った。その後、国連のハイチ(1994年)、ルワンダ(1994年)、ボスニア・ヘルツェゴビナ(1995・1996年)、東ティモール(1999年)における活動が人道的介入として数えられるようになった。だが、人道的介入についての議論を沸騰させたのは、後述するように、北大西洋条約機構(NATO)によるコソボ空爆(1999年)であった。

2　正しい戦争というロジック

　人道的介入について考えるために、2002年2月、米国の代表的な知識人60名が米軍によるアフガニスタン空爆を支持するために発表した「何のために戦うか――アメリカからの手紙――」という声明を見てみよう(www.americanvalues.org/html/wwffr.html)。2001年9月11日、米国で同時多発テロが発生した。世界貿易センタービルなどにハイジャック機が突入し、3000人以上の人命が失われたのである。ジョージ・W・ブッシュ米国大統領はこれを即座に戦争だと宣言し、首謀組織と目されるアルカイーダを支援しているとして、その翌月にアフガニスタンへの掃討の戦争を開始した。「何のために戦うか」は、アフガニスタン空爆についてのものなので、自衛や反撃という状況に即した声明であって、人道的介入に対する意見を述べたものではない。だが、そこには普遍的な価値を掲げて戦争を行うことを積極的に支持する議論が含まれている。この声明は、まずすべての人間に区別なく妥当する真理があることを確認することから論を始め、続いてこれらの真理のために、倫理的に戦争が必要となる場合があるというロジックを展開している。やや長くなるが、一部を引用してみよう。

　　暴力、憎悪、不正といった、災厄をもたらす行為に対抗するため、戦争を行うことが倫理的に許される場合がある。それどころか、戦

争が倫理的に必要とされることもある。いまはまさにそのときだ。……。戦争を前にして倫理に目をつぶることは、それ自体がある倫理的な立場の表明である。その表明は、理性の可能性を否定し、国際関係における規範の欠如を受け入れ、シニカルな態度に与することになる。客観的に倫理上の説明づけを行って戦争を行うことは、正義に基づいた市民社会や世界的共同体を擁護することになる。……。戦争を基本的に道徳的に正当化するのは、無辜の人々を危害から守ることにある。アウグスティヌスが5世紀初頭に書いた『神の国』は正戦論の思考に偉大な貢献をなしている。それは、ソクラテスを引用しながら、クリスチャン個人にとって、危害を及ぼすことよりは危害を被ることの方がまだましだと述べている。しかし、道徳的に責任のある人間はまた、他の無辜の人々のために、自衛を放棄するよう求められたり、あるいは放棄することを許されたりするのであろうか。アウグスティヌスにとって、そしてより広範な正戦論の伝統にとって、答えはノーである。攻撃者を阻止するために強制力を用いないなら、自らを守ることができない立場にいる人々が深刻な危害を受けるという説得的な証拠がある場合、隣人愛の道徳的原則はわれわれに強制力を用いるよう求める。……。もし無辜の命への危険が現実的で確実なものならば、そしてとりわけ、なだめることのできない敵意に攻撃者側が駆られているならば——つまり彼の求める目的が相手との交渉や妥協を受け入れることよりも相手の破壊であるならば——、それに釣り合う限りの強制力を用いることは道徳的に正当化される。

　この引用では、正戦論が持ち出されている。正戦論とは、戦争には正義のものと不正義のものがあるとし、正しい戦争だけを許容しようとする思考である。その起源は古く、またアウグスティヌスや中世のトマス・アクィナスなどのキリスト教思想だけでなく、孟子のような儒教思想や聖戦（ジハード）に代表されるイスラーム思想など、世界各地に同様なも

のが見られた。19世紀から20世紀初頭の近代国家の成熟期に対応して台頭した無差別戦争論が葬り去ろうとしたのは、まさにそうした正戦論であった。

　正戦論は、「ユス・アド・ベルム」の源泉であり、前に述べた国連憲章も、正しい戦争とそうでない戦争を区別して、不正義の戦争を禁止するという原則に立っている点では、正戦論の系譜上にある。「何のために戦うか」は、正戦論を正面に出すことで、正しい戦争を、自衛戦争だけでなく、人道的介入のための戦争にまで拡大しようとしているわけだ。

　すでに述べたように、人道的介入の提起が可能となったのは、冷戦の終焉が大きな条件であった。人道的介入を担う主体として、国家をメンバーとする集まり、すなわち国際共同体、つまり、やや通俗的な表現で言う国際社会の形成が進んできたとみなされるからである。人道的介入の提起は、「国際共同体に内在する主張」だと言われることがあるが、それは、そうした戦争が国際共同体の構成原理からして、必然的な義務であり権利だということを意味する。人道的介入は、国際共同体の名において個別の国家主権を乗り越えることを意味する。

　カナダ政府は「介入と国家主権に関する国際委員会」(the International Commission on Intervention and State Sovereignty, ICISS) を組織し、安全保障の見直しの作業に取り組んだが、この委員会が2001年に報告書を発表した。これが『保護する責任』(http://wwwdfait-maeci.gc.ca/iciss-ciise/report2)である。この報告書は、人民を保護する責任を一義的には個別の国家に求めているが、「内戦、暴動、抑圧、国家破綻の結果として、人々が深刻な危害に直面し、また当該国家がこれを阻止し、回避しようとせず、あるいはすることができない場合」は、不介入の原則よりも保護の国際的責任が優先されるとし、「保護する責任は諸国家から成る国際共同体の指導原理」だと表明している。ここで言う人々の保護は、必ずしも武力によるものではなく、戦争という手段だけに頼るものではないが、人道的介入のための戦争を提唱するロジックともなる。

3　コソボ空爆は人道のための戦争か？

　ここで人道的介入について考えるために、コソボ空爆を取り上げてみよう。ユーゴスラビア内のセルビア共和国では、コソボ自治州のアルバニア人が独立運動を起こしていたが、やがてコソボ解放軍（KLA）を組織し、1998年以降、セルビア共和国軍との間で内戦が起きていた。セルビア人とアルバニア人との対立は民族浄化をそれぞれ進めようとする迫害や虐殺にエスカレートし、その報道に世界は震撼した。NATOは、1999年3月、人道的介入を掲げてコソボや首都のベオグラードで、セルビア共和国を相手に大規模空爆を行った。これにより6月、スロボダン・ミロシェビッチ大統領は和平合意を受け入れ、セルビア共和国軍はコソボから撤退し、コソボはNATO主体の国際部隊による国連暫定統治下に置かれた。

　NATOの空爆について、ハビエル・ソラナNATO事務総長は、ユーゴスラビアに対して戦争をしているのではなく、「これ以上のコソボにおける人々の苦しみや文民住民に対する抑圧と暴力を防ぐことが目的」であり、空爆は「道徳的義務」だと表現した。だが、この空爆はさまざまな議論を呼んだ。最大の論点は、国連安保理で合意が得られそうにないことを見越し、安保理決議を経ないまま、NATOがいわば自己授権する形で人道的介入を掲げて戦争を行ったことである。また、そもそもセルビア人とアルバニア人双方が非人道的な行為を行っているのに、セルビア人側だけを攻撃対象にするのはなぜかという批判もあった。さらに、むしろ空爆後にセルビア人によるアルバニア人への迫害が増加し、80万人ものアルバニア人が難民・避難民になったことから、空爆の効果についても疑問が出された。また、空爆による民間人の被害も多かったし、空爆後にセルビア人へのアルバニア人による報復的な犯罪が頻発するなど、対立そのものの解消には結びついていないことも指摘されている。

　人道的介入は法的な手続きも整備されておらず、誰が、何のために、どのように行うかといった基本的な理念について国際的な合意もまだほとんどない。立法が進んでいないときに実践が立法機能を含むことはあ

りうるし、それが望ましいこともある。だが、少なくともコソボの事例では求めるべき理念通りの人道的介入であったとは言えないようだ。

　人々の救済のために人道的介入のための戦争が求められることは理念的には想定できる。それは自衛のための戦争が理念上は正当なものとして想定できるのと同じことだ。だが、人道的介入は、国連による国際の平和と安全のために行う戦争と自衛のための戦争にだけ限定するようになってきた戦争回避の試みを、一挙に突破する危険なロジックに転回する可能性が十分にある。まずは、そうした危険を1つ1つつぶしながら、戦争を用いないで人道的な救済を実現する方途を考える方が先決なのかもしれない。

　自衛のための戦争にしろ、人道的介入のための戦争にしろ、理念としてはすべて否定することはできない。だが、戦争という手段への依存を下げ、戦争を非制度化し、世界を非軍事化しながら、自衛と人道支援を行う方途を考える叡智にしか、未来を切り開く力はないと信じるべきだ。

論点3　人道的介入を行うとしたら、どのような条件がある場合だろうか。新たな国際組織の構築などのアイデアも含め、自由に考えてみよう。

コーヒーブレイク(2)

民主主義による平和

　「民主主義国家どうしは戦争をしない」という議論が流行している。古くはイマニュエル・カントの主張に原点があるが、マイケル・W・ドイルやブルース・ラセットらがこれを蒸し返した。米国のクリントン政権やブッシュ・ジュニア政権でも外交政策の柱となり、途上国への民主化支援が行われた。2003年のイラク戦争も、当初の開戦口実だったイラクのアルカイーダとのつながりや大量破壊兵器の存在が証明されなかったので、イラクの民主化が戦争を正当化する最終的な大義として占領後も取り上げられている。だが、民主主義国家は互いに戦争をしないとしても、非民主主義国に対しては戦争を行うことが珍しくない。また、今日の民主主義国家も民主化の過程で、多くの場合、戦争や内戦を起こしてきた。そもそも民主主義国家が互いに戦争しないのは、民主主義だからそうなのかも確証がない。民主主義は国際関係の人道化に重要であることには疑いがないが、「民主主義による平和」論は途上国排除のイデオロギーに結びつく恐れがある。

〈参考文献〉

1　アンソニー・ギデンズ（松尾精文・小幡正敏訳）『国民国家と暴力』而立書房、1999年

近代に生まれた国民国家は、国内を平定し、暴力手段を独占した。その発展の基盤が資本主義であった。この中で戦争は工業化される。壮大な体系的記述を通じて、国家が暴力と抜きがたく結びついていることを論じる大作。難解だがいつかは読みたい。

2　筒井若水『違法の戦争、合法の戦争　国際法ではどう考えるか？』朝日新聞社、2005年

戦争をいかに規制するかという法的な試みの歴史を、国際関係の現実の力関係の中で記述。禁止されたはずの戦争がなぜなくならないのか、そうした戦争を人道化するにはどうすべきなのか。戦争と日本の関わりについても触れて、わかりやすく論じる。

3　ジョセフ・S・ナイ・ジュニア（田中明彦・村田晃嗣訳）『国際紛争──理論と実践［原書第5版］』有斐閣、2005年

国際政治の理論と歴史の両面から、国際紛争について概説。勢力均衡、集団的安全保障、冷戦、地域紛争、グローバリゼーションと相互依存、非国家アクターといったキーワードをもれなく論じながら、含蓄に富んだ言い回しが実に示唆的。

4　最上敏樹『人道的介入』岩波書店、2001年

ソマリア、ルワンダ、ボスニア、コソボなどの事例を振り返り、人道的介入という「世紀の難問」を考察する。武力による狭義の人道的介入よりも、武力によらない広義の人道的介入の可能性を追究し、「非正戦的」な市民的な介入を提起している。

5　メアリー・カルドー（山本武彦・渡部正樹訳）『新戦争論』岩波書店、2003年

近年、国家の正規軍どうしの伝統的な戦争よりも、内戦や非正規戦が増えてきた。これらの「新しい戦争」は、領土よりはアイデンティティをめぐる闘いであり、民兵や企業などの多様なアクターが参加し、グローバルな経済体制の中で行われる。論争的著作。

用語解説

国家安全保障

国家の持つ価値を他国が剥奪しないように保障する政策を言う。国際関係学の伝統的な主要な争点であった。ある国が安全保障を高めると自動的に他国の安全保障が損なわれるというのが「安全保障のディレンマ」であり、これを克服するため、国際レジーム、国際法、国際機関などに期待する議論もある。最近は、国家安全保障を補完するために「人間の安全保障」が唱えられることもある。

民族浄化

ethnic cleansing の訳。旧ユーゴスラヴィアでは多数のエスニック集団が混在し、互いに「純粋な」地域を作ろうと、他の集団を排除、迫害、虐殺したため、この用語がメディアで使われるようになった。宣伝や情報操作が横行し、実態は定かではないが、クロアティアのセルビア人の激減、ボスニアにおける多数の強制収容所の存在などが明らかになっている。

第5章　現代の平和

石原　直紀

――〈本章のねらい〉――

　冷戦の終焉は、米ソ超大国の核戦争の危機をはらんだ対立を終わらせたが、それによって世界は平和になったわけではなかった。国際社会は、多発する地域紛争への対応を迫られ、国際連合を中心にして、複雑な紛争を解決に導き、脆弱な平和を強固なものにすべく、国際協力を進めてきた。冷戦時代には米ソの対立で著しくその能力を限定された国連の安全保障理事会は活性化したし、国連の平和維持活動（PKO）も活動形態を多様化し、その件数も著しく増えた。カンボジアやモザンビーク、東ティモールなどで大きな成果を上げた反面、ソマリア、旧ユーゴスラビアなどでは挫折と試練も経験した。国連 PKO の限界を補う形で、多国籍軍や地域機構による平和活動も行われるようになっている。

　また、アフリカにおける紛争は、歴史的背景や貧困など根深い構造的要因とともに、その脆弱な平和の破壊を促すような国際社会の関与の仕方がある。国際社会のアフリカの平和への相対的関心の低さは、ルワンダの虐殺のような悲劇も生んだ。

　現代の平和は、国際社会全体が共有すべき不可分の平和という性格を持っており、そこでは国連のような国際協力のメカニズムを通じた共同の取り組みが求められる。国連の平和への取り組みという視点から、現代の平和を考えてみたい。

1 共有する平和

　二度の世界大戦を経験した20世紀は、戦争の世紀であったといわれる。われわれが生きている現代は、果たして第2次世界大戦と次の世界大戦との戦間期なのだろうか。それとも、第2次世界大戦を最後として、世界を巻き込む大規模な戦争からは決別しえた時代として歴史に記述されることになるのだろうか。戦争と平和の問題は人類永遠の課題であり、国際政治や国際関係を学ぼうとするものにとって、常にその核心に位置するテーマでもある。

　第2次世界大戦後、今日に至るまで世界の平和は守られてきたのだろうか。世界大戦に至らなかったという意味では、そうであったと答えることができるかもしれない。しかし第2次世界大戦後、戦争がなかったのかというと、決してそうではない。アジア、アフリカの旧植民地の独立をめぐる戦争や内戦、中東戦争、ベトナム戦争、湾岸戦争やイラク戦争と世界の各地で多くの武力紛争が起きている。しかも、第2次世界大戦後は、核戦争の危険と背中合わせの、米ソの対立を軸とした冷戦と呼ばれる不安定な状況の中で、かろうじて世界戦争の危機を回避してきた時代であった。

　1989年、冷戦の象徴であったベルリンの壁が崩壊し、当時のブッシュ米国大統領とゴルバチョフソ連最高会議議長とが、その年の暮れに、地中海のマルタで冷戦の終焉を宣言したことによって、国際社会はポスト冷戦という新たな時代を迎えた。地球全体を崩壊させかねない米ソの核戦争の脅威は後退したが、そのことが世界から戦争や武力紛争をなくすことにつながらなかったことは、冷戦後の国際社会の歩みを見ても明らかである。ソマリア、ルワンダをはじめとする部族間紛争、旧ユーゴスラビア崩壊の過程でひき起こされた民族紛争など、冷戦によって封じ込められていたさまざまな対立が顕在化し、多くの地域紛争が発生した。

　世界からわれわれの生きている日本に目を転じてみよう。日本は、第

2次世界大戦を引き起こした当事国の1つであり、戦後その反省に立って平和国家の建設に努めてきた。冷戦構造は、日本が位置する東アジアの国際環境にも色濃く影を落としていたが、安全保障を含め、米国との緊密な関係の維持発展という政策の選択が、結果的に日本が直接紛争に巻き込まれることを防いできた。日本は、そうした平和を享受する中で、奇跡的とも言われる経済的発展を成し遂げた。その意味では日本人にとって、第2次世界大戦後の時代は平和な時代であったと言えるかもしれない。しかしながら、われわれが平和という問題を考えようとするとき、日本が平和であったということと、世界は必ずしもそうでなかったということを、どのように理解すればよいのであろうか。自国の平和が保たれている限り、たとえ世界のどこかで武力紛争や戦争があっても、これを平和な時代とみなしてよいのだろうか。日本の平和と世界の平和とはどのような関係にあるのだろうか。ここに平和の不可分性という、現代の平和に特徴的な課題が浮かび上がってくる。

　平和の崩壊、すなわち武力紛争や戦争は、ある日突然に何の前触れもなく起きるわけではない。あらゆる武力紛争や戦争は、後から見ると平和の基盤が徐々に侵食されていき、それが武力衝突、戦争へと発展していく変化の過程が必ず見出されるものである。その意味で、平和と武力紛争や戦争は連続した1つの過程と考えることができる。平和とは固定された状態ではなく、それを維持していく不断の努力の結果として作り出されている可変的な状況であるといえる。平和を損なう原因はさまざまある。富の不公正な配分による所得格差、宗教や民族対立、人権の抑圧や政治的圧制などその要因とされるものは数多くあり、これらが複雑に絡み合って武力紛争や戦争を引き起こしている。密接な相互依存の関係にある現代の国際社会は、こうした平和を崩壊させるさまざまな要因をも共有し、あるいはそれに相互に影響を与え合う関係にあるとも言える。言い方を変えれば平和を共有しているとも言えるのである。そのような性格を持つ現代の平和を維持し、それが損なわれたときには、その回復を図る共有の手段として、人類は国際連合のような国際機関を持

つに至ったのである。

　20世紀には、戦争と安全保障の問題を扱う国際機関として、国際連盟や国際連合が作られた。これらの機関の設立理由の核心には、戦争の防止、紛争の平和的解決や平和の維持というもっとも重要な使命があったことは言うまでもない。2つの国際機関がそれぞれ第1次世界大戦、第2次世界大戦という戦争の直後に、その反省に立って作られたことが何よりもそのことを物語っている。では、これらの国際機関は平和への人類の希求にこたえてきたのだろうか。国際連盟は第2次世界大戦を防ぐことができなかったし、国際連合も創設時の期待に沿うような成果はあげてきていない、というのが率直な評価であろう。では、国際機関は平和の維持や戦争の防止には無力であり、意味のない存在なのだろうか。現代の平和と安全保障をあつかう唯一の普遍的国際機関である国際連合は平和を維持し、紛争の平和的解決のために何ができて、何ができないのか。その能力や可能性は一体どのような条件によって決められるのだろうか。本章では、国際連合の平和への取り組みという視点から、現代の平和というテーマについて考えてみたい。

2　国連安全保障理事会と平和

1　安全保障理事会の仕組み

　国際社会の平和と安全を維持する機構として国際連合を作るに当たって、その創設者たちは、国際連盟の失敗の教訓を学んでいた。しかし同時に国際連盟から引き継いだ考え方もあった。それが集団安全保障という考え方である。国連の集団安全保障とは、簡単に言えば国連加盟国が、そのいずれかに対して攻撃がなされた場合、たとえ自国が攻撃の対象となっていなくても自らに対する攻撃とみなし、ともに侵略を鎮圧し、平和と秩序の回復を図ろうとする国際的なシステムである。したがって、そこでは二国間や多国間の軍事同盟のように仮想敵国を想定せず、また

一旦侵略が行われたときには、局外中立という立場はとりえないことなどを特色とする。すなわち平和を個々の国の平和としてではなく、国際社会が共有する不可分の平和と考えるという立場をとるのである。このような集団安全保障の考え方は、国際連盟の創設とともに導入されたが、それは国際連合にも受け継がれたのである。

　国連憲章は、「国際連合の迅速かつ有効な行動を確保するために、国際連合加盟国は、国際の平和及び安全の維持に関する重要な責任を安全保障理事会に負わせものとし」と、平和と安全保障の問題についての第一義的責任を安保理にゆだねている。安保理では、5つの常任理事国を含む9カ国の理事国の同意によって意思決定がなされる。すなわち、常任理事国の一国でも反対した決議は採択されないのである。これが、一般に常任理事国の拒否権と呼ばれるものである。

　なぜこのような特権が、5つの常任理事国に与えられたのだろうか。国際連合の安全保障理事会に相当する国際連盟の理事会が全会一致を原則としたことによって、理事国の脱退などにより連盟の崩壊を招いたという反省に基づいている。すなわち国際連合では、5つの常任理事国が中心となって、第2次大戦後の国際秩序を守っていくこととし、そのためには、これらの国が望まないような決議は採択されないことを常任理事国に保障することにしたのである。それによって、これらの国が国際連合から脱退し、国際連合の崩壊につながらないようにしようという意図の表れであった。加盟国の平等という観点からは明らかに不公平な側面が、国際連合にはその発足当初から組み込まれていたのである。しかし、それは当時の国際社会の現実を反映するとともに、国際連盟の教訓を生かした発想でもあった。

　では、その安全保障理事会を中心に国際連合は、戦後の国際社会の平和と安全の維持にどのような貢献をしてきたのだろうか。広く知られているように、米ソの対立を核とする冷戦構造は、安保理の機能を著しく制限することとなった。米ソ両国は安保理にも対立を持ち込み、お互いの主張や動議に拒否権を行使し合うことによって、理事会の活動の幅を

著しく狭めてしまう。同時に、米ソが直接あるいは間接に関係する問題に関しては、安保理が意味のある対応をできなくしてしまったのである。米国が関与したベトナム戦争、ソ連自身が当事者であるアフガニスタン侵攻などについて、安保理は効果的な行動をとることができなかった。また、常任理事国の米国がイスラエルの後ろ盾になっている中東紛争では、今日でも依然として安保理の役割は著しく限定されている。しかし、冷戦下の安保理が、まったく何もできなかったのかというと決してそうではない。後述するように、ときに国連総会とも連携しながら安保理は、平和維持活動というきわめて創造的な活動を案出し、冷戦構造下での地域紛争の拡大防止に多大な貢献をしてきたのである。

2　安全保障理事会の行動

国際社会の平和と安全に関する問題について、安保理は、実際にどのようにこれを取り扱い、そこで採択される決議は国際社会にとってどのような意味を持つのだろうか。国連憲章は、加盟国と事務総長が、国際社会の安全に対する脅威となる事態について安保理の注意を喚起することができるとしている。こうした問題提起がなされると安保理は、多くの場合、理事国による非公式会合を開き、そこで公式会合における議事の進め方を話し合うのである。平たく言えば、どのように安保理の審議を進めるかについて、おおよそのシナリオを協議するのである。また、この非公式な協議の過程で個々の理事国の立場などについても、その概略が把握できるのである。つまり、常任理事国の立場いかんによってどのような決議案なら作れるのか、まったく決議案作りが困難であるのかなど、審議の方向性がある程度見えてくるのである。もちろん、侵略行為など危機的な状況においては、安保理はただちに会合を開く体制をとっている。

そこで、いよいよ公式会合となると理事国の承認を得て発言の機会が与えられる非理事国も含め、議題に関心を有する国々が自国の立場を表明することになる。安保理での実際の議論は、いわゆる討論や法廷での

議論とは性格の異なるものである。紛争当事者がお互いを厳しく非難し合うことはあっても、それを延々と繰り返すことにはならないのが普通だ。また、相手の立場を滔々と論破する雄弁な代表、用意されたテキストを淡々と読むだけの代表と、発言の仕方に個性はあるが、それによって議論の帰趨が左右されることはまずないと言ってよい。なぜならば、これら各国代表の発言は、基本的にそれぞれの政府の立場や見解の表明であり、それぞれ各国政府の方針に沿って発言しているからである。各国が注視しているのは、発言から修辞の尾ひれを取り除いた、その国の基本的立場や利害の主張といった核心部分である。審議の展開や決議案の採択をめぐって妥協を考慮せざるをえない場合でも、あらかじめ得ている政府からの指示の範囲でなければ、再度政府の指示を仰がずに妥協することはできない。このことは安保理における議論が、外交交渉の一部であるという一面を現している。

　さらに安全保障理事会の決議に関して留意すべき点として、国連の決議の中で安保理の決議だけが、国際法上の拘束力を持つことが挙げられよう。すなわちすべての国連加盟国は、安保理の決議に従う国際法上の義務があるのである。総会や経済社会理事会の決議が勧告であるのに対して、この点は安保理決議の大きな特徴といってよい。たとえば、安保理がある加盟国に経済制裁を課す決議を採択した場合、すべての加盟国は、その制裁に参加しなくてはならない。仮にその国が友好国であっても、国際法上決議に従う義務が生じるのである。

3　安保理決議と武力行使

　安保理の決議に関し、しばしば議論の対象となるのが、安全保障理事会による武力行使に関する決議である。国連憲章は、第6章において紛争の当事者は、まず当事者間の話し合いによる問題解決を図ることをうたっている。しかし、それで問題が解決せず、対立が武力紛争に発展し、安全保障理事会が、平和への脅威や破壊、侵略行為があったと認定した場合には、第7章において強制措置をとりうることを定めている。この強

制措置は、外交関係の断絶や経済制裁などの武力によらない手段から始まるが、それでも解決に至らない場合には、国際社会は最後の手段として武力行使を行いうることを規定している。国連創設者たちは、この武力行使を国連の指揮のもとで、いわゆる「国連軍」として行うことを想定していたが、今日に至るまでこのような「国連軍」は創設されていない。

　しかし、この第7章に基づいて軍事行動が容認され、多国籍軍が軍事行動を行った事例はある。最近の例では、1990年の湾岸戦争がそうであった。1990年8月、当時サダム・フセインの治下にあったイラクは、隣国クウェートを侵略し、これを占領した。安全保障理事会は、即座にこれをイラクの国際法違反と断定し、同国の即時クウェート領からの撤退を求めるとともに、イラクに対して経済制裁を課す決議を相次いで採択した。しかし、その後の安保理の度重なる要求を無視し続けたイラクに対し、1990年の11月に安保理は、翌年1月15日までにイラクが安保理の要求に従わない場合、「加盟国があらゆる手段をとって安保理決議を実施することを承認する」という決議678を採択する。あらゆる手段とは、言うまでもなく軍事力の行使を意味する。この決議に基づいて、米国を中心とした多国籍軍は、軍事力を行使し、イラクをクウェートから一掃する。

　この安保理の軍事力行使容認の決議は、これを受けて米国を中心とした多国籍軍が組織されたのではなく、多国籍軍として軍事行動をとる用意のある米国が、他の加盟国の支持を取りつける外交に成功した結果であった。

　この軍事力行使は米国を中心とし、アラブ諸国まで含めた多国籍軍によって行われた軍事行動である。安全保障理事会はこの行動を承認したが、軍事力を行使したのは、国連の旗のもとの国連軍ではなかった。開戦が不可避という状況のもとで、バグダッドに飛び、当時のフセイン・イラク大統領と戦争回避に向け、ぎりぎりの交渉を試みた当時のペレス・デクエヤル国連事務総長は、戦争回避を果たすことができなかったが、「これは国連の戦争ではない」として、多国籍軍の軍事行動と国連との

間に明確な一線を画した。

　その後のイラクは、侵略が引き起こした被害に対する賠償、大量破壊兵器疑惑に対する査察をはじめ、国際社会からさまざまな要求を課せられることになる。とくに、大量破壊兵器査察への協力が不十分であるとして、国際社会の疑念を払拭しようとしなかったフセイン政権は、2003年のイラク戦争のきっかけを作ることとなった。

　このときも安全保障理事会は、再三にわたってイラク政府に対し、大量破壊兵器査察への全面協力を求める決議を採択する。2002年11月に安保理は、決議1441において、再度イラク政府に査察への全面協力を要求する決議案を採択するが、その決議には、「安保理が、イラクが安保理の求めに応じなかった場合は、深刻な結果を引き起こすという警告を再三行っていることを想起する」という文言が盛り込まれた。

　その後、さらに査察継続を主張するフランス、ロシア、ドイツなどの諸国と、もはや軍事力に訴えるべきとする米、英といった国々との間で、熾烈な外交駆け引きが行われたことは記憶に新しい。具体的には、軍事力の行使を承認する湾岸戦争時のような明示的な決議が作れるか否かということが交渉の焦点となった。米英等は、軍事力行使への支持を広げようと安保理での多数派工作を行うが、フランス、ロシア、ドイツなどの強硬な反対に遭って、結局決議案作成を断念し、安保理の明示的承認のないままに、2003年3月イラクへの攻撃に踏み切った。

　これに対して、フランス、ロシア、ドイツなどは、米英諸国の軍事行動は国際法違反であると非難し、国際社会も米国ブッシュ政権による国際社会ならびに国連を無視した単独行動主義であるとしてこれに呼応する。同時に、こうした事態に効果的に機能しなかった安保理を改革すべきであるという声が高まる。ただ、ここで留意すべきは、米英ならびにそれに同調した諸国の立場である。これらの国々は、先に引用した安保理の決議1441が十分に武力行使の正当性を与えるという立場を主張しているのである。これに対し、湾岸戦争をはじめ、その他の軍事力行使容認決議の先例に照らしても、国際法上正当化されないとする立場が、

多くの加盟国や国際法学者などによって表明されている。常任理事国の立場に対しては、常に注意深い発言ぶりで知られるアナン事務総長も、後に明確にそうした立場を表明することになる。

しかし、それではこのような重大な問題における安保理理事国の意見の相違に対して安保理あるいは国連総会などで何らかの公式な判断が示され、行動がとられたかというと、何も起こらなかったというのが実情である。国連は、常任理事国間の深刻な意見の違いに対して、最終的に見解の是非に判定を下したり、これ調和させるための有効な手段を持たないというのが実態なのである。

では、こうした安保理における議論がまったく無駄かというと決してそのようなことはない。あらゆる紛争が安保理で議論されることによって、一体その紛争はどのような性格のものなのか、どのような紛争当事者が関わっていて、その争点はどこにあるのか。他の関係国や国際社会はどのような立場をとっているのか、といったことが明らかになるのである。さらに、国際社会は、何らかの協調的な行動をとる用意があるのか、あるとすればそれはどのような行動か、といったことも安保理の審議を通じて浮かび上がってくるのである。もちろん、そこで安保理理事国の意見の一致が見られない場合、安保理のとりうる行動は、きわめて限定されたものにならざるをえない。しかし、今日のように情報が発達し、あらゆる国があらゆる問題に対し、当事国のみならずメディアなどからもその立場を表明することを迫られる場合、安保理という国際社会の協議と意思決定の場が存在することは、外交的にきわめて大きな意味をもつと言ってよい。

安保理に持ち込まれる紛争のケースには、国際法上どちらが正しいか、にわかには判断しかねる、あるいは、紛争の歴史的背景からどちらとも言いがたい場合もある。あるいは、自国にとっては直接関係のない問題であり、あまり旗色を鮮明にしないほうがむしろよいと考えられる状況もあろう。また、他の諸国がどのような立場をとるのかを見定めた上で自国の立場を決めたいというような場合に、国連の安保理での議論の推

移を見守るというのは、外交上非常に好都合な選択肢を提供するのである。もちろん、非常任であれ安保理の理事国として審議に参加していれば、本来ならばあまり旗色を鮮明にしたくない問題であっても、立場を明確にすることを迫られる場合もあるし、同盟国、友好国との関係から自らの立場を決定せざるをえない場合も当然ありうる。

　安保理における議論とは、安保理に持ち込まれたさまざまな問題に対して、まず各国がどのように考え、どのような見解をとるのかを明らかにし、さらに、それぞれの立場に基づく協議と交渉を通じて、安保理としてどの立場をとるべきかを集約していく政治的、外交的なプロセスなのである。しかし、各国が、それぞれの立場を決定していく過程では、国際法上の判断だけがその基準となるわけではない。上述したように、それぞれ自国の国内事情も考慮した上での国益、友好国や同盟国、あるいは自国と似たような立場にある国々の態度など、さまざまな要素が総合的に考慮される。安保理は、国際法に従って事態の正邪の判断をする裁判所ではなく、理事国、ひいては国連加盟国の政治的な合議体といった性格を持った機関なのである。

　しかし一方で、今回のイラク戦争をめぐって、安保理の有効性に対し疑問の声があがったことも確かであり、安保理改革を進める機運を高めたことは間違いない。安保理改革問題は、決して新しい課題ではない。しかしながら、このテーマが総会で加盟国の総意のもとに真剣に議論されるようになったのは、やはり冷戦の終焉という新たな国際環境の展開を受けてのことであった。何よりもまず、第2次世界大戦終了時という、すでに過去のものとなった国際社会の現実を投影した安保理の姿は、現在の新たな国際社会の現実とはあまりにもかけ離れている。国連加盟国の著しい増加という事実からも、常任理事国、非常任理事国の双方の数を増やし、途上国も常任理事国に加えることによって安保理をより民主的で、今日の国際社会の状況をより反映したものにし、そこにおける議論や意思決定の透明性も高めようという議論の妥当性は疑う余地のないものであった。具体的には、常任、非常任を含め新たに何カ国の理事国

を増やすのがよいのか、新しく常任理事国となる国の資格はどのようなものであるべきか、新たに常任理事国になる国に現常任理事国と同様の拒否権を与えるべきか、といった点をめぐってこれまで議論がなされてきた。

　積極的に改革を押し進めようとしているのは、日本やドイツ、さらにブラジルやインドといった常任理事国入りを目指す国々であり、これにアフリカ諸国が地域の声を安保理に反映すべく、複数の国の参加を求めるといった形で展開してきた。しかし、常任理事国の拡大によって既得権の相対的低下を恐れる現在の常任理事国や、上記の諸国の常任理事国入りを歓迎しない国々による反対にあって、改革の動きは再び暗礁に乗り上げつつある。安保理の民主化や近代化といった総論には賛意を示しつつも、ではどこの国が新たに常任理事国になるかといった各論では国益という観点から反対するという、国連のあるべき姿と主権国家の国益の対立という相克が、安保理改革の行く手に大きな壁として立ちはだかっているのである。

> 論点1　日本が安全保障理事会の常任理事国になるべきか否か、なるべきだとしたら、そのことによって日本は、国際社会にどのような貢献ができるか考えてみよう。

3　平和維持活動

1　国連平和維持活動の発展

　国連が国際社会の平和と安全の維持に関して果たしている重要な活動として平和維持活動 (Peacekeeping Operations, 以下PKO) が挙げられる。とくに冷戦の終焉を受けて国連の平和維持活動は、その規模と活動内容において大きな変化を遂げた。

　そもそも、国連憲章のどこを探してもPKOという文字は見当たらない。国連の創設者たちは、いわゆる「国連軍」を組織して国際社会の平

和と安全を確保しようとは考えたが、PKO という活動形態はまったく想定していなかった。国連の PKO は、1948年のイスラエルの独立をめぐる戦争、同年のカシミールの帰属をめぐるインド、パキスタンの紛争、さらに1956年のエジプトのスエズ運河国有化に端を発する戦争の解決に向けた国連の和平努力の一環として、次第にその活動の原則や形態が作られてきた。それは要約すれば、紛争を解決するために、停戦を前提に紛争当事者間の戦闘行為の再発を防止し、交渉によって和平を作り出すための時間を確保するための活動といってよい。したがって、PKO は紛争の根本的解決を目指すというよりは、あくまでも平和を作るための側面支援という性格を持った活動であるといえる。国連自身によって、PKO は「紛争解決のための交渉がなされる間、加盟国からの軍事要員が国連の旗の下で、停戦や軍の撤退の監視、対立する紛争当事者間の緩衝地帯の設置などにより、紛争の最終解決を支援する活動」と定義されている。

　実際の具体的な活動を通じて PKO は、次のような一般的活動原則を確立してきた。まず、紛争当事者の停戦合意と PKO 受け入れの同意に基づいて初めて展開することができるということ。すなわち PKO は、戦闘が継続している状況下で当事者に停戦を強制するために派遣されるものではないのである。また、いずれの紛争当事者に対しても中立、公平な立場に立って活動を行うこと。さらに、PKO に部隊として参加する軍事要員は小火器を携行することが認められているが、その使用は自衛目的に限定されることなどである。

　冷戦下では、さらに中東の紛争に関連して今日までその活動が継続している国連レバノン暫定隊(UNIFIL)、国連兵力引き離し監視隊(UNDOF)、また、キプロス国内のギリシャ系住民とトルコ系住民の対立にあってその緩衝の役割を担う国連キプロス平和維持隊 (UNFICYP) など、1985年までに13の PKO が作られた。この時代の国連 PKO は、地域紛争が米ソを巻き込んだ世界紛争に拡大するのを抑止し、戦闘を早期に終結させることによって、犠牲者を少なくし交渉による紛争の解決を促すための

手段として、高い評価を得てきた。また、加盟国から提供された軍人を使い、その軍事的専門知識や経験を停戦監視や紛争の再発防止という平和のための国際協力に活かすという、真に独創的な活動であった。こうした国連平和維持活動の実績と経験は、冷戦後の国際社会で起きた多くの地域紛争においても活かされることになる。

2 冷戦後の平和維持活動

　冷戦の終焉を受けて1992年1月、安保理は、その歴史において初めての首脳レベルの会合を開催する。そこで、冷戦後の最初の国連事務総長に就任したエジプトのブトロス・ガリに対し、国連憲章の枠内で、国連の平和と安全の維持における機能強化のための分析と提言を求めたのであった。この要請に応えて、ブトロス・ガリは、「平和への課題」と題した政策提言を発表する。この中でガリは、国連の平和と安全の維持に関する取り組みを、予防外交、平和創造、平和維持、平和構築の4つの連続的な過程として区分し、それぞれの段階で国連が行うべき活動について具体的な提案を行った。さらに、従来の国連の平和維持活動を一歩進めて、状況によっては国連の平和維持部隊が平和強制を行うことも検討すべきである、という大胆な提言も行う。

　他方、冷戦終焉により米ソの核戦争の危険は大きく減じたものの、世界各地で冷戦構造のもとで押さえ込まれていた民族対立をはじめとする国内の不安定要因が、内戦という形で顕在化する。また、冷戦の遺物とも言うべきカンボジア紛争などの解決へ向けた国連の関与が求められるようにもなり、こうした国際社会の要請に次々と対応を迫られる形で、1990年代前半は国連の平和維持活動が一挙に増えることとなった。

　カンボジア紛争各派の和解促進と新たな政府の樹立へ向けた支援を行うカンボジア暫定統治機構（UNTAC）、ソマリア停戦協定の履行監視や人道援助の支援を行う第2次国連ソマリア活動（UNOSOM II）、旧ユーゴスラビア崩壊の過程で起きた民族浄化から住民を守り、人道支援を確保するための国連保護隊（UNPROFOR）など、相次いで大型の平和維持活

動が展開する。とくに UNTAC の例に見られるように、従来の国対国の戦争における国境線での停戦監視といった形ではなく、一国の中での複数の紛争当事者間の停戦監視や武装解除、難民帰還支援や復旧、復興の支援、暫定的な行政監督、人権監視や文民警察による治安維持支援活動、さらに自由で公正な民主的選挙の実施など、従来の平和維持活動にはなかった多様な任務が課せられるようになる。

　また、ソマリアや旧ユーゴでの活動で見られたような人道援助への支援など、新たな任務が次々と加えられていく。こうした背景のもとで、紛争当事者の停戦合意の脆さや、あからさまな PKO への妨害や挑戦など、国内紛争に特徴的な複雑な要素が、PKO の対応能力を超えた状況を作り出す。また、ソマリアで試みた平和強制活動の結果、国連 PKO 自体が紛争の当事者化してしまうという状況に陥ったり、旧ユーゴでは空爆を行う NATO との連携が、現場の PKO に困難な状況をもたらす結果ともなる。さらに、その中で多くの PKO 要員の犠牲者を出すなど、国連の平和維持活動は大きな困難と限界に突きあたることになるのである。

　こうした事態を受けて、冷戦後、国連の平和と安全の維持における活動へ寄せられた大きな期待は、急速な落胆と失望にとって変わられる。しかし冷静に考えてみると、こうした過剰な期待や、その反動としての国連 PKO への過小評価は、多国間機関という国連の持つ構造的な性格や、PKO を実施する上で必要な加盟国からのさまざまな支援の欠如など、PKO という仕組みに対する十分な洞察を欠いた議論の結果であることがわかる。PKO を効果的に実施するためには、これを一貫して支持する加盟国の政治的意思の存在が不可欠である。さらに事務総長が提案する活動計画に必要とされる、人員、機材、資金などが加盟国からきちんと提供されなくてはならない。自らの責任を十分に果たすことなく、紛争の危機への対応を国連に押しつけ、事態の紛糾に際しては、国連だけに責任を転嫁するという、加盟国の身勝手なご都合主義が、国連 PKO の能力を著しく殺いでいることにも注意を向ける必要なので

ある。

　1990年代後半から2000年代前半にかけて、国連 PKO は、東ティモールやアフリカでの紛争への対応を通じて、再び国際社会の冷静な評価を取り戻しつつあるように思える。現在、世界中に 16 の PKO が展開し、その人員も 60,000 人、予算も年間 35 億ドルと、国連 PKO がもっとも大規模に活動を展開していた 1990 年代半ばの水準に迫りつつある。また、PKO 強化のために 2000 年に提示された、いわゆるブラヒミ・レポートに盛られた提言に沿って、国連自身さまざまな PKO 強化策を実施してきてもいる。さらに、近年では、コソボやアフガニスタンの例に見られるように、NATO のような多国籍軍が平和維持活動を行い、平和構築活動の領域を国連やヨーロッパ連合(EU)、欧州安保協力機構(OSCE)といった国際機構が担当するといった分業、連携も見られるようになっている。果たしてこのような活動パターンが定着していくのか、それが望ましいことなのか、国際社会は、集団安全保障という国連が戴く概念をも念頭に置きつつ、さらに真剣な検討と議論を重ねていく必要がある。

3　国連 PKO と平和構築活動

　ソマリアにおける平和強制活動の失敗、旧ユーゴスラビアの活動での試練を通じて、1990 年代後半には、国連 PKO は自衛以外には武力行使をしないという、伝統的な活動パターンへと回帰していく。しかし同時に、カンボジアや東ティモールなどの PKO で成果をあげた、さまざまな平和構築活動の、とくに国内紛争の和平プロセスにおける重要性が認識されるようにもなった。アフガニスタンなどにおいてもこれらの平和構築活動は実施されており、国連の一機関として平和構築委員会を設置する議論が進められてもいる。

　国内紛争においては、停戦後の社会の不安定さにより紛争の再発を招く危険性が、国家間紛争に比べてはるかに高いということがある。紛争当事者やそれを直接、間接に支持する一般住民が、1 つの社会に一緒に暮らしており、日常生活の中で摩擦、対立を起こし、それが武力衝突に

発展する可能性も少なくない。国家間紛争においては、一旦停戦が確保されれば国境線にPKOを配備し、あるいは非武装の緩衝地帯を設け、これを監視することなどにより、紛争当事者の接触を制限することが可能だ。しかし国内紛争においては、そのように紛争当事者の完全な分離を図ることは難しいし、紛争当事者が権力や資源の配分をめぐって不満を抱き、再度武力紛争に訴えるという危険も大きい。したがって、国内紛争においては、単に停戦を確保し、統治権力の枠組みを民主的な選挙を通じて作り出すだけでは不十分なのである。平和の回復と維持には、社会の復旧、復興、紛争当事者や住民の和解へ向けた幅広く持続的な活動が必要となるのである。

ブトロス・ガリが提示した平和構築の概念は、予防外交、平和創設、平和維持とともに、平和を定着させるための連続的過程の最終段階として位置づけられ、この段階における、国連機関の効果的関与の必要性を強調している。それはまた、平和維持の段階においてなされた国連の大規模な関与の終焉と、平時における国連開発計画や世界銀行、さらに二国間の開発援助が開始されるまでの時間的ギャップを埋めるための活動としても重要と考えられる。

具体的には、政府や司法機関など統治機構の整備、軍人や民兵らの武装、動員の解除と民生への復帰支援、紛争下で行われた非人道的行為の首謀者の逮捕や裁判、さらに「真実和解委員会」などのメカニズムを通じた住民どおしの和解の促進など多方面に及ぶ。また、壊れた道路、橋や給水施設など社会の基礎的インフラの修復、病院、学校など社会施設の機能回復など平時における開発に結びつけていくための、基本的な社会基盤整備が必要になってくる。そのためには中央政府のみならず、地域のコミュニティーが主体となって、国際社会の支援を活かしつつ、自主的に社会の建て直しを行い、それを通じて自立、自治の能力を高めていくことが重要である。そのプロセスでは、国際機関のみならず、国際的あるいは地域のNGOなどとの効果的な連携も欠かせない。

紛争において失われた中央政府の枠組みを再構築しても、中央政府自

身が社会全体に行政サービスを展開するだけの能力を持ちえない限り、いかに外から援助が与えられたとしても、これを人々に行き渡らせることは難しい。また、和平を確実なものにするためには、何よりも人々が平和を実感し、自ら社会の再建に向けて立ち上がる気力を奮い起こす必要がある。破壊と憎しみとで疲弊し切った人々に勇気と希望を与えるためにも、身近なところで平和を実感できる平和構築活動が重要となってくるのである。

> 論点2　国連憲章に想定された「国連軍」と国連の平和維持活動との違いについて考えてみよう。

4　アフリカの紛争と国連

　2005年11月現在、国連は世界全体で16のPKOを展開しているが、そのうち8つがアフリカ地域である。エチオピア、エリトリアの国境沿いに展開している国連エチオピア・エリトリア・ミッション（UNMEE）以外、すべてのアフリカにおけるPKOは、国内紛争の解決支援の一環として活動している。このことからもアフリカが世界でもっとも平和の基盤が脆弱な地域であることがわかる。これらのアフリカの紛争は、それぞれに固有の原因を抱えており、簡単に一般化することはできないが、そこにはいくつかの共通の特徴も見出すことができる。ここでは、アフリカの紛争のいくつかの例を検討しながら、アフリカの紛争と平和について国連の活動という視点から考えてみたい。

1　アフリカ紛争の事例
①ルワンダの大量虐殺
　ルワンダは、1962年に独立を果たすまでは、ベルギーの植民地であった。この小国の名前が、広く知られるようになったのは、1994年に同国で起きた大量虐殺（ジェノサイド）の悲劇によってであり、ルワンダの

悲劇は、また国連平和維持活動の汚点としても歴史に刻まれることとなった。

同国は、人口のほぼ90％と圧倒的多数をフツ族が占めるが、残りの10％の大半がツチ族である。両者はルワンダのみならず、ブルンジをはじめとした近隣諸国にも広がっているが、ベルギーが植民地統治のためにツチ族を利用したことをきっかけとして、双方の対立が歴史的に醸成されてきた。

1990年、ウガンダに拠点を置いていたツチ族のルワンダ侵攻をきっかけとしてルワンダは内戦に突入するが、1993年にフツ族のルワンダ政権とツチ族のルワンダ愛国戦線は和平協定であるアリューシャ協定に調印する。

この間国連は、まず1993年の6月にウガンダとの国境地帯の武器流入を監視する目的で平和維持活動、国連ウガンダ・ルワンダ監視団（UNOMUR）を、さらに同年10月には、上記の休戦協定履行監視の目的で国連ルワンダ支援団（UNAMIR）を立ち上げた。しかし、この協定に不満を抱くフツ族過激派の仕業とされる、大統領の乗った飛行機の撃墜という事件が起きる。これをきっかけとして、UNAMIRの存在にもかかわらず、短期間にフツ族過激派の扇動により、ツチ族を中心に数十万のルワンダ国民が虐殺されるという悲劇が起きたのである。ツチ族のルワンダ愛国戦線が1994年7月に権力を掌握した結果、殺戮には一応の終止符が打たれるが、多くのフツ族過激派がフツ族一般市民を半ば人質にとるような形で、隣国ザイールで難民化する。こうした事態は、ザイールの難民キャンプにおける新たな困難を生じさせることになる。

このルワンダの大量虐殺は、基本的にはフツ族とツチ族の反目と対立がもたらした悲劇であるが、これを国際社会という視点から見た場合、単にアフリカの小国で起きた国内対立のもたらした悲劇として片づけられない深刻な問題がある。

第1に挙げられるべきは、ルワンダの悲劇が引き起こされる予兆を国際社会は察知しながら、これを防ぐべく有効な手立てを講じなかったこ

とである。すでに述べたように、国連は、ルワンダの紛争の初期からPKOを展開していた。虐殺が起きる直前、フツ族過激派は、ラジオ放送などを通じ、反ツチ族の苛烈なプロパガンダを展開するとともに、虐殺を扇動する行動をとり続けた。UNAMIRの現地司令官や要員は、こうした悲劇の予兆を目の当たりにしながら、安保理によって与えられた限定的な任務と不十分な人員とで、虐殺を防ぐための有効な措置をとることができなかった。その間UNAMIRの兵員にも犠牲者が出るなどしたため、安保理は一旦、UNAMIRの規模の縮小さえ決定する。しかしその後も住民の犠牲者が出続けたため、安保理は、一転兵員の増強を試みるが、加盟国から十分な兵員を確保できず、フランスを中心とした多国籍軍に一部の人道支援を要請せざるをえなくなる。

　後に、この虐殺を看過したとして、国連としては異例の調査委員会が設置され、当時の状況の検証を通じて、国連の対応が厳しく批判されることになる。何故、安保理、そして国連は、虐殺を防ぐ有効な手立てを講じることができなかったのだろうか。1994年当時、国連PKOは、冷戦終焉を受けて各地で頻発した地域紛争への対応を迫られており、ソマリア、旧ユーゴスラビアなどでは大きな困難に直面していた。当時の国連PKOは、その歴史の中でもっとも大規模に活動を展開していた時期であった。安保理常任理事国のイギリス、フランスは旧ユーゴスラビア問題に、米国はハイチの問題に、そしてロシアはグルジア問題にと、それぞれ自国に影響を及ぼしかねない問題を国連PKOによって何とか収拾させようとしていた。そうした中でルワンダにおける危機はアフリカの小国における紛争として、二次的な関心しか払われなかったといっても誤りではないだろう。当時、ブトロス・ガリは、こうした安保理や国際社会の態度について、アフリカの紛争は世界の孤児であるという趣旨の発言をし、国際社会のアフリカの紛争に対する関心の低さを指摘した。

②シェラレオネの紛争

　西アフリカに位置する小国であるシェラレオネにおける紛争は、また別の意味でアフリカ紛争の特徴的一面を持っている。同国における紛争

は、1991年3月に当時の政権の打倒を目指した反政府ゲリラと政府との間での戦闘に始まる。政権側のクーデターなどによる度重なるリーダーの交代、地域諸国による和平調停の試みがなされたが、戦闘は終結せず不安定な状況が続く。その間、西アフリカ共同体（ECOWAS）による西アフリカ共同体停戦監視団（ECOMOG）や1998年には国連PKO、国連シェラレオネ監視団（UNOMOSIL）が、さらに1999年には国連シェラレオネ派遣団（UNAMSIL）などが展開し、停戦の確保、武装解除、和平合意実施のための協力などを通じてシェラレオネの平和回復が試みられる。しかしながら、2000年には国連シェラレオネ派遣団の兵員約500人が人質として拘束される事件が発生するなど、和平へ向けての道筋は紆余曲折を辿ることになる。

　何よりもシェラレオネの紛争における特色として挙げられるのは、同国がボーキサイトやダイヤモンドなどの鉱物資源を産出し、この支配権を握ることで武器購入資金を調達するというアフリカの紛争の特徴の1つが見出せることである。とくにシェラレオネ産出のダイヤモンドは、「紛争ダイヤモンド」と呼ばれ、これの取引を禁じるために、国連の安保理は、2000年7月にダイヤモンドの密輸を禁止する措置をとるに至る。

　また、同国の紛争には、規律を欠いた反政府勢力の暴虐や外国軍隊のみならず民間の軍事産業による支援などを頼る政府側など、紛争における抑制のたががまったく失われた状況を呈した。この中で、いわゆる少年兵が大規模に戦闘に動員され、国際社会の憂慮と非難とを引き起こしたことは記憶に新しい。こうした少年兵問題に対応すべく、国連は、2000年に、武力紛争における児童の関与についての条約や選択議定書という国際法上の枠組みを作った。さらに、「武力紛争と子供」の問題を担当する事務総長特別代表を任命し、UNICEFなどと協力しながら、少年の徴兵の禁止や、少年兵として動員された子供の心理的後遺症対策など、幅広い対応を強化していく。しかし、こうした少年兵の問題の背後には、貧困や軽量な武器の大量流出などさまざまな構造的要因があり、より大きな視点からの対策が求められるのである。

③コンゴ紛争

　かつてザイールと呼ばれたコンゴ民主共和国は、1960年の独立以来、独裁統治が30年以上続いた。冷戦終焉の影響もあって、1990年代になって多党制の導入による民主化の波がアフリカに押し寄せるが、1997年にそれまでの独裁体制が終焉を迎える。しかし、それに取って代わったのは、民主的な政権ではなく新たな独裁体制であった。この体制も人権を無視した抑圧的な統治を行い、1998年には政府と反政府勢力に分裂し、再度内戦が起きる。この内戦には、周辺のジンバブエ、アンゴラ、ナミビアが政府側を、またウガンダ、ルワンダ、ブルンジなどが反政府側を支援して派兵し、周辺国を巻き込んだ地域紛争へと拡大する。それぞれに加担した各国の思惑は、利権や国境を越えた紛争当事者間の合従連合など多様であるが、1999年7月には、ザンビアのルサカでコンゴ紛争の全当事者を集めた会議が開催され、停戦合意（ルサカ合意）が結ばれる。これを受けて国連は、停戦合意の履行を監視するために、国連コンゴ民主共和国派遣団（MONUC）をPKOとして派遣する。

　2001年1月の大統領の死亡により、その息子が新大統領に就任し、内戦の終結、早期の選挙実施を表明するが、紛争当事者はルサカ合意を遵守せず、戦闘が継続した。2002年8月には、南アフリカ大統領の調停によりプレトリア合意として和平が成立し、外国軍の同国からの撤退が開始された。しかし、その後も戦闘は完全に収束することなく、政府軍の分裂などもあり依然として不安定な状況が続いている。

　コンゴ民主共和国は、周辺諸国の部族を多く抱えており、コンゴ紛争は、これらの部族が周辺諸国の反政府勢力と連動して紛争を地域に拡大していくという、やはりアフリカの紛争に特有な側面を持っている。国連はMONUCを派遣しているが、広大な国土と周辺諸国、多様な部族を巻き込んだ複雑な構造を有する紛争の停戦監視を実効あるものにするためには、その規模は決して十分とは言えない。また、コンゴの紛争においても同国が、金、ダイヤモンドなどの鉱物資源、コバルト、銅などの希少金属の産出地であり、これらの資源の産出地を支配することに

よって、その資金源、武器を確保するという、シェラレオネ紛争と同様の構造がここでも見られるのである。

5　アフリカの紛争と国際社会

　上記の事例からも窺えるように、アフリカの紛争の原因は多様であり、いくつもの要因が複雑に絡み合って武力紛争に至っているケースが多い。しかしながら、そこにはいくつかの共通の特徴も見出され、その1つにさまざまな形で国際社会が関わっていることが挙げられよう。その意味で、アフリカの地域紛争は、決してアフリカ地域の、アフリカの人々にだけ関わる紛争とは言えないのである。

　たとえば、ルワンダの紛争におけるフツ族とツチ族の対立であるが、こうした対立は、決してルワンダに限られたものでないことは、上記の事例からも明らかである。また、ルワンダで対立したフツ族とツチ族は、隣国のブルンジや、ザイールにも住んでいるし、コンゴでも紛争に関わっているのである。こうした国境をまたぐ複雑な集団の構成は、植民地時代の宗主国が自らの都合に合わせてアフリカの人々相互の反目の種を播き、アフリカ諸国の独立に際しても、アフリカの事情を考慮せずに国境線を画定したことに原因があることは言うまでもない。

　また、独立を果たしたアフリカ諸国が、国民としてのアイデンティティーを確立する上で妨げになるような、経済的、政治的干渉も行ってきた。その結果アフリカの多くの国において、国家や国民としての意識の形成が十分になされていないのである。

　さらに、アフリカで産出する資源、希少金属などの買い手はいずれも先進国であり、それによって得た資金が、紛争当事者たちの武器購入に当てられている。そして彼らが入手する武器も外国から流入しているのである。加えてアフリカ経済の脆弱さは、こうした事態に拍車をかけている。アフリカの貧困は、一次産品の輸出に頼るアフリカ経済が、輸入

先の先進国の経済に対して、価格弾力性を欠くことによって、きわめて脆弱な立場にあり、先進国の輸入制限や関税などで、著しく競争力をそがれている現実がある。さらに、1980年代の債務問題やそれに対する対応策として世界銀行などを中心に進められた構造調整政策が、アフリカのもっとも弱い立場の貧困層に大きなダメージを与えたという現実もある。

　少年兵問題も、この貧困問題と密接な関係を持っていることは言うまでもない。貧困は、少年や若者の教育や労働の機会を奪い、将来に希望を持てない彼らが、武器をとって戦争に駆り立てられていくことは容易に想像される。必ずしも貧困それ自体が紛争の原因となるとは言えないが、紛争が開発を妨げ、貧困を助長することは、紛争国の人間開発指数が下がっているという国連開発計画(UNDP)の統計からも明らかである。こうして見るとアフリカの紛争が、決して国際社会のアフリカへの関与のあり方と無縁でないことがわかる。むしろ国際社会は、アフリカの平和を損なう原因を、積極的に作り出しているとさえ言えよう。

　不正輸出される鉱物資源を購入し、武器を販売して利益を得ているのもアフリカの外の国際社会なのである。ルワンダの例で顕著に見られるように、アフリカの紛争に対する国際社会の関与における消極的な姿勢も、紛争を助長、拡大する原因を作っている。もちろん、紛争の原因にはアフリカ自身が取り組んで解決すべき側面も多いことは言うまでもない。　1990年代になって大きな流れとなったアフリカ諸国の民主化、またアフリカ連合(AU)を中心とした、アフリカ自身の手によるアフリカの地域紛争対応能力の育成など、いくつかの希望もある。スーダンのダルフール危機に際しては、限定的ではあるにせよ、国連のPKOに先立ってAUの平和維持部隊が派遣された。こうしたアフリカの自助努力を国際社会は適切に支援していくべきである。

　ルワンダの虐殺をはじめとするアフリカの紛争に際して、国際社会は、積極的に対応してこなかった。難民の流出などでヨーロッパ全域に波及しかねない旧ユーゴスラビア、アメリカに近接しているハイチの危機、ロシアに直接影響を及ぼすグルジアの紛争には安保理は迅速なPKOの

派遣を決定した。いずれも安保理の決定に大きな影響を持っている常任理事国に影響を与えかねない紛争だったからである。しかしアフリカの危機に対して、安保理は、ソマリアPKOの失敗もあってか、同レベルの関心を向けることはせず、迅速で十分な行動をとってはこなかった。

　国連PKOを補完する形で、AUなども含めた地域機構が平和のための活動に力を注いでいることはすでに述べたが、欧米諸国もAU自身の平和維持活動の努力を歓迎し、それを応援する姿勢を見せている。兵員のトレーニングや機材、輸送能力の提供などを通した支援を表明してもいる。こうした方向は、国際社会の平和と安全の維持に、地域機構が国連と連携して果たす役割の重要性から見ても、基本的に妥当なものと言えよう。しかし、こうした欧米をはじめとする国際社会の姿勢が、アフリカの紛争や人道危機への直接の関与を避けるため、あるいは関心の低さの都合のよい隠れ蓑になってはならない。

　これは何も欧米諸国に限られたことではない。我が国についても同様である。ODAを通じたアフリカへの開発支援においては、日本は国連でも積極的な役割を果たしている。しかし、アフリカの平和や人道危機に対する支援活動においては決して積極的とは言えない。

　遠いアフリカの紛争は、直接我が国に関係がないと考えるためだろうか。あるいは、複雑で容易に解決策の見出しがたいアフリカの紛争には関わらない方が賢明だ、と考えるからだろうか。もっと積極的に関心を持つべきだと主張する人々も、しばしばアフリカの希少金属資源が我が国のITなどの先端産業に欠かせない、という経済の論理を押し立てがちだ。

　現代の平和が不可分であるということは、その平和の維持や回復のための努力に、国や地域の壁があってはならないということに他ならない。とくに、何よりも集団安全保障をおし進め、平和の不可分性をその行動原則に据えている国連が、加盟国の国益に引きずられ、この理念を実際の政策や行動に移す力が弱まるとすれば、それこそ真に国連の危機と言わなければならないだろう。21世紀に、現代の平和が抱える問題に取

り組むための能力を、国連はどこまで強化していくことができるのか。これは、ある意味で現代の平和の受益者である日本が、平和の共有という目的のために、国際社会とともに取り組まなければならない課題でもある。

> 論点3　日本はこれまでアフリカのPKOに積極的に参加してこなかったが、その理由がなぜなのか考えてみよう。

〈参考文献〉

1　明石康『国際連合』岩波書店、1985年
　国連とは何かが歴史的洞察も含め、包括的に書かれている。
2　臼井久和・馬場憲男編『新しい国連』有信堂高文社、2004年
　冷戦後の国連の活動、国連が取り組んでいるテーマが多角的に論じられており、資料、データも豊富。
3　神余隆博編『国際平和協力入門』有斐閣、1995年
　国連PKOとは何かについて、要領よくまとめられている。
4　篠田英明・上杉勇司編『紛争と人間の安全保障』国際書院、2005年
　人間の安全保障という概念について、多角的、具体的に論じている。
5　山田満・小川秀樹・野本啓介・上杉勇司編『新しい平和構築論——紛争予防から復興支援まで』明石書店、2005年
　注目を集める平和構築活動について、具体的な理解を深める役に立つ。
6　東野真『緒方貞子——難民支援の現場から』集英社、2004年
　緒方貞子元難民高等弁務官とのインタヴューを通じて、難民支援、人道援助、国際協力の思想と実践を具体的に理解することができる。
7　国連ボランティア計画編『平和の作り方』清流出版、1999年
　現場で国際協力に携わる人々の肉声を通じて、ボランティア精神、国際協力にかける情熱が伝わる書。
8　総合研究開発機構（NIRA）・横田洋三共編『アフリカの国内紛争と予防外交』国際書院、2001年
　国内紛争と予防外交についての理論的考察とアフリカの紛争の具体的事例研究を含む。
9　川端正久『アフリカ・ルネサンス——21世紀の針路』法律文化社、2003年
　アフリカにおける地域紛争についての簡便な概説書。

用語解説

総会
　国連主要機関の1つで、全ての加盟国が一国一票の議決権を持つ。政治、経済、人権から国連の運営に関わる人事や予算まであらゆる議題が討議される。毎年9月から1年間を会期とし、総会冒頭には、各国首脳や外務大臣が国連を訪れ、活発な国連外交を展開する。

経済社会理事会
　国連主要機関の1つで、総会によって3年任期で選ばれる54の理事国から構成される。持続可能な開発委員会、人権委員会など下部委員会を中心に、経済社会分野の問題を議論する。また、国連システム内の専門機関などの活動の調整も行う。

アフリカ連合（AU）
　2002年にアフリカ統一機構（OAU）が発展的に解消されて発足した機構で、アフリカの53カ国が加盟し、アフリカ中央銀行、司法裁判所、単一通貨、単一議会の設立など、加盟諸国のより緊密な関係の発展を目標にしている。その一環として、AUとしての平和維持機能の強化も進めている。

欧州安保協力機構（OSCE）
　冷戦下で、東西ヨーロッパの緊張緩和を目指した共通の枠組みとして発足した全欧安保協力会議（CSCE）が、1995年から欧州安保協力機構へと発展した。コソボの和平への検証団の派遣のほか、人権擁護の促進や民主的選挙の推進、支援など平和構築活動も行っている。

ブラヒミ・レポート
　2000年3月に、コフィ・アナン国連事務総長が「国連平和活動パネル」を設置し、「国連の平和と安全に関する活動の包括的検討と、明確で具体的、かつ実現可能な提言」を求めた。このパネルの委員を務めたブラヒミ元アルジェリア外相の名からこのように呼ばれる。委員会の報告書は、国連PKOの強化のためにさまざまな提言を行ったが、そのいくつかはすでに実現を見ている。

人間開発指数
　国連開発計画が1990年から作成、発表している『人間開発報告書』において用いられるようになった、各国の開発レベルを表す指数。従来のGNPなどの経済的側面のみならず、平均余命や識字率などの社会的側面をも視野に入れた指標。

コーヒーブレイク

国連事務総長報告書『より大きな自由を求めて』 ("In larger freedom") からの抜粋

A. A VISION OF COLLECTIVE SECURITY

----

78. The threats to peace and security in the twenty-first century include not just international war and conflict but civil violence, organized crime, terrorism and weapons of mass destruction. They also include poverty, deadly infectious disease and environmental degradation, since these can have equally catastrophic consequences. All of these threats can cause death or lessen life chances on a large scale. All of them can undermine States as the basic unit of the international system.
79. Depending on wealth, geography and power, we perceive different threats as the most pressing. But the truth is we cannot afford to choose. Collective security today depends on accepting that the threats which each region of the world perceives as most urgent are in fact equally so for all.
80. In our globalized world, the threats we face are interconnected. The rich are vulnerable to the threats that attack the poor and the strong are vulnerable to the weak, as well as vice versa. A nuclear terrorist attack on the United States or Europe would have devastating effects on the whole world. But so would the appearance of a new virulent pandemic disease in a poor country with no effective health-care system.
81. On this interconnectedness of threats we must found a new security consensus, the first article of which must be that all are entitled to freedom from fear, and that whatever threatens one threatens all. Once we understand this, we have no choice but to tackle the whole range of threats. We must respond to HIV/AIDS as robustly as we do to terrorism and to poverty as effectively as we do to proliferation. We must strive just as hard to eliminate the threat of small arms and light weapons as we do to eliminate the threat of weapons of mass destruction. Moreover, we must address all these threats preventively, acting at a sufficiently early stage with the full range of available instruments.
82. We need to ensure that States abide by the security treaties they have signed so that all can continue to reap the benefit. More consistent monitoring, more effective implementation and, where necessary, firmer enforcement are essential if States are to have confidence in multilateral mechanisms and use them to avoid conflict.
83. These are not theoretical issues but issues of deadly urgency. If we do not reach a consensus on them this year and start to act on it, we may not have another chance. This year, if ever, we must transform the United Nations into the effective instrument for preventing conflict that it was always meant to be by acting on several key policy and institutional priorities.
84. We must act to ensure that catastrophic terrorism never becomes a reality. This will require a new global strategy, which begins with Member States agreeing on a definition of terrorism and including it in a comprehensive convention. It will also require all States to sign, ratify, implement and comply with comprehensive conventions against organized crime and corruption. And it will require from them a commitment to take urgent steps to prevent nuclear, chemical and biological weapons getting into the hands of terrorist groups.
85. We must revitalize our multilateral framework for handling threats from nuclear, biological and chemical weapons. The threat posed by these weapons is not limited to terrorist use. The existence of multilateral instruments to promote disarmament and prevent proliferation among States has been central to the maintenance of international peace and security ever since those instruments were agreed. But they are now in danger of erosion. They must be revitalized to ensure continued progress on disarmament and to address the growing risk of a cascade of proliferation, especially in the nuclear field.
86. We must continue to reduce the prevalence and risk of war. This requires both the emphasis on development outlined in section II above and the strengthening of tools to deliver the military and civilian support needed to prevent and end wars as well as to build a sustainable peace. Investment in prevention, peacemaking, peacekeeping and peacebuilding can save millions of lives. If only two peace agreements had been successfully implemented in the early 1990s — the Bicesse Accords in Angola and the Arusha Accords in Rwanda — we could have prevented the deaths of almost 3 million people.

第6章　グローバル化時代の環境危機

大島　堅一（1・2・3節）
本名　純（4節）

―〈本章のねらい〉―

　あらゆる人間活動は、環境の中で行われている。環境の外で行われている活動は1つもない。人間活動が巨大になるにつれ、環境への影響も大きくなり、さまざまな環境問題が生ずるようになってきた。近年、人間の活動が国際化、グローバル化すると、環境問題は国際社会の主要課題となった。

　グローバルな環境問題の解決に向けた世界的取り組みはすでに始まっている。1992年に開かれた国連環境開発会議では、Sustainable Development（持続可能な発展）へと人類が向かうための行動計画、アジェンダ21が採択された。

　私たちは、「環境破壊の20世紀」から「環境保全の21世紀」へと世界を転換することができるのであろうか。そのための国際関係はいかなるものなのであろうか。

　環境問題は多種多様で、それぞれが現在進行形の生きた問題である。本章では、気候変動問題、軍事環境問題、森林破壊問題を取り上げる。それぞれの問題の中で、何が課題になっているのかを概括し、今後の国際関係の課題を考えていくことにしたい。

1　環境問題と国際関係論

「環境問題をいくつか挙げてみなさい」と問われて、私たちは一体何を思い浮かべるであろうか。気候変動問題、オゾン層破壊、ゴミ問題。イメージする環境問題は、個人の関心や経験によってさまざまである。ところが、すべての人に共通しているのは、社会が高度に発達したにもかかわらず、環境問題は未解決のままであるという認識である。いや未解決どころか、むしろグローバル化が進むにつれ、一層深刻の度合いを増していると感じている人もあろう。何とかしなければならないのではないかと漠然とした不安を持っている人も多いと思われる。

たしかに、環境問題の現実をつぶさに調べ、最前線に足を踏み入れると、地球環境の崩壊がまさに現在進行形で進んでいることがひしひしと感じられる。実際、地球環境は、崩壊直前にまできている。にもかかわらず、具体的な対策は遅々として進まず根本的な解決がされていない。あっという間に問題を解決できるような世界政府が成立することを夢見ることは自由である。だが、現実にはすぐには実現不可能である。私たちは、深刻な現実を目の前にしてどのような国際関係を構築すべきであろうか。

環境問題を前にして私たちが基本とすべきは、環境問題は自然現象ではなく社会現象であり、それゆえ原因となっている社会構造を変えれば解決することができるという視点である。この視点がなければ、環境問題は、人類に課せられた宿命であり人類滅亡まで永久に解決できないなどという幼稚な悲観論から抜け出すことができない。環境問題は自然現象ではない。どのような環境問題であっても、それは人類社会が引き起こしてきた社会問題なのである。だとすれば、原因となっている社会の病理を治せば環境問題は解決できる。

自然科学は、たとえば大気汚染がどの程度進んでいるのかを数値で示して問題を把握する。これが自然科学のアプローチの仕方である。これ

に対し、社会科学的アプローチでは、環境問題を引き起こす社会的原因を突き止め、その社会的原因を除去するための方策を考える。具体的には、環境経済学、環境法学、環境社会学等の専門的学問領域がある。国際関係論はこうした個別の諸科学の到達点を生かし、国際関係のあり方を考える。環境問題は、常に被害者が存在し、解決が現実に求められている分野である。環境問題に関する諸学問は常に実践の中で有効性が試される。単なる解釈学では終われない厳しさがある。

　私たちはこれからの時代を「環境崩壊の時代」とするのであろうか。それとも、これまでの社会の発展パターンを変え「環境保全の時代」にできるであろうか。環境問題にはすべてに当てはめられるような単一の万能薬は存在しない。扱う問題が違えば、方策も異なる。以下では、グローバルな環境問題のうち、気候変動問題、軍事環境問題、森林破壊問題について具体的に取り上げ、私たちがとるべき方向性をそれぞれ考えていくことにしたい。

2　進む環境問題のグローバル化と気候変動問題

1　グローバル化時代の環境問題の課題

　グローバル化した現代の環境問題は、従来の環境問題とは何が本質的に異なるのであろうか。大きく分けて、次の3つの点を指摘できる。

　第1は、加害被害構造の複雑化である。水俣病に典型的に見られる地域的な汚染問題（公害問題）は、因果関係を特定するのに一定の歳月を要したとはいえ、比較的捉えやすい構造をとっていた。水俣病の場合、汚染者はチッソであり、汚染物質は有機水銀であり、被害者は魚介類を多くとっていた漁民と考えてよかった。加害と被害の関係は社会科学的には1対1の関係として捉えられた。

　ところが現代では、1対1の関係として捉えにくいものが多い。たとえば、気候変動問題の原因物質である二酸化炭素を排出するのは、発電

所や工場もあれば一般市民が利用する自動車も含まれる。被害を受ける人々も多様である。島嶼国の人々のように国土そのものを失う人々もいれば、農業被害を被る人々もいる。原因構造も被害構造も複雑化しているのである。単純な因果関係では到底捉えられない。

第2は環境問題の空間的拡大である。これは国際化そのものといってよいであろう。環境問題は、いきなりグローバルなレベルでは現れない。通常、どのような国であっても、初期段階ではローカルなレベルで進行する。たとえば、日本においては高度成長期以降、多様な環境問題を経験した。典型的なものは、水俣病、イタイイタイ病などの公害問題である。日本は、欧米先進国とは異なり非常に短期間のうちに経済成長を遂げたため、深刻な問題が集中して起こった。こうした公害問題は、地元住民にきわめて深刻な健康被害を及ぼし、生命を奪うことすらあった。反面、国土に占める被害地域は比較的限定されていたとも言える。

ところが、今日の環境問題は国境を大きく越える。加害者が国境を超えて活動する場合、被害が国境を越えて広がる場合、またその両方の場合がある。たとえば、汚染被害の拡大という点に関して言えば酸性雨問題がある。また自然破壊問題では、メコン川流域の場合、上流部の中国でダムが建設されると川の流量が基本的に上流の中国によってコントロールされ、それによって下流部が被害を受けている。ダムで土砂がせき止められてしまうと、下流部での浸食が増大するといった例がある。

環境問題の国際化が世界的に認識されるようになったきっかけは、旧ソ連で1986年に発生したチェルノブイリ原発事故である。この事故が世界の環境政策に与えた影響はきわめて大きい。チェルノブイリ原発事故以前は、原子炉そのものが破壊されてしまうような大事故はほとんど起こらないとされていた。ところが、実際には、1979年にはアメリカのスリーマイル島原発が起き、1986年にはソ連のチェルノブイリ原発でかつてない規模の巨大事故が起きたのである。

原発は、大事故が起こると、広範な地域で人々が居住できなくなる。たとえば、2004年8月に蒸気漏れで11人が死傷した美浜原発3号機にお

いてチェルノブイリ級の事が起こった場合、風向きによって異なるが、敦賀市、美浜町等の周辺地域の99％の住民が急性障害で死亡、また、名古屋で6割の人口が長期的にガン死する危険性があるという研究もある。京都、大阪、兵庫、愛知を含む広い範囲で居住不可能となる危険性がある。

　原発事故は、政治的社会的影響もまた非常に大きい。ヨーロッパ各国では、事故をきっかけにかつてないほどの原発反対運動が起き、エネルギー政策の根幹が変わった。ドイツでは、緑の党が勢力を伸ばすきっかけになった。

　国境を越える問題が発生すると、単に大規模になったというだけの意味にとどまらない困難にわれわれは直面する。それは、世界規模の統治主体がいまのところ存在していないという問題である。従来の環境政策が想定していた実施主体は国家や自治体である。しかし、国際的問題の場合、一般には実施主体がはじめから存在しているわけではないのである。もちろん、世界政府や世界環境機関などを長期的には構想してもよいかもしれないが、緊急の課題にはまったく対応できない絵空事でしかない。統治機関がない中で、適切な環境政策をどのようにしてとっていくのかという課題は国際関係論にとって重大な実践的課題である。

　第3は被害の長期化である。従来の環境問題、たとえば水俣病のような問題の場合は公式発見が1956年、最高裁判決で国の行政責任が確定したのは2004年であった。この間、約50年に及ぶ時が過ぎた。水俣病は今も終わっていない。この50年という時間は、人の一生からすれば非常に長い。だが、今日の環境問題には、人間の生涯を大きく超えて、数百年〜数万年後にまで影響を及ぼすものがある。この種の環境問題に至っては、国家そのものの寿命や文明の寿命をも超えている。

　原子力発電に伴って生ずる放射性物質は汚染物質の中でも人類に最も長い影響を与える。原子炉内で起こるウラン235の核分裂によって発生する放射性核種は一括して放射性廃棄物と呼ばれる。この中には、さまざまな核種が含まれており、中には放射能の半減期（放射線量が半分にな

る期間）が数億年に及ぶものもある。人類社会は、すでに、人類という生物種の寿命をも超える汚染物質を登場させたのである。

2　究極の地球環境汚染——気候変動問題

　環境問題が複雑化し、空間的、時間的な規模が拡大した基本的原因は、経済が高度に発達してきたことにある。グローバル化する環境危機に対応するために、世界は、国家の枠組みを超えて国際的に超長期な取り組みを進めざるをえない。世界はどのような対策をとらなければならないのであろうか。

　私たちはこれを経験から学ぶことができる。1990年代以降、グローバルな環境問題の中で、国際的制度が構築されてきた政策領域は気候変動問題に関連するものである。ここでは、グローバルに議論が進展してきた事例として気候変動問題を取り上げる。

①気候変動問題の科学的知見

　環境問題を解決する上で、具体的な被害を把握することはもっとも重要なことである。気候変動問題に関しては、1990年代初頭以来、世界的規模で科学的知見が集積している。中でも国際的に科学的知見を集約することを目的に、国連環境計画と世界気象機関によって設置された「気候変動に関する政府間パネル」(Intergovernmental Panel on Climate Change: IPCC) は、気候変動問題に関してさまざまな報告書を発行してきた。気候変動問題は自然現象を大きく超えた人為的現象であることは、すでに世界のほとんどの科学者の共通した見解となっている。

　IPCCの第3次報告書によれば、今後100年の間に地球規模で大幅な気温上昇が見込まれている。予想される地球表面気温の上昇幅は、研究によって差はあるが、1.4～5.8度、平均で3.5度とされている。氷河期と現在までの平均気温の差が4～8度であることからすれば、迫りくる気温上昇幅がいかに異常で急速なものであるかがわかる。もちろん、この温度上昇幅は、人類がかつて経験したことのない幅とスピードである。IPCC報告書によれば、仮に今すぐに温室効果ガスの排出量をゼロにし

たとしても、今後数世紀にわたって気温上昇は続き、海面上昇は数千年間にわたって起こる。このまま対策をとらなければ、地球環境に不可逆的変化が起こると見て間違いない。

この問題の困難な点は、被害がでるのは将来であるのに対し、対策はすぐに実行しなければならないということである。対策を先延ばしにはできないのである。

環境NGOの世界的なネットワーク組織である気候行動ネットワーク（Climate Action Network）はこれをわかりやすくまとめている。これによれば、世界の気候系に壊滅的な打撃を与えないためには、気温上昇幅を産業革命から2.0度以内に抑えなければならない。すでに産業革命以後0.6度の気温上昇が見られ、またこれまでの温室効果ガスの蓄積により1度の気温上昇は避けられない。そのため、今後人類に残された余地は0.4度分しか残されていない（図6-1）。つまり、環境の不可逆的崩壊を避けるためには、今後永久にこの上昇幅で抑えなければならない。EUも2度以内に抑えることを目標としている。

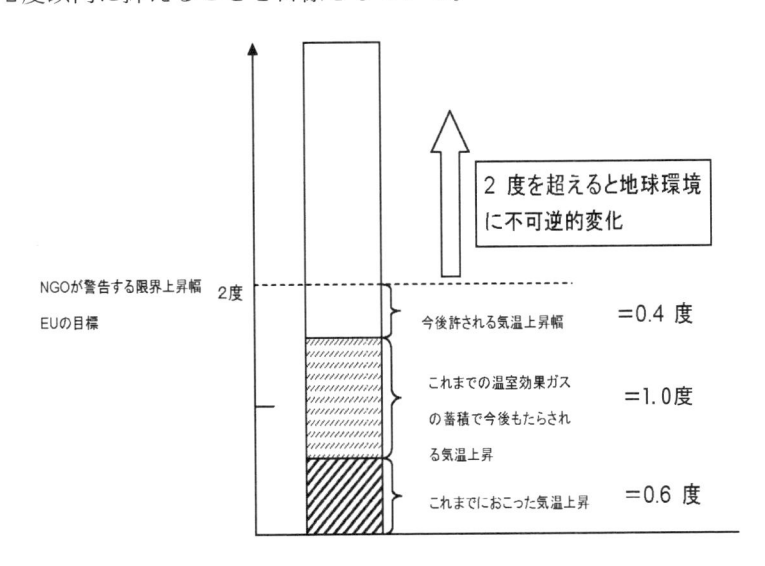

図6-1　許される気温上昇幅

2度の上昇幅に抑えるためには、今後20年以内に途上国を含む世界規模で温室効果ガスの排出量を絶対量で削減していかなければならない。これが達成されなければきわめて深刻な気候変動が起こる。現世代の対策いかんが、数世紀、数千年先の人類への影響を決定づけることになる。

②必要とされる対策

これまでの環境問題は、破壊が起こってからようやく対策がとられるのが一般であった。ところが気候変動問題の場合、被害は個々の事象ではなく、全体の傾向として現れる。個々のハリケーンや干魃などの気象災害が温暖化問題と直接的な結果であるとは科学的には証明できない。あるハリケーンの影響は、気候変動問題によるものかもしれない。しかし、100％そうであるとは断言できない。気候変動の被害は今後数百年のうちに徐々に傾向的に現れる。

気候変動問題に対処するにはどのようにしたらよいのであろうか。世界政府や、世界的な環境政策を統一的に行う統治機関は存在しない以上、現実には、多くの国家が参加する国際環境条約や協定を作り、その中で具体的な削減策を一歩一歩取り決めていくしか方策はない。

実際、気候変動問題は、地球規模の環境問題の中でもっとも議論が進んできた。1992年には、国連環境開発会議（UNCED）の開催に間に合わせる形で、気候変動枠組み条約が策定され、同会議で条約の署名が開始された。また、条約の「共通だが差異ある責任」の原則に基づいて、気候変動枠組み条約の附属書Ⅰ国（先進国）に対して法的拘束力を持たせた数値目標を含む京都議定書が1997年に策定された。これには、いわゆる京都メカニズムという国際的な柔軟性メカニズムも含まれている。2001年には、気候変動枠組み条約第7回締約国会議（**写真**）で、京都議定書の詳細運用ルールであるマラケシュ合意が取り決められ、2004年に京都議定書は発効した。

2001年に温室効果ガスの最大排出国であるアメリカが京都議定書から離脱した問題は残ってはいるものの、これまで何の制限もなかったエネルギー消費を、環境保護の立場からコントロールする世界初の試みで

気候変動枠組条約第7回締約国会議の会議風景

注）筆者（大島堅一）撮影（2001年11月）。

ある。この点で、人類社会は大きな一歩を踏み出したといえるであろう。
③京都を超えて

　京都議定書を基礎とした取り組みが各国で進む中で、京都議定書の限界も同時に見え始めている。これは Beyond Kyoto（京都を超えた）問題と言われている。

　第1の限界は、京都議定書上の法的拘束力ある目標値が2008〜12年の5年間に限られたものであって、2013年以降の長期的な目標や枠組みは定められていないということである。先に述べたように、今後、化石燃料使用を基礎とする文明を形作っていく限り、気候変動問題への対策を半永久的に行わざるをえない。これからすれば、京都議定書は非常に短期の目標にすぎない。長期的な目標と仕組みは、気候変動の危機を十分に踏まえて、京都議定書以上に厳しい削減目標と政策がとられる必要がある。

第6章　グローバル化時代の環境危機

> コーヒーブレイク(1)
>
> **気候変動問題と原子力発電**
>
> 　京都議定書の詳細運用ルールに関する国際交渉は、1998年～2001年にかけて行われた。このとき焦点となった問題の1つに、原子力発電の取り扱いがある。原子力発電は、発電に当たって基本的に二酸化炭素を排出しない。他方で、大規模な事故が起こると甚大な被害をもたらす、放射性廃棄物の問題が未解決である等の問題がある。そのため、国際交渉においても、原子力関連施設をどのように扱うかが論点となった。いわゆる、国際的取り組みにおける事業の適格性 (eligibility) の問題である。
>
> 　国際交渉において原子力関連施設を国際的手段として除外しないという立場で交渉を行ったのは、日本やカナダ、ロシアであった。また、原子力業界団体も原子力利用を削減策として採用させるべくロビー活動を行った。これに対して、EUや環境NGOは強く反対した。激しい交渉の末、結局、京都議定書の詳細運用ルールであるマラケシュ合意では、原子力より生じる排出削減を国際的取り組みの手段としては用いないという決定がなされた。
>
> 　これらの経緯は、一方の環境問題にとっては一見有効であるかに見える技術であっても、他の領域で深刻な問題を引き起こすならば、それは控えるべきであるという国際的判断が示されたものと理解することができる。環境問題には多様な側面がある。この経験は今後も生かされるべきであろう。

　京都議定書の第2の限界は、途上国を含む世界的な排出規制とはなっていないことである。もちろん、途上国と先進国の間には、現時点での排出量で見ても、歴史的蓄積量から見ても、大きな格差が存在する。たとえば図6-2にみるように、アメリカ、日本、中国、インドの1人当たりの二酸化炭素排出量を比較すると、アメリカ、日本と中国の差はそれぞれ約7倍、4倍、さらにインドの差は20倍、10倍に達する。また日本の総排出量 (1,224.7CO_2トン、2000年) は一国でサハラ以南アフリカ全体の排出量 (492.1CO_2トン、2000年) の2倍以上ある。これらからすれば、先進国には率先して削減し、途上国に対して環境スペースを譲る責任があることは明らかである。

　同時に、途上国の経済成長のあり方を、先進国型のエネルギー多消費型社会ではなく、再生可能エネルギー（風力や太陽光等）を中心としたエ

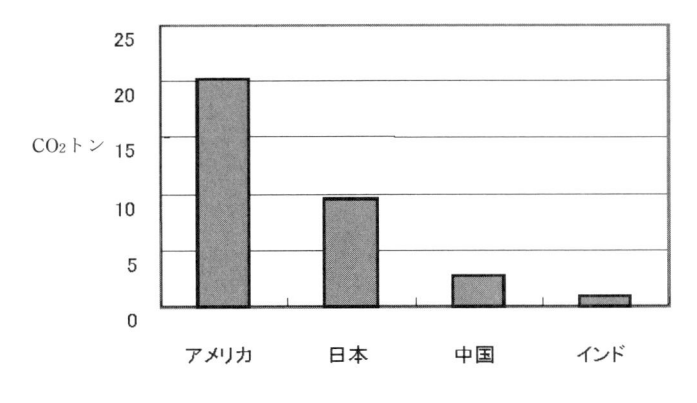

図6-2　各国の1人当たり CO_2 排出量

出所：World Resource Institute, *World Resources 2005.*

ネルギー利用効率の高い社会を目指す方向へと変えていくことも必要である。それは、先進国型汚染社会を経ることなく、直接、持続可能な社会に至る道筋といってよい。先進国型の経済発展経路をとらないで、途上国が、直接、持続可能な社会に移行できるかどうかは、21世紀の地球環境保全に決定的な意味をもっている。

論点1　グローバルな環境問題には他にどのような問題があるであろうか。問題を具体的に取り上げ、その被害加害関係と対策の現状、今後の課題などを調べてみよう。

3　軍事と環境問題──聖域を超えて

1　軍事と環境

　軍事活動は、国と国との間で発生するもっとも環境破壊的な人間活動である。軍事活動は、いわゆる「冷戦終結」以降も減っていない。中でもアメリカはその中心となっている。アメリカの軍事費（2004年）は一

国で世界の47％を占め、第2位の日本を大きく引き離す超軍事大国である。軍事活動による環境問題は、あらゆる国で起こっているが、世界的に軍事活動を展開しうる唯一の国アメリカによる環境破壊はもっとも大規模である。アメリカのグローバルな軍事活動がさまざまな環境問題を各地で引き起こしている。

国家安全保障は、国策の中で聖域として扱われ、あらゆる政策が安全保障の名のもとにないがしろにされてきた。環境政策も同様である。ところが軍事活動は、環境を大規模に破壊し、その影響が次第に無視できない水準にまで高まっている。この問題をどのように捉えたらよいのであろうか。

以下では、軍事活動による環境問題を、1) 基地建設時における環境破壊、2) 日常の基地のオペレーションにおける環境破壊、3) 戦争準備（軍事訓練や軍事演習）に伴う環境破壊、4) 実戦に分けて考える。軍事環境問題は、一般に知られていない問題が多い。ここでは具体的事例を挙げた上で、解決に向けた課題を考える。

2　軍事関連基地建設と環境

軍事基地や施設が建設されると、地域の環境が大規模に破壊される。日本の『防衛白書』に相当するような公式レポートを毎年発行している国も限られていることから、世界の軍事基地面積についての公式統計はない。ただし、一部の研究によれば、地球上の面積の1〜1.5％が軍事基地で占められている。これはインドネシアの国土に相当する面積である。これには、軍需産業が占める土地は含まれていない。広範な土地が軍事活動のために占有されていると言えるであろう。

軍事基地建設に関し、今日の日本で深刻な問題になっているものは、沖縄における普天間基地代替施設建設問題である。これは、普天間海兵隊基地の返還に際して、その代替施設を日本政府が用意するということを日米合意で決めたために発生している。日米安保条約に基づく国際関係が大規模自然破壊をもたらそうとしている格好の例であると言えるで

あろう。

　基地建設地とされている名護市辺野古沖のサンゴ礁はジュゴンの生息地域である。ジュゴンは環境の変化に敏感で、水産庁のレッドデータブック（『日本の希少な野生生物に関するデータブック』）では絶滅危惧種とされているものである。基地が建設されれば、ジュゴンを絶滅に導く危険性がある。

3　軍事基地の日常のオペレーションによる環境破壊

　軍事基地・施設は、特殊な化学工場のようなもので、さまざまな汚染物質を大量に扱っている。環境汚染を引き起こすものは、火薬、弾薬、燃料油、潤滑油、洗浄剤、絶縁体、化学兵器、核兵器、生物兵器、重金属、除草剤などである。一般の工場では、汚染物質を扱う際環境規制に従い、適切に管理することが義務づけられる。軍事基地の場合も、化学工場と同様の措置がとられる必要がある。

　ところが軍事基地では、汚染物質に関する情報が公開されにくい。最も危険な物質である核兵器ですらそうである。日本は、非核三原則を建前にしており核兵器は持ち込まれたことがないことになっている。ところが、実際には、核武装されているはずの空母や艦船が寄港している。核持ち込みは公然の秘密となっている。

　軍事基地がもたらす汚染が実際に深刻な健康被害を発生させるにまで至った事件もある。これは、1990年代初頭までアメリカの基地が置かれていたフィリピンでみられる。フィリピンのクラーク空軍基地とスービック海軍基地の跡地およびその周辺では、アメリカ撤退後、深刻な健康被害が発生した。現地の環境保護団体が行った調査によれば、被害者は両基地合わせて2004年4月末現在で2,460名に及んでいる。症状は、白血病、各種ガン、腎臓性疾患、呼吸器障害と多様であることから、複合汚染の可能性が高い。

　これらの被害に対しては、加害国アメリカからの補償はまったく行われていない。アメリカはその理由を、米比基地条約において、基地返還

に際し、原状回復措置や補償を行う義務がないと定めてあるからであると主張している。日本や韓国は、これと同じ内容を含む対米地位協定を持っている。この種の問題が起こるのは、環境を無視した地位協定が存在することに根本的な原因がある。ドイツは駐留外国軍に対して原状回復や被害補償の義務を課しており、日本や韓国でも同種の対応が必要である。

4　戦争準備による環境破壊

　空軍基地や海兵隊基地、空母等で繰り返し実施される離発着訓練や、さまざまな形態をとって実施される軍事演習は、究極的には戦争を行うことを念頭に実施されている。そのため基本的に環境への配慮はなされていない。

　戦闘機の離発着訓練によって発生する殺人的爆音は、人間の健康的な日常生活を妨げる。嘉手納基地付近で記録された爆音は127デシベルにも達する。聴力は、130デシベルで喪失する危険がある。まさに殺人的爆音である。この問題をめぐっては、日本の嘉手納、宜野湾、横田、厚木、横須賀、三沢、小松、韓国の議政府、烏山、郡山、大邱等、空港や空母母港が置かれている地域で見られる。

　実弾による演習は、地域の自然を大規模に破壊する。韓国にある梅香里米軍国際射爆場では、沖縄やグアムから飛び立った戦闘機が行う爆撃演習によって、標的となっている島の大半が消失している。もちろん、この地域では日常的に戦争と同じような状況に置かれており、地域住民への影響も計り知れない。

　沖縄では、放射能汚染がもたらされる劣化ウラン弾が用いられることもあった。たとえば、1995年12月にアメリカ海兵隊は沖縄県鳥島で1,520発、200キログラムに及ぶ劣化ウランを使用した。このうち回収されたのは200発にすぎず、残りは土壌に残されている。劣化ウラン弾は、アメリカ国内では訓練で使用されることはなく、核兵器並みに厳重に管理されている。米軍のこの行為は、日本の原子炉等規制法にも抵触してい

る。

5 実戦による環境破壊

　実戦においては、核攻撃によってもたらされる究極的環境破壊のほか、通常兵器であっても大規模な環境破壊がもたらされる。歴史的遺産は破壊され、地域生態系も徹底的に破壊される。つまり、これまで述べてきた軍事基地、戦争準備等の環境破壊の特徴がすべて集中的に現れる。

　戦争による破壊は、復元が困難である。たとえば、ベトナム戦争は約1,400万トンもの爆弾が投下され、1,000-1,500万ものクレーターができたとされている。その結果、今も土壌流出が進むなど生態系には不可逆な破壊がもたらされた。

　実戦においては、環境破壊そのものを目的とした攻撃すら行われる。ベトナム戦争においては、枯葉剤が熱帯林そのものを破壊するために使用された。枯葉剤による影響は「エコサイド」(環境汚染による生態系破壊)とまで言われる規模であった。「ベトちゃん、ドクちゃん」に見られるような二重胎児、奇形児が大量に生まれるなど人的被害も甚大である。

　今日においては、劣化ウラン弾の使用が国際的に問題となっている。湾岸戦争、ボスニア・ヘルツェゴビナ紛争、コソボ紛争、イラク戦争ではアメリカ軍はこれを大量に使用した。とくにイラク戦争では、大都市バクダッドにおいて使用されたため、長期的に大規模で深刻な汚染被害が出るものと予想される。

6 平和と環境保全の世紀を目指して

　軍事活動は長年聖域とされてきた分野である。だが、21世紀を真の環境保全型社会に変えるためには、この領域もまた環境保全の立場から見直す必要がある。解決のための国際的取り組みを進めるのは容易なことではない。だが、放置しておいてはますます事態は深刻になるばかりである。われわれはどのような取り組みを進めるべきであり、どこにその可能性があるであろうか。

まずは、軍事環境問題に関する情報公開を進めることが重要である。軍事活動に伴う環境問題は、被害加害関係という基本的事実を明らかにすることすらきわめて困難である。汚染実態、健康被害者の実態把握は進んでおらず、被害者に自覚がない場合すらある。国家は一般に、この分野に関して情報公開に積極的ではない。市民がグローバルに協力し、情報を収集・整理しつつ、国家に働きかける必要がある。

第2は、軍事活動によるものであっても、環境破壊に関しては汚染者による費用負担義務を国際的に課すことである。通常、一般の環境問題は、「汚染者負担原則」（Polluter Pays Principle: PPP）によって費用負担がなされている。軍事活動だけを汚染者負担原則の例外とする合理的根拠はどこにもない。

軍事環境問題の実体解明と解決のための取り組みは、国際的レベルでも始まっている。たとえば、軍事環境問題に取り組むNGOの国際的ネットワークができたり、沖縄の普天間基地代替施設建設の是非を問う裁判がアメリカで行われたりしている。また、国連環境計画でもPost Conflict Unit (http://postconflict.unep.ch/) が、戦後ではあるが、環境被害の実態を調査する取り組みを開始している。こうした取り組みが、積み上げられていくことで、新たな国際関係を構築する基礎ができあがっていくであろう。

論点2　軍事環境問題の具体例を取り上げ、その原因を調べてみよう。また安全保障と環境問題にはどのような関係があるか考えてみよう。

4　森林破壊

1　紙と日本人

最後に極めつけ身近な視点から環境問題に迫ってみよう。立命館大学国際関係学部の教授会はペーパーレスだ。教授たちはパソコンとにらめっこで会議をする。教授会から紙が消えた。これは画期的だ。なぜか。

ここから考えていきたい。

　われわれは日常どれだけの紙を使っているのだろう。まず紙を作るには木が必要だ。よって木を国内外で調達しなければならない。では日本は、どれだけの木をどこから調達して消費しているのか。見渡せば木を材料にしたものが多いことに気がつく。

　身近なものでは箸がある。同じ「箸文化」の中国や韓国では鉄やプラスチックの箸が主流だ。日本は使い捨て割り箸。全国のラーメン屋や定食屋、さらにはフレンチ、イタめしにも箸が出る。住宅には柱や梁に多くの木が使われ、障子、ふすま、壁紙などには紙が使われる。その他、役所の膨大な書類、溢れんばかりの週刊誌・日刊紙、日々の授業で使う大量のコピー用紙、家で使うティッシュ、トイレットペーパーなどが頭に浮かぶ。われわれは「木材大国」「紙大国」の住民なのだ。この国では、木材総消費の約4割が建築・土木分野、そして同じく約4割が製紙分野に使われる。つまり身近なもので8割を消費している。

　その木はどこから来るのか。日本の年間木材需要量は8,718万ヘクタールに上る（平成16年度『森林・林業白書』）。その内訳は7,104万ヘクタールが輸入で、国内供給は1,615万ヘクタールでしかない。つまり、われわれは木材消費の8割以上を輸入に頼っている。材木自給率は18％程度だ。日本は国土の7割を森林が覆う国であるにもかかわらず、なぜ8割も輸入するのか。なぜ他国の森を切る前に自国の山を裸にしないのか。理由は輸入の方が安いからだ。

　「安い」輸入木材は、われわれの生活に浸透している。住宅に利用される木材の7割、そして本やノート、雑誌やマンガ、ティッシュなどの紙製品の原料となる木材の9割が輸入だと推定されている。安いから気にせず使う。米国の Pulp & Paper International 誌が示す2003年のデータでは、日本人1人当たりの紙の年間消費量は243kgである。これは世界平均の4.6倍で、1日当たりにすると665グラム、つまりA4コピー紙158枚に相当する。

　そう聞くと、自分に関係ないところで大量の紙が使われている、と思

うかもしれないが、そうではない。日本の紙生産全体の6割は「印刷・情報用紙」が占め、残り4割のうち2割は新聞用紙が占める（経済産業省『紙・パルプ統計』）。「印刷」とは書籍、ノート、雑誌、グラビア、ポスター、カタログ、チラシなどで、「情報」とはコピー用紙などを指す。やはりわれわれに身近なものが、紙生産の8割を占めている。

　国際的に比較しても日本は紙を使いすぎている。日本は世界全体の紙生産量の約1割を占め、その上を行くのは長年アメリカだけだった。近年の中国の経済成長で、当国の生産が急増し、日本は世界第2位の座を譲ったものの、依然として世界中の紙の1割を生産消費している。そろそろ「紙大国」の実態が見えてきた。

　核心に一歩踏み出そう。紙はパルプから作られる。よくそのパルプの8割が国産だと説明される。しかし、これは国内でパルプに加工したということで、パルプの原料の8割が国産だということではない。むしろ逆だ。パルプの原料は木材チップで、日本はこの約7割を海外から調達している。その輸入量は、世界の木材チップ貿易全体の7割を占めるのである。その事実は、日本人の紙生産・消費が、世界の木材取引に重要な影響を与えているということを示す。それは世界の森林管理に、日本人が重大な責任を持っているということに他ならない。

　2005年、パンダのマークで有名な世界自然保護基金ジャパン（WWF Japan）、グリーンピース・ジャパン、国際環境NGOのFriends of the Earth Japan、㈶地球・人間環境フォーラム、熱帯林行動ネットワーク（JATAN）といった経験豊富な民間団体の共同で、製紙企業の意識調査を行った。彼らの「森林生態系に配慮した紙製品の調達方針の策定・実施に関するアンケート」に回答した214組織の71％が、紙製品の供給チェーンを「把握していない」ことがわかった。それは、製品原料の生産地から運搬ルート、さらには原料生産地の環境・社会状況に関して、日本側は「知らない」ということである。「知らない」ならまだ可愛い。本音は「知りたくない」と考える業界関係者も少なくない。なぜか。生産地では違法伐採という犯罪が日常化しているからだ。その実態と環境・社会被害

は凄まじく、各国で早急な対応が求められている。以下でその世界をのぞいて見よう。「知らない」ではすまされないわれわれの責務も見えてくる。

2 チェーンソー・テロ──違法伐採の政治犯罪学

　違法伐採とは、文字通り不法な経済活動であり犯罪である。その形態は多様だが、大まかに分ければ3タイプある。許可を持たない者が行う伐採、指定区域外で行われる伐採、そして伐採報告のごまかし、つまり偽データの申告である。このような活動で違法に得た木材は、基本的には闇ルートで国内外に流通する。だが厄介なのは、その流通過程には通常、地元政府関係者の一部が関与していることが多い。彼らが賄賂の見返りにさまざまな便宜を図るため、違法伐採の摘発は難しい。たとえば、筆者が調査したインドネシアでは、地元マフィアが森から違法に搾取した木を川に流す。林野庁は川に浮かぶ木を傍観する。河口付近からは軍のトラックで木が港に運ばれる。入港の際の警察の検問もスルーパス。港では税関職員が木に偽の認定書類を発行して船に積む。出港した船は海軍のエスコートで手厚く見送られる。この汚職の連鎖で違法伐採が後を絶たない。

　世界銀行によると、世界で流通している木材の約2割が違法に伐採されたもので、その損失額は毎年約150億ドルに上ると言う（World Bank, *Sustaining Forests: A Development Strategy*, 2004）。主要先進国の途上国援助の総額が786億ドルであることを考慮すると（『ODA白書2005年版』）、その2割にも相当する金が違法伐採によって毎年損失していることがわかる。

　環境保全の面からも、地球は違法伐採によって毎年1500万ヘクタールの森林（熱帯域を中心）を失っている。熱帯林が誇る生物多様性は破壊され、絶滅が危惧される種の数は年々増えている。また丸裸にされた森は乾燥して森林火災を誘発する。それは罪のないオランウータンやトラやゾウを火あぶりの刑にするだけでなく、大規模な煙害（ヘイズ）となって人間の健康障害や気温温暖化に大きく貢献している。違法伐採はチェー

ンソーを用いた環境テロなのである。

　日本は古くから熱帯木材を大量輸入してきた。現在、その輸入先はインドネシア、マレーシア、パプア・ニューギニアの3国で総量の9割以上を占める。戦後はフィリピンから集中して輸入していたが、1950〜60年代に過剰伐採で森林資源が枯渇したため、70年代以降はインドネシアのスラウェシ島や、スマトラ島、カリマンタン島、マレーシアのサバ州・サラワク州といった新地開拓に精を出した。80年代にスラウェシ島の低地熱帯林がほぼ皆伐されると、今度はパプアの木材に注目した。このままの勢いで伐採が続けば、スマトラ島はあと数年で低地林が消滅すると言われている。カリマンタン島は2010年で枯渇するらしい (WWF, *Borneo: Treasure Island at Risk,* 2005)。未開のパプアも、遠くない将来に同じ運命をたどるのか。そうなったら日本は、東南アジアに別れを告げてアフリカに手を伸ばせばいい、というのがビジネスの論理だ。

　そんな勝手は許されない。森林管理の責任は輸入側にもある。多くの調査によると、インドネシアの木材輸出の約7割は違法伐採によるもので、その輸出先は日本・中国行きが圧倒的で、間違いなく私たちが消費している。インドネシアでは毎年200万ヘクタールの森林が違法伐採で消滅する。1時間ごとにサッカー場300個分の広さの森が切られる速度だ。先の世界銀行の資料によると、その毎年の違法伐採損害額は約1億4000万ドルに上る。皮肉なことに、これは当国への日本の年間援助額に相当する巨大な金だ。日本は右手で物を盗み、左手で金を恵んでいると批判する声もある。

　ここ数年、日本と並んで中国に対する懸念も強まっている。中国の経済成長は、あらゆる資源の需要を急増している。その1つが木材資源であり、1999年には日本を抜いて世界一の熱帯木材輸入国となった。その買い方も凄まじい。隣国ロシアからは針葉樹林も輸入しているが、その半分は違法伐採の木材だとされる (*News Week,* 24 January 2003)。ロシアは民主化後、国家統制が弱体化し、末端役人の汚職体質が違法伐採を加速している。中国マフィアと組んだ木材密輸が横行する。また中国はビ

ルマ（ミャンマー）やカンボジアにとって最大の木材輸出国だ。だがビルマの木材の約4割が、カンボジアの木材の約8割が違法伐採によるものだと指摘されている。高い調査能力で有名なイギリスの国際NGO環境調査機関（EIA）によると、今や中国は世界最大の違法伐採木材輸入国である（EIA/Telapak, *The Last Frontier,* 2005）。

　このように、中国は日本と並んで違法木材消費国の最右翼になった。そして両国の節約意識に欠けた消費者は、知らぬ間にチェーンソー・テロの「荷担者」になっていた。

　もちろん生産国にも問題は多い。資源の豊かな国における乏しい森林ガバナンスは、違法伐採の根絶を妨げている。むしろグローバル化で複雑化・高度化する木材密輸シンジケートと途上国政府との間の能力ギャップは開くばかりである。

　インドネシアのカリマンタン島やスマトラ島では、保護されるべき国立公園までもが木材マフィアの餌食になっている。うっかりハイキング中に伐採現場など目撃した日には、無事に帰ってこられる保証はない。調査に行ったNGOやジャーナリストなどにヒットマンが送られ、川に死体が浮かぶこともある。筆者もジャワ島の伐採を調べている最中、これ以上はタブーだと退役将軍に忠告された経験が一度ある。地元の木材業のボスと、青年ギャング団、そして地方軍管区の諜報部門が築いた違法伐採ビジネスの運搬ルートが、人身売買の闇ルートと重なることを「発見」したときだった。インドネシアは1990年代末の経済危機の後、民主化して地方分権化が進んだが、その副作用として、地元の利権エリートが無秩序に天然資源を奪い合う傾向が顕著になっている。とくに木は換金作物として魅力がある。だから有力者が切り売りする。そのときヤクザや軍といった暴力組織や、書類を書く役人などが賄賂で動員されるケースが多い。

　近年、需要が集中するパプアの例も紹介しよう。ここにはアジアが誇る手付かずの自然がある。石器時代を彷彿させる人々の森に生きる日常があり、極楽鳥などの希少種の宝庫で、ダイヤモンドや鉱山、そして広

大な森林資源が眠る豊かな地である。ここに今、違法木材ビジネスの拠点が置かれようとしている。上述の EIA の詳細な調査によると、伐採業者は駐屯軍や地方役人と結託し、伐採した木を船に積んでマレーシアのビジネス・パートナーに引き渡す。ここで偽造の書類が完備され、木材と伴にシンガポールの仲介エージェントを経由して、香港マフィアの流通網に乗って上海に届く。

シンガポールは東南アジアの木材密輸ビジネスのハブとして機能している（EIA/Telapak, *Singapore's Illegal Timber Trade & the US-Singapore Free Trade Agreement,* 2003）。有力な製紙会社さえも、その関与が疑われている。そしてパプアから上海まで、華僑ネットワークがこの密輸を支えている。実際に木を切るパプア人の報酬など1平方メートル当たり11ドルにすぎないが、上海に入るときには240ドルになっている。ぼろ儲けのビジネスだ。この木材が中国で消費され、加工されて家具製品の形で日本にも入ってくる。われわれはその家具を安いといって喜ぶ。一番得しているのがわれわれで、一番損しているのがパプアの人という図式だ。

ビルマでは軍が組織を挙げて公然と違法伐採を行う。ビルマは軍政下にあり、米国の経済制裁を受けている。そのため中国を戦略パートナーに位置づけて、木をお隣の中国やタイに売って外貨を稼ぐ。その金で軍事費を拡大させて、反政府勢力への弾圧を強め、政権の延命を図ってきた。その結果、近年、木材はビルマの最大輸出物となった。巨大な熱帯雨林に囲まれたビルマの森林は、持続的に荒廃している。環境シンクタンクの世界資源研究所（WRI）は、タイに輸入される違法木材の7割がビルマ産だと指摘する（WRI, *Logging Burma's Frontier Forests,* 1998）。ちなみに日本は、そのタイから木材チップを輸入する。

ベトナムやカンボジア、そしてラオスといった国でも違法伐採による森林破壊が顕著だ。ベトナムでは2020年に森は消滅すると言われているが、軍が独自資金の調達のために、かまわず森を丸裸にする。ついでに絶滅の危険がある野生動物を売るアングラ・ビジネスも手がける。これらで稼いだ金の一部はもちろん「上納金」として共産党幹部の懐に入

る。この国からも日本は木材チップを輸入している。カンボジアの軍はもっと政府の統制が利かない。長年の内戦のためか軍内統制も弱い。だから部隊が勝手に木を売りさばく。主なマーケットは中国だ。

　このように、東南アジア各国の森林管理は恐ろしく荒廃している。そこには汚職と暴力の力学が、環境価値を圧倒する構図が共通して見られる。その意味で、違法伐採はきわめて政治的な病理であり、政治的な治療が要求されているのである。

3　違法伐採による社会的ダメージ

　チェーンソー・テロを野放しにできない最大の理由は、その森林破壊が多大な人命を奪っているからだ。なぜそうなるのか。いくつかの典型例を見てみよう。

　森を無秩序に荒らす連中の常套手段が cut and run つまり「切り逃げ」である。クズ木などの残骸を大量に残したまま逃げ去る。ここに豪雨が降るとどうなるか。その残骸は雪崩のように低地めがけて猛進し、山岳の村々を襲う。また伐採によって山の保水力が低下するため、雨は川を氾濫させ、地滑りを誘発しながら濁流がコミュニティーを丸ごと飲み込む。最近のケースでは、フィリピンで起きた2004年の地滑りで1,000人以上の死者が出た。原因は森林破壊である。日本の伐採会社が数十年前に現地に残した禿げ山の数々も、こういった凶器になって今でも人を襲う。インドネシアでも2006年1月にジャワ島で起きた地滑りと洪水で、数千の住宅が飲み込まれ、300人以上の死者を出した。これも伐採による山の保水力低下が原因である。次いつどこで同じことが起こるかわからない。だが毎年どこかで必ず起きる。山に近い村々はこういったテロの脅威で日々怯えている。

　それだけではない。伐採は貧困をも助長している。川が濁流するため、上流では魚が少なくなる。漁業で生活している村々では生計が成り立たなくなり、働き手は村を出て都市に出稼ぎに行くものの、割の良い仕事など見つからず、スラムの人口を増やすだけになっている。マニラ、バ

ンコク、ジャカルタには、こういう人たちが毎年大量に流入する。河口付近の漁業も同じで、河口に溜まるはずの森の栄養分が、濁流によって海に流れてしまう。これで生態系が崩れ、漁獲量が激低し、漁村の生活は大きなダメージを受ける。耐えられず町に出ても貧困が待っている。

さらに山の保水力低下は、湧き水の減少によるダムの枯渇を招く。それは水不足を意味し、清潔な飲料水の確保が困難になる地域住民が増える。これで病気になり、必ず死者がでる。また洪水で水はけが悪くなることで伝染病も流行る。結局、人々は洪水、生計破綻、病気の三重苦を背負わされるのである。

さらに違法伐採は、天然資源の利権獲得に直結する行為である性格上、アフリカのダイヤモンドと同じで地域紛争の原因にもなっている。ずさんな資源管理は、「取った者勝ち」の動機を促す。そのため、地方の有力者たちはパイの捕り合いを始め、それが紛争にエスカレートする。カリマンタンやスラウェシの場合、この「利権競争」の過程で、取り分に不満の有力者が地域住民を扇動してライバル勢力を襲撃し、今度はそのリベンジに他の住民が動員され、泥沼の抗争に発展した事例もある。こういった紛争は、よく外部の目には「民族」「宗教」対立として映るが、本質は資源をめぐるエリート間の経済利権戦争である。この力学を理解しないと、紛争の解決策を大いに誤る。

このように、違法伐採による森林破壊は、凄まじいダメージを社会に与えている。われわれにその悲痛の民の声は届かない。でも紙を通じて彼らに密接につながっている。であるなら無関係を装うことはモラル的に無責任でしかない。

4　何をすべきか、何ができるか

木材輸入国に求められているのは、違法伐採撲滅を目指した国際的な連携と行動である。1998年のG8サミットを契機に、さまざまな行動計画が発表され、生産国との共同声明や合意文書が取り交わされてきた。東アジアにおいても、2001年のバリでの閣僚会議で、森林保護と違法

伐採禁止についての共同宣言が採択され、その後、さまざまな二国間合意が署名されている。にもかかわらず違法伐採は後を絶たない。現場において第1に求められているのは、法執行機関の能力向上に他ならない。税関や海上保安の担当機関から汚職をなくし、偽造書類をスピーディーに摘発し、密輸を物理的に食い止める能力が必要だ。他方、輸入国は木材を買う会社に対してもっと厳しい規制を設けるべきだろう。たとえば違法物を扱った会社の社長に対する罪を重くするなどして、企業コンプライアンス（法令遵守）に訴えるべきだ。そして消費者であるわれわれは何をすべきか。無関心は環境テロへの荷担である。教授会はペーパーレスというアクションを起こした。さあキミたちは何をする？

論点3　木材以外にも、われわれの消費社会が途上国の環境危機を助長しているケースがある。それらの実態を調べてみよう。

おわりに

　本章では、われわれが直面する環境危機を具体的に取り上げ、その解決の糸口を示してきた。改めて確認すべきは、ここで扱った問題が環境危機のほんの一部にすぎないということである。気候変動、軍事的環境破壊、森林破壊といった個別のイシューは、具体的な形態は異なるものの、その解決を目指すためには国家の枠を超えた国際的なルール形成と行動が不可欠であるという点で共通している。グローバル化の進行で、環境破壊は大規模化し、それに関わるステークホルダーも増加し、加害被害構造が複雑化し、問題が長期化する傾向が顕著である。しかし反面、グローバル化が急速に進む現代であるからこそ、国境を越えたグローバル・ガバナンスの実践に向け、さまざまな英知を結集できるようになりつつあるのも事実である。安易な悲観論からは何も創造されない。「環境保全の21世紀」を創造するのは人類の希望と英知である。それらを積み上げていくための具体的行動がいま求められている。

〈参考文献〉
1 植田和弘『環境と経済を考える』岩波書店（岩波高校生セミナー）、1998年
高校生向けであるが、環境と経済の関係をわかりやすく解説している環境経済学に関する格好の入門書である。
2 阿部泰隆・淡路剛久編『環境法 第3版』有斐閣、2004年
環境政策の基礎となっている環境法について、基礎から体系的に明らかにした環境法の入門書である。
3 飯島信子編『環境社会学』有斐閣、1994年
環境問題は、被害加害構造を理解することが重要である。これを方法論的に理解するための環境社会学の入門書である。
4 寺西俊一編『新しい環境経済政策』東洋経済新報社、2003年
本章では扱わなかった問題も含め、エネルギー、貿易、消費、財政など、さまざまな政策領域における問題を環境経済学の立場から取り上げ、解決策を示した良書である。
5 季刊『環境と公害』岩波書店
そのときどきのもっとも重要な環境問題を特集した論文が掲載されている専門誌である。関心がある問題がある場合は、まずはこのバックナンバーを参照したい。
6 高村ゆかり・亀山康子編『地球温暖化交渉の行方―京都議定書第一約束期間後の国際制度設計を展望して』信山社、2005年
京都議定書とその限界を超える課題を解説した専門書である。気候変動問題とそれをめぐる国際交渉を知る上では格好の良書である。
7 水谷洋一編『2010年 地球温暖化防止シナリオ』実教出版、2000年
気候変動問題を防止するためにはどのような対策が必要かを解説した専門書。専門書だが記述は平易で読みやすい。
8 気候ネットワーク編『よくわかる地球温暖化問題 改訂版』中央法規、2002年
気候変動に関する科学的知見から国際条約までをコンパクトにわかりやすくまとめている。
9 日本環境会議「アジア環境白書」編集委員会編『アジア環境白書 2003／04』東洋経済新報社、2003年
総勢100名を超える専門家、NGO活動家によるアジアの環境問題についての解説書。第1章では、アジアの軍事環境問題についてまとめている。
10 石弘之『世界の森林破壊を追う―緑と人の歴史と未来』朝日選書、2003年
11カ国の事例から森林破壊の多様性と共通性を浮き彫りにする参考書。本章で扱わなかったアフリカ、南米、北米、ヨーロッパの状況を知る取っ掛かりになる。

用語解説

Sustainable Development（持続可能な発展）

1983年に発足した「環境と開発に関する世界委員会」(World Commission on Environment and Development) が1987年に出した最終報告書、「われら共有の未来」(Our Common Future) で提唱された新しい発展の概念。「将来の世代が自らのニーズを充足する能力を損なうことなく、今日の世代のニーズを満たすこと」と定義されている。

水俣病

熊本県水俣市を中心として起こった有機水銀中毒。原因企業はチッソ。生態系を通して有機水銀が濃縮され、汚染された魚を漁民が食べたことによって起こった。国が被害を拡大した責任が問われた典型的公害事件である。

京都メカニズム

京都議定書における国際的な政策と措置 (Policies and Measures) である共同実施 (Joint Implementation: JI)、クリーン開発メカニズム (Clean Development Mechanism: CDM)、排出量取引 (Emission Trading: ET) の総称。これらの措置を通じて、各国の排出削減義務の達成に柔軟性を持たせることがねらいである。

劣化ウラン

比重が重く、戦車の装甲板を打ち抜くことができるために弾丸として使用されるようになった。反面、激しい摩擦熱で劣化ウランが燃焼し、戦車内部を焼き尽くすとともに周辺に飛散する。重金属毒性、放射能毒性の両面を持つ。

地位協定

基地が置かれる国（日本や韓国）における駐留外国軍の地位を定めた国際協定である。日米地位協定第4条1項には、基地を返還する際、原状回復および補償の義務がないと明記しており、問題になっている。

汚染者負担原則

1972年にOECDによって提唱され、先進各国の環境対策の費用負担原則として採用されているもの。国際貿易上の不公平をなくすためのものとして作られたが、日本では被害者救済の費用負担原則にまで拡大されて運用されている。

第7章　開発途上国の開発と人権

長須　政司（1・2・3・4節）
君島　東彦（5節）

――〈本章のねらい〉――

　第2次世界大戦後多くの植民地が独立したが、これらの国々はその経済開発の遅れから開発途上国と呼ばれるようになった。そして豊かな先進国と貧しい開発途上国の経済的較差の解消が世界的課題とされ、開発途上国は経済開発を目指し、先進国は開発援助を供与してきた。しかし途上国の経済開発が唱えられてから半世紀の時が経った今も先進国と途上国の経済的格差は縮まっていない。また貧しいとされる開発途上国も比較的豊かな国もあれば極貧の国もあり、歴史、文化などの面でもさまざまで、あるべき開発の姿も一様ではない。このようなさまざまな国々に先進国はどう援助していけばよいのだろうか。援助大国と呼ばれるほど沢山の援助を出している日本であるが、日本は開発途上国に対してどのように貢献していけばよいのだろうか。本章では開発途上国の開発戦略の変遷を見るとともに、日本自身の開発の歴史を振り返り、これらの問いに対する答を模索する。また、開発と人権の関係についても考察する。

1　開発途上国の多様性

　現在地球上には200前後の国々があるが、その多くは開発途上国と呼ばれる貧しい国々である。世界銀行は1人当たりの国民総所得で世界の国々と経済地域を、765ドル以下の低所得国、766ドルから3,035ドルの低・中所得国、3,036ドルから9,385ドルの高・中所得国、9,386ドル以上の高所得国と分類している(2003年の数字。世界銀行『世界開発報告2005年』による)。その分類によると210の国および地域のうち、55が先進国に相当する高所得国に対して、155が開発途上国に相当する中所得国および低所得国になっている。先進国＝高所得国には世界人口63億人弱のうち、15％程度の10億人弱しか住んでいないのに対して、途上国＝中所得国・低所得国には世界人口の85％弱の53億人が生活している。ところが国民総所得を見ると先進国は全世界(34兆5千億ドル弱)の80％、28兆ドル近くを得ているのに、途上国は6兆8千億ドルと20％にも満たない。このように豊かな国々＝先進国と貧しい国々＝途上国の間には大きな経済的格差が生じている。国際社会は、途上国を豊かにしてこのような経済的格差をなくそうと、過去半世紀あまり途上国の経済開発に取り組んできている。

　他方で途上国と呼ばれる国々も比較的豊かな国々もあれば大変貧しい国々もある。地域的別に見るとアフリカの国々、とくにサハラ砂漠以南の国々(サブサハラアフリカと呼ばれる)は大変貧しい。1人当たりの国民総所得で見るとサブサハラアフリカ各国の平均は490ドルにすぎない。これに対してラテンアメリカやカリブ諸国からなる中南米の国々は3,260ドルと6倍以上になっている。同じ中南米の国でもハイチのように380ドルとサブサハラアフリカの平均を下回るような国もあれば、7,260ドルのトリニダードトバゴのように非常に豊かな国もある。

　途上国はその他の点でもさまざまだ。歴史的に見ると途上国はそのほとんどがかつての植民地であったものの、アジアのタイやアフリカのエ

チオピアのように独立を維持した国もある。また中国やトルコのようにかつて帝国と呼ばれるような強大な国が、その後衰え現在途上国の１つとされているところもある。中央アジアのキルギス共和国やカザフスタンなどは1990年ごろまでは社会主義のソ連邦の共和国の一部だったが、今は市場経済に移行しながら開発を進める開発途上国とみなされている。かつて植民地であった国々についても、ラテンアメリカの国々のように19世紀の初頭に独立し、独立国としてすでに２世紀近くの歴史を持つ国々もあれば、サブサハラアフリカの国々のように1960年前後に独立し独立国としての経験はまだ半世紀ほどにすぎない国々もある。東ティモールなどは独立してまだ数年しかすぎていない若い国である。

　したがって各国の抱えている悩み、課題もさまざまである。サブサハラアフリカの国々は国としての経済活動が非常に低いので、この向上が第１の課題だ。またHIV・AIDSの感染率が非常に高いので、この対策も緊急に行わなくてはならない。一方ラテンアメリカのブラジルなどは国全体としての経済水準は必ずしも低くはないが、貧しい人々と豊かな人々の間の格差が大きいので、大事なのはむしろこの格差を縮めることだ。お隣のアルゼンチンはここ数年間経済危機に直面しており、この危機を回避して安定した経済を取り戻すことが第１の課題となっている。一方アジアの中国は1970年代までは社会主義の閉鎖的経済をとって停滞した経済状態にあったが、70年代末に開放政策をとって急速な経済成長を実現し、国全体としての経済水準は相当高くなってきている。しかし進んだ沿海部と遅れている内陸部の地域格差が大きくなってきているので、国内の地域格差が大きな問題となっている。1990年代初めソ連崩壊とともに新たに独立した中央アジアの国々は社会主義の経済システムから市場経済システムへの移行という課題に取り組んでいる。

　このように開発途上国と一言で呼ばれるが、全体として貧しい国々とは言えるものの、貧富の度合いも異なり、歴史的背景はさまざま。そしてそれぞれが抱える問題もいろいろで、開発途上国だからと単純に同じ

であると考えるのは間違いだ。

> 論点1　名前の知っている国のいくつかについて、1人当たり国民総所得がいくらか、開発途上国に分類されているかどうか、主要産業は何か、宗教は何か、民族構成はどうなっているか、植民地の歴史はあるかなどについて調べてみよう。

2　開発途上国の開発と開発援助

　開発途上国の開発は20世紀の後半世界的課題とされ、途上国自身だけでなく先進国の関心も集めてきた。21世紀を迎えた現在も先進国と途上国の間の差は縮まっておらず、依然国際社会の大きな関心を呼んでいる。開発途上国はどのように注目されるようになったのか。途上国の開発はどのように進められてきたのか、それはなぜ大きな注目を浴びるのか、先進国の開発援助はどのように開始されたのか。これらの問いに答えるため、途上国をめぐる開発と援助の歴史を振り返ってみよう。

1　第三世界としての団結

　現在開発途上国と呼ばれる国の多くは第2次世界大戦後独立したかつての植民地だったところだが、それまでにすでに独立を達成した国々も少なくない。ラテンアメリカの国々についてはすでに述べたように19世紀初頭に独立しているが、エジプトなどの中近東の国々も第1次大戦後独立している。第2次世界大戦後は、1947年に独立したインドとパキスタンに続き、マラヤ連邦などイギリスのアジア植民地の多くが独立した。半植民地化していた中国は国共内戦を経て49年中国共産党の中華人民共和国が成立した。またアフリカの国々も50年代半ばから徐々に独立する国が出てきた。新たに独立した新興独立国の間には中南米諸国とともに、当時厳しさを増していた東西対立の中で、西側世界にも東側世界にも属さない第三世界として団結する機運が高まった。そんな中

55年にインドネシアのバンドンでアジア・アフリカ会議が開かれ、アジア・アフリカ諸国の存在が注目されるようになった。

新興独立国の多くは独立後経済開発に取りかかった。たとえばインドは五カ年開発計画を策定し重化学工業を中心とする工業化を目指した。このような工業化による経済開発は多くの途上国が目指したものであった。新しい独立国の多くは貧しく、農業国であった。貧しさの原因は生産性の飛躍的向上の見込めない農業に頼る経済に求められ、そこから脱出するための方策は工業化に求められたのである。そして工業化は政府主導によるもので、政府が自ら国営企業を設立したり、植民地時代宗主国の企業が所有していた工場を国有化したりして国営企業とするようなことがよく行われた。ラテンアメリカの国々は1930年代から軽工業を中心として、それまで西欧諸国から輸入していた製品の国産化を目指すようになるが、これは輸入代替工業化政策と呼ばれる。

この時期1950年代は米ソ両国が自分の陣営の国々を支援して、中立的な途上異国を自分たちの陣営に引き入れるため援助を競い合った。当初は直接相手陣営と対峙するトルコやギリシャ、韓国と北朝鮮のような国に援助していた。やがて新興独立国へ影響力を及ぼすために援助を行うようになったが、インドなどは米ソ両国からの援助を受け入れた。このころの援助はその国の経済を安定させるということに主眼があり、開発を支援するという考えはあまりなかった。

2　南北問題の提示と開発援助

50年代後半から60年代にかけてアフリカの植民地が続々と独立した。とくに1960年はアフリカの年と呼ばれるほど多くの独立国がアフリカに誕生した。アフリカの新興独立国は貧しく先進国との格差があまりに大きいので、それらの国々をどのように経済的に発展させるかが先進国を含め人々の関心を集めるようになった。そのような中、サー・オリバー・フランクスが「南北問題」を提起した。オリバー・フランクスは世界の北側に多い豊かな先進国＝「北」と南の地域に多い途上国＝「南」の間の

経済的格差を東西問題にも比すべき深刻な問題として提起したのであった。この言葉が先進国と途上国の間の格差を鮮やかに対比して見せたたこともあって、途上国の開発の重要性は世界的課題として注目を浴びることとなる。このような時代背景のもと、国連は1960年代を「国連開発の10年」と宣言して、世界が一致して取り組むべき問題として途上国の開発が掲げられるに至るのである。

　これ以降先進国の開発援助が本格化する。そして開発援助のための多くの組織もこの時期整備された。たとえばブレトン・ウッズ会議で設立が合意された世界銀行は当初ヨーロッパなどの戦後復興のための融資を行っていたが、このころまでに途上国の開発のための融資が本格化し、さらに1960年にはとくに貧しい途上国を支援するための第二世銀と呼ばれる国際開発協会（IDA）が設立されている。先進国や世界銀行などの国際機関による開発援助が本格化するにつれ、途上国は援助に頼る割合が大きくなり、途上国開発は援助側の援助政策、特に世界銀行などの援助戦略に大きく影響されることとなる。

3　開発・援助戦略の変遷
①工業化などの支援

　開発途上国の開発という考えが出てきた1950年代から60年代にかけて、それは比較的容易に達成できる課題だと考えられていた。この時代開発とは経済開発のことであり、また経済開発とは工業化を推進することであった。開発途上国は工業化が遅れ、それがゆえに貧しい。したがって途上国が豊かになるためには先進国のように工業化を推し進めればよい。途上国はそのための資金と技術が不足しているので、援助は開発のための資金と技術を支援すべきである。資金と技術が与えられれば、途上国の工業化＝経済開発は実現される。このように考えられたのである。その結果多くの途上国で製鉄所などの工場や、工業化を支援する発電所の建設や道路の整備などのインフラ事業が計画され、そのための援助が先進国、国際機関から供与された。

②ベーシックヒューマンニーズ（BHN）

　1970年代に入るとこのような工業化支援では途上国内部の貧しい人々の生活を改善することはできないと考えられるようになる。工業化も当初考えられていたほどたやすいことではないばかりか、工業化を進めて国全体として GNP が増えたとしても、それで得られた富は一部の富裕層に集中し、貧しい人々には行き渡らないと認識されるようになったのである。このためそれまでの工業化やインフラ支援の援助に代わって、貧しい人々に対して基本的な必要を満たすもの（Basic Human Needs: BHN）を提供すべきであるとして世界銀行を中心として BHN 支援が唱えられた。この結果食糧、住宅、医療、教育などの分野の改善を図る農業、低コスト住宅、病院、学校と言ったプロジェクトに援助の多くが投下された。このころから医療・保健、教育、人口問題といった社会開発が注目を浴びることとなる。

③**構造調整**

　しかし 1980 年代に入ると多くの開発途上国が巨額の対外債務（債務累積問題）に悩まされるようになると先進国の援助政策は一変する。このころ世界銀行で創設された構造調整融資が債務累積問題の解決のためのさまざまな途上国の政策の変更を条件として供与されるようになったのである。これは 1960 年代の工業化や 70 年代の BHN プロジェクトが途上国政府の手で推進され公的部門を肥大化させるとともに、国内産業の保護により国際的な競争力のない経済をもたらし、70 年代の石油価格の高騰とともに対外債務の累積を招いたという認識に基づいていた。これを改善するためには、途上国政府が国営企業の民営化や貿易自由化などの構造調整政策を実施することが不可欠であると世界銀行や IMF は考えたのである。途上国政府による構造調整政策の実施を条件として援助資金を提供するというのが世界銀行による構造調整融資であり、通常は財政や金融の緊縮政策などの経済安定計画を支援する IMF 融資と一緒に供与された。1980 年代は多くの途上国が構造調整融資の供与を受け世界銀行と IMF の影響の強い構造調整政策を実施した。先進諸国の

開発援助も構造調整融資と歩調を合わせて供与されたため、世界銀行とIMFの途上国への影響力は強大なものとなった。

④ガバナンス、貧困削減、MDGs

1990年代に入ると構造調整融資の限界が次第にあらわになってくる。構造調整融資は巨額の開発資金を借金でまかなって累積債務に悩んだ多くのラテンアメリカ諸国に対して提供され、ラテンアメリカの累積債務問題は80年代末までに一応の終息を見た。その間構造調整融資は世界銀行の援助の基本となり、ラテンアメリカ以外の地域の国々にも多く出された。サブサハラアフリカの国々も多くが世銀の構造調整融資を受け、その条件である構造調整政策を実施した。しかし独立後の歴史が短く市場経済が発達していないサブサハラアフリカの国々ではその成果は、はかばかしいものではなく、サブサハラアフリカの開発の停滞は周知のこととなっていった。

これと平行して91年末のソ連の崩壊による冷戦終結後、援助を受ける途上国の民主化の程度や政府の腐敗などが関心を集めるようになり、途上国政府の民主化度合いや効率性などガバナンスが問われるようになった。サブサハラアフリカはガバナンスという点で問題にされることが多かった。さらに1997年から98年にかけてタイやインドネシアにおいて通貨が暴落したアジア通貨危機への対処ぶりをめぐって世界銀行とIMFの構造調整と経済安定を内容とするアプローチに批判が高まった。世界銀行とIMFは構造調整・経済安定政策は効率を優先し、貧困層への配慮が欠落していたとして、新たに貧困削減を途上国援助の基本理念とするとして、貧困削減戦略を途上国に求める戦略を採用した。これと相前後して2000年に世界各国は国連ミレニアム宣言を採択し、国際社会として2015年までに貧困削減や教育普及などの分野の数値目標達成を目指したミレニアム開発目標（MDGs）を掲げた。MDGsは、人間が長く健康に創造的な人生を享受できる環境を整えることが開発の目標であるという人間開発の考えが織り込まれている。現在国連や世界銀行、開発途上国そして先進国援助国はこのMDGsを枠組みとして開発努力を

推進している。

このように途上国の開発は1960年代以降、途上国のみならず先進国、国際機関の共同行動を募る国際的なキャンペーンとして開始・展開されている。そこでは世界銀行を筆頭とする援助機関が提唱する開発戦略が先進国援助国の援助活動の方向を決める枠組みとして機能してきており、また途上国は国際機関、先進国援助国からの援助に頼るがゆえに、その開発戦略に影響されるところが大きい。その枠組みは60年代が工業化支援、70年代BHN支援、80年代構造調整、90年代ガバナンスおよび貧困削減とほぼ10年の周期をもって大きくその方向を変えてきている。

> 論点2　世界銀行やアジア開発銀行、国連開発計画などの国際機関や、日本やアメリカなどの二国間援助機関のホームページを開いて現在どのような援助方針を持っているか、それらはどのように違うか（同じか）を調べてみよう。

3　日本の開発と開発援助

開発途上国の開発に対して先進国から多くの援助が供与されている。通常、援助とは政府開発援助（Official Development Assistance: ODA）＝開発途上国の経済開発を目的にした贈与や返済条件が緩やかな貸付を指し、日本も途上国に多くの政府開発援助を行ってきている。2004年の実績で日本はアメリカに次ぐ援助国となっている（**表7-1**）。1991年から2000

表7-1　DAC主要国のODA実績（2004年）

国　名	順　位	(支出純額ベース)	
		実績（百万ドル）	シェア（％）
アメリカ	1	18,999	24.2
日　本	2	8,906	11.3
フランス	3	8,475	10.8
イギリス	4	7,836	10.0
ド イ ツ	5	7,497	9.5
他のDAC諸国	—	26,903	34.2
DAC諸国合計		78,616	100.0

出所：2005年DACプレスリリース、2004年DAC議長報告（『2005年版ODA白書』からの孫引き）。

> コーヒーブレイク(1)

開発分野のカタカナ言葉

　開発援助の用語にはカタカナで表す言葉が多い。最近ではガバナンス、エンパワーメント、オーナーシップ、パートナーシップなどが援助に関する議論で頻繁に登場する。これらは英語の governance、empowerment、ownership、partnership をそのまま音訳したものだが、これらカタカナ言葉の氾濫は開発援助の世界で基本的概念が西側先進国や国際機関などの提唱によるものが多いことをよく表している。これらのカタカナ言葉は注意して使うことが必要である。

　カタカナ言葉は本来外国語で最近使われ出したものばかりなので、その意味はただちにはわからない。しかしカタカナで書いてあるので、何か新しくてかっこいい響きがある。しかもほかの多くの人が当たり前のように使っているので、わからないと言ったら何か馬鹿にされるような気がする。そして人がこれらの言葉をちりばめたことをいうと、何となく同調せざるをえない気持ちになり、賛成してしまう。このようなことを繰り返すうちに自分自身が頻繁に使うようになり、自分ではわかった気になってしまう。実はよくわかっていないことが多いのに、そうだそうだということになって皆の賛意が表される。その実最初からほかの人たちもよくわかっておらず、単なる符号のやり取りになっていて、合意や対話どころかコミュニュケーションもされていなかった。……こんなことが起こりかねない。

　たとえばパートナーシップ。パートナーは相棒という意味だから、パートナーシップは一緒に仕事をすることというのがもともとの意味だろう。転じて物事をするのに対等な関係で行うことといった意味に使われる。援助の世界では、援助国と被援助国の間の関係を対等な関係にしようという意味で使われることもあるが、援助国の間の協調行動という意味にも使われる。しかし単に協力関係、あるいは単なる関係を意味して使われるようなこともあるだろう。ここ数年パートナーシップは開発援助の流行り言葉だ。「援助におけるパートナーシップを推進することが大事だ」などというとあまりにも当たり前すぎて反論はおろか疑問を呈することも精神力が求められる。

　しっかりとコミュニュケーションができ実のある対話をするためには、カタカナ言葉を使うときは自分の意味していることをしっかり定義するとともに、人が使ったときには勇気をもってその意味を質問することが大事である。

年の10年間はアメリカを上回る、世界最大の援助国であった（**図7-1**）。しかし現在でこそ日本は援助大国などと呼ばれ、先進国の中でも最も豊かな国の1つであるが、19世紀半ばまでは2世紀半近くにわたって鎖国をして西欧にかなりの遅れをとった国であった。ようやく19世紀半過

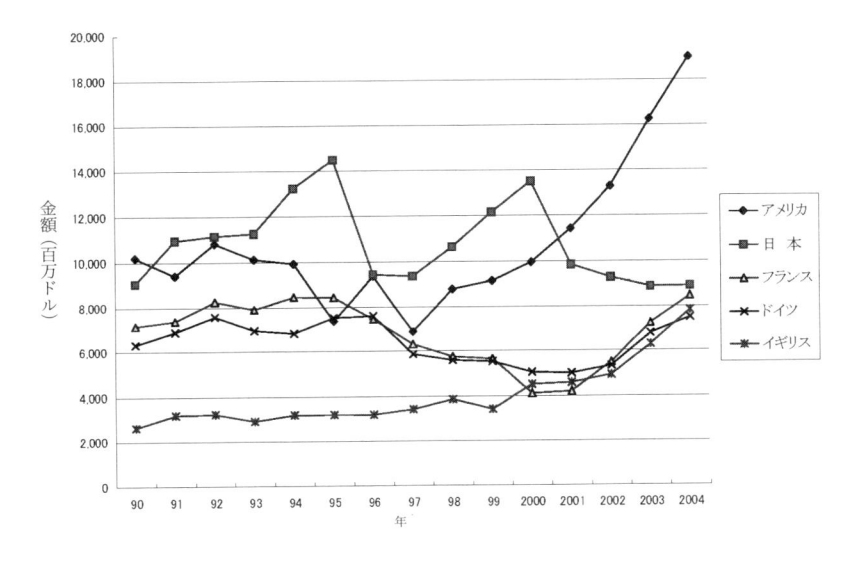

図7-1 主要先進国の ODA 実績（支出純額ベース）

出所）2004年版および2005年版『ODA白書』から作成。

ぎに開国して、明治時代以降文明開化＝西洋化を推進して世界の一等国と呼ばれるほどまでに発展した。この時代には日本は先進国である欧米諸国に追いつくため経済開発を推進していたという意味で現在の開発途上国と同じ立場にあったと言える。第2次世界大戦の敗戦によってそれまでの日本の開発の成果は灰燼に帰してしまうが、その後急速に復旧して1960年代以降の高度成長によって経済大国となり現在に至っている。この間終戦後アメリカなどから援助を受けていたが、急速な経済成長とともに途上国への援助を行うようになり、現在では援助大国と呼ばれるほど多くの援助を行うようになっている。このように日本は、①急速に先進国に追いつこうとしてそれに成功した開発途上国としての経験、②復興のために援助を受けた経験、そして③最近は沢山の援助を出す援助大国でもあるという開発途上国、被援助国、援助国の経験を併せ持つというユニークな存在である。以下に開発と援助にまつわる日本の経験と

歴史について簡単に振り返ってみよう。

1　開国と文明開化

　明治政府は1868年に成立したが、新政府設立間もない1871年から73年にかけ遣欧使節団を主要先進欧米諸国に派遣して、その社会、政治、経済の諸制度をつぶさに見学した。この使節団は大久保利通など政府の要人たちが団員として数多く参加しており、彼らは欧米の進んだ社会の実際を目の当たりし、彼我の差にショックを受けるとともに、欧米の諸制度の導入の必要性を強く認識した。彼らは自ら欧米の発展振りを観察したため、帰国後自ら先頭に立って国造りと経済開発を推し進めた。このことは日本の文明開化が進展する大きな要因であった。この話は開発における政府のコミットメント（実施しようとする強い決意）と理解が発展の重要な要因であること、そしてそのようなコミットメントと理解を得るにはどうしたらよいかについて強い示唆を与えるものだろう。

　明治政府は西欧の政治と経済制度の導入を図った。政治・社会の制度面では立憲君主制による憲法の創設が重要である。この憲法、明治憲法は時の有力政治家の伊藤博文自ら作成の任に当たった。彼は遣欧使節団に参加し、その際憲法など近代司法制度の重要性を痛感した。82年自らヨーロッパに滞在して実情を把握するとともに各国の識者の意見を請い、さらに日本に戻ってから外国人憲法学者を顧問として迎えその意見を徴しながら草案をまとめた。伊藤らの手になる草案は枢密院で審議の後89年明治憲法として発布された。

　経済面では殖産興業政策を打ち出し繊維工業の振興に努めた。富岡製糸場など輸入した最新鋭の機械を据えた工場を建設して技術導入に努めた。その結果綿工業は日本の代表的輸出産業として発展していく。また政府は鉄道などのインフラの整備にも努め、1872年には早くも最初の新橋・横浜間鉄道が開通している。さらに制度面でも銀行制度の導入など西欧の制度の導入を図った。産業振興、インフラ整備において輸入技術の役割は大きかったが、政府はお抱え外人と呼ばれる欧米の技術者を

多く招聘し、技術の輸入に努めた。さらに日本人は彼らの技術の習得に努めるとともに、技術を日本の実情に合わせる努力も怠らなかった。さらに日本の技術者の養成にも努め、若い優秀なエリートを国費で西欧に留学させたり、国内に大学など高等教育機関を整備して外国人教師を招いて講義を行わせた（大野2005：6）。

コーヒーブレイク(2)

琵琶湖疎水と田邊朔郎

　日本の技術導入と自助努力の例として琵琶湖疎水事業がある。1881年に京都府知事になった北垣国道は明治維新により東京に首都が移ったため産業が衰退し人口も減っていた京都に活力を呼び戻そうと、琵琶湖と京都を水路で結んで、水運を盛んにするとともに水力で新しい工場を興そうと考えていた。当時は重要な土木工事はすべて外国の技師の設計・監督によって実施されていたが、北垣知事は東京の工部大学校を出たばかりの田邊朔郎を主任技師に任命して責任者とした。

　この工事は日本人の技術で行う工事としてはそれまでに例を見ない大規模なもので、また当時の未発達な土木技術や貧弱な機械・材料に悩まされながらの難工事だった。工事の遂行に当たっては大半の資材を自給自足で行い、夜に技術者を養成し、昼に実践するという努力を行った。計画には当時の日本最長のトンネルの工事も含まれ、外国人技師など多くの人がその成功を疑ったが、田邊たちは山の両側から掘り進めるほか、山の上から垂直に穴を掘りそこから両側に向けて工事を進めていく竪坑方式を初めて採用するなどして工事を遂行した。また当時最新鋭の水力発電についてアメリカに視察に行き、これを取り入れ1891年日本最初の商業用水力発電所を建設・稼働させた。こうして1890年に琵琶湖疎水は完成した。琵琶湖疎水は完成から100年以上経った今でも京都の水道の原水を供給し続けている。

　琵琶湖疎水は技術の導入、導入技術の習得と技術者養成などの努力の成功例で、オーナーシップ（開発における主体性）発揮の良い例として手本になるものであろう。（京都市上下水道局ホームページ（http://www.city.kyoto.jp/suido/sosuisyoukai.htm）を参考にまとめた）

　このように明治時代以降の日本は、先進諸国の技術のみならず政治などの諸制度についても金を惜しまず導入を図り、またこれらを自分の国情に合わせる努力を惜しまなかった。このことが日本の経済開発の進展の原動力となったことは疑いえないだろう。

2　戦後復興と被援助国としての日本

　明治、大正時代を経て順調に発展した日本ではあったが、第2次世界大戦の敗戦によって壊滅的打撃を被り、戦後は貧困と混乱の中から再生を図らねばならなかった。終戦直後の数年間、生産の減少、生活物資の不足、物価騰貴などに悩まされたが、その後は復興が進んでいった。経済復興に大きく寄与したのが、戦後数年間行われたアメリカを中心とする連合国からの経済援助であった。アメリカからは1946年から51年までに日本は総額20億ドルの援助を受けている。これらはとうもろこし、大麦、脱脂粉乳などの食糧や綿花、羊毛等の工業原料を援助するものであったが、戦後の食糧不足に悩む日本人を救うとともに工業の維持、復旧に貢献した。日本は連合国からの援助の有用性を感ずるとともに、その有効活用の方途を、身をもって学んだ。

　また日本は世界銀行に1952年加盟し、多くの世銀融資を受けた。世銀融資の多くは発電所や道路、鉄道などインフラ＝生産基盤の整備のために使われた。東海道新幹線や東名、名神高速道路などは世銀融資によって建設された代表的インフラである。世界銀行の日本に対する融資は1953年から66年までの間行われ、総額863百万ドルの融資を受けた。これらインフラ整備も与って日本はやがて50年代後半から60年代の経済の高度成長期を迎える。

3　援助大国日本へ

　やがて日本が戦後復興を果たし経済の高度成長を始めると、先進国の仲間入りを果たしたとして日本も開発途上国に対して援助を行うべきであるという機運が高まった。58年にインドに対して長期の返済期間の低利の政府貸付である円借款が初めて供与され、60年代初頭には日本政府の援助機関であるである海外経済協力基金（資金協力機関）と海外技術協力事業団（技術協力機関）が設立され、援助体制が整備されていった。

　日本経済はその後も順調な拡大を続けるが、73年の石油危機以降そ

れまでの高度成長から安定成長に移行する。しかし79年の第2次石油危機も乗り切り、先進国の中でもっともうまく石油の高価格時代に順応していく。結果的に、他の先進国が停滞する中、日本は一人順調な経済拡大を行って、80年代には世界経済において「一人勝ち」の状況を呈するようになる。しかしこのことは他の先進国との間に摩擦を起こし緊張を高めることともなった。日本政府は開発途上国への開発援助の拡大によって世界に貢献を示すことによってこの緊張を和らげようとした。そして打ち出されたのが3次にわたるODA倍増計画であった。すなわち78年から80年までを対象とする第1次倍増計画(正式には第1次中期目標)、81年から85年を対象とする第2次倍増計画(同第2次中期目標)、86年から92年までを対象とする第3次倍増計画(同第3次中期目標)である。この結果日本は91年にはアメリカを抜いて世界で最大のODAの供与国となるのである。

　90年代になると日本経済はバブルがはじけ長い停滞と危機の時代に突入するが、その間も増大し続けたODAも90年代末から減少に転じ、2001年には10年間維持してきた最大のODA供与国という位置をアメリカに譲ることになる。

　このように日本の援助は日本経済の動向に連動して援助量などが決められ、援助大国と呼ばれるようになるほど急速な量的拡大を進めてきた。量的には華々しい成果をあげた日本の援助ではあったが、他方援助を行う理念や援助の目的、条件といった規範的側面については確固としたものを提示してこなかった。70年代、80年代を通して援助の理念として資源など開発途上国に依存していることに着目した「相互依存」、途上国の人々の貧困を座視できないという「人道的配慮」などが示された。しかしこれらは抽象的言い回しにとどまり、具体的な援助の方向性は第2節に述べたその時々に国際的に謳われた開発・援助戦略に全面的に同調した形で決められた。

　ようやく90年代に入り、政府としての基本方針をより明確な形で打ち出すべきであるとの議論が高まり、92年にODA大綱が決定された。

しかしその内容は、途上国側の軍事支出など軍事面の動向、民主化や市場経済導入など政治・経済体制面の動向も注目した上で援助を決定するといった点に新しい動きが見られたものの、総じてそれまでの援助方針の集成と、国際的な援助の動きへの同調から成るものだった。

2003年に至りODA大綱の見直しが行われたが、援助の目的が「国際社会の平和と発展に貢献し、これを通じて我が国の安全と繁栄の確保に資すること」にあるとして、広い意味での国益の増進が援助の目的であり、援助の動機の基本に日本自身の利害のあることを率直に明示した点で評価できるものとなった。さらに基本方針の第1として「途上国の自助努力支援」を掲げ、まず途上国側の努力のあるところに日本の援助が行われることを示唆したのは、日本の開発哲学の根底にある考えを初めて正面に据えたという点で評価できるものとなった。また同じく基本方針の1つとして日本の経験と知見の活用を掲げたことは日本の経験の途上国の活用であり、今後の方向として適切なものであろう。

> 論点3　明治以来の過去1世紀半の日本の近代化の歴史を振り返って、先人たちがどのような困難にぶつかりどのようにそれを乗り越えてきたか調べてみよう。そのような経験で、現在の開発途上国の開発に役立つようなものがあるかどうか考えてみよう。

4　日本の援助の今後の方向

これまで見たように第2次世界大戦終了後独立した途上国の開発は当初から先進国からの開発援助によって支援され、その影響を大きく受ける形で進められてきている。国際社会への「南北問題」の問題提起や国連における「開発の10年」の提案によって開発援助が本格化したことに見られるように、開発援助は国際的なキャンペーンとして開始され、その後も国際的キャンペーンとして展開されてきている。他方で開発途上国と一概に言うものの、途上国も一国一国が異なった環境に置かれ、異

なった開発課題を抱えている。にもかかわらずこれまで各時期を席巻した開発・援助戦略はあたかも途上国世界が一様であるかのごとく単一の戦略を各途上国に求めがちであった。たとえば1970年代はBHN重視の政策がアジア、アフリカ、ラテンアメリカを問わず奨励されている。このような傾向は現在も続いており、たとえばMDGsなどもそこに挙げられている開発項目をいずれの途上国についても重視するよう求めていると言えよう。

　国際的な開発・援助戦略の変化は、開発途上国の抱える中心的課題の変化に対応したものであるという側面は確かにある。たとえば1980年代に構造調整戦略がとられた背景にはラテンアメリカを中心とする国々で債務累積問題が深刻化したという事情があった。しかしこれら開発・援助戦略は誰が考えても同じものが考えられ採用されるといった単純なものではない。国際社会での現実は、特定の有力援助国や国際機関が開発課題を定義しそれに対応する戦略の案を提案、それが国際的戦略として受け入れられていく。当然そこで唱えられる戦略案は提案する国や機関のビジョンや哲学に支えられ、自身の利害を反映したものとなる。戦略が採用されればその提案をした国や国際機関は自らのビジョンや世界観を途上国世界に広めることができ、国際社会での主導権や発言権の拡大を期すことができるからである。そして往々にしてその戦略が直接的な経済的利害にも結びつく。このように国際的に承認された開発援助戦略は先進国や国際機関の間の主導権争いのゲームの結果でもある。

　それではこの国際的な主導権をめぐるゲームに日本はどのように参加しているのであろうか。日本は開発援助の金額は世界で一、二を争う援助大国である。それにもかかわらず戦略をめぐるゲームでは日本はほとんどその存在感はない。開発戦略という点ではその時々に有力国際機関が提案した戦略に同調しているにすぎず、自らのイニシアティブを発揮してきたとは言えない。他の先進国や国際機関が唱える方針にそのまま沿って、援助資金を提供する傾向が長い間続いてきた。

　戦略とは行動の方向性を言葉で明示したものと言えるが、日本はこの

ような言葉をめぐるゲームは苦手とされる。ことに当たって「言挙げ」はせず、行動でもって示すというのがこれまでの日本の対応の特徴であり、開発援助においてもこの特徴が顕著であった。しかし言葉も考え方も異なるさまざまな人々が活発に交わるようになっている現代の国際社会においてそのような態度は決して評価されない。むしろ誤解を招いたり、侮りを受けるものである。援助大国としては、その援助金額に見合った発言を行い、この戦略をめぐるゲームに積極的に参加すべきである。それでこそ国際社会の尊敬を勝ち取る所以となるだろう。

この戦略をめぐるゲームへ参加するに当たって、日本の過去1世紀半にわたる開発の経験は何物にも替えがたい財産である。第3節で述べたように日本は西欧の制度、技術を手本として、これを自分のものとして経済開発に大きな成果を残した。一度は戦争で灰燼に帰した経済から復興し、さらに高度成長を達成した。この過程でアメリカや世界銀行からの援助を受け、これをうまく活用した。これらは他の開発途上国の参考になる貴重な経験である。この経験が途上国の参考になるように、われわれは経験を集積して、反芻し、整理・理論化する努力が必要である。

これまで支配的であった開発・援助戦略は基本的に西欧先進国の世界観、価値観、ビジョンに基づくものであったと言えよう。それが戦略として不適切とは言わない。しかしすべての国のいかなる環境のもとでも適切な戦略であるとは言いがたい。日本が自らの開発の歴史を振り返り、それを理論的に整理して提示すれば、日本の国際社会での存在感を増すだけではなく、開発途上国が取る開発戦略の選択肢を増やすことにつながり、日本の開発援助の評価を高めるものとなるはずである。

5　開発と人権

1　脱植民地化、開発独裁、開発援助

開発の問題も人権の問題も、第2次世界大戦後、国連システムのもと

で当初から重要な課題であった。しかし、当初はこれらの問題は別個の問題と考えられていた。国連システムにおいて、世界人権宣言（国連総会決議、1948年12月10日）以来、人権保障に関する認識と制度の進展があった。各国内においても、第2次世界大戦後、多くの国が違憲審査制を採用し、憲法に規定された人権が裁判所によって保障されるようになった。

　他方で、第2次世界大戦後、国連システムのもとで、英国、フランス等の植民地帝国が解体し、かつての植民地が政治的に独立して主権国家になるプロセスが急速に進行した。しかしながら、かつての帝国と植民地との関係（帝国本国による植民地の搾取、植民地に押しつけられた経済構造など）に起源を持つ先進国と途上国との間の経済格差は存在し続け、今日に至っている。植民地の政治的独立の後は、途上国の経済的自立＝開発が大きな課題となった。植民地が数多く独立した1960年以降、開発が主要なテーマとして浮上してくる。

　それでは、開発と人権はどのような関係にあるのか。

　開発の問題は、はじめは経済成長の問題として捉えられた。そのため、開発の問題は経済学の言葉で語られ、人権と関連づけられることはなかった。植民地から独立して主権国家を樹立した後、途上国の政治体制は民主主義を進展させるよりもむしろ急速に独裁体制へ傾斜していった。民主主義の不足した権威主義的独裁的政治体制のもとで、経済成長を志向する開発政策が推し進められた。このような現象は「開発独裁」と呼ばれる。権威主義的独裁的政治体制は、民衆の人権——とりわけ表現の自由、集会・結社の自由のような自由権——を制限したから、これは「人権よりも開発」の時代と言えよう。朴正熙政権時代の韓国はその一例である。

　現代国家においては、信教の自由や表現の自由などの自由権に加えて、生存権や教育を受ける権利などの社会権も人権として保障されるのが普通である。社会権とは、自由市場経済の中でどうしても不利な地位に置かれる社会的弱者の人たるに値する生活を国家が保障する権利である。社会権を保障するためには、政府の財政支出を必要とする。これは自由

市場経済が不可避的にもたらす経済格差を国家が是正しようとする努力である。社会権の保障とは国家レベルでの所得再分配政策であると言えよう。

自由市場経済が不可避的にもたらす経済格差は、一国内のみならず国際社会でも見られる。先進国と途上国との間の経済格差は、植民地支配に起源があるけれども、同時に現在の世界的な自由市場経済の結果でもあるだろう。一国内では経済格差の是正は社会権の保障というかたちをとる。国際社会における経済格差の是正はどのようなかたちをとるだろうか。

1970年代、途上国の側は、自由市場経済は途上国にとって実質的に不平等であると批判し、この不平等を是正するための新国際経済秩序の樹立を要求した（「新国際経済秩序樹立宣言」、国連総会決議、1974年5月1日）。続いて採択された「諸国家の経済権利義務憲章」（国連総会決議、1974年12月12日）も途上国の求める新国際経済秩序の内容を示している。その第17条は「すべての国は……発展途上国に……積極的な援助を行うことにより、これらの諸国の経済的および社会的発展を促進するために協力すべきである」と述べ、第22条は発展途上国への資金援助を増やすことを求めている。先進国から途上国への開発援助の供与も、国際社会における経済格差是正の1つのかたちである。開発援助の供与はいわば世界的所得再分配政策である。

開発援助を供与する先進国が、援助を受ける途上国の人権状況を問題にし、人権状況によっては援助を停止することがある。開発援助供与に人権という条件をつけるのである。このように開発援助と人権を結びつけたのは、米国の1973年対外援助法が世界で最初である。その後、開発援助と人権を結びつける慣行は米国および他の諸国で広く行われるようになった。この慣行は「人権外交」と呼ばれたりする。日本のODA（政府開発援助）大綱も、「開発途上国における民主化の促進、市場経済導入の努力並びに基本的人権及び自由の保障状況に十分注意を払う」と述べて、日本の援助供与と被援助国の人権状況を緩やかに関連させている。

このように開発援助供与と途上国の人権状況を結びつけるやり方は、どう評価すべきだろうか。まず第1に、米国などの先進国が途上国の人権状況を問題にするとき、先進国の言う人権は主として表現の自由のような自由権であり、生存権のような社会権は視野に入っていないことが多いと言える。先進国が途上国の人権侵害──自由権の侵害──を指摘するのに対して、途上国は「わが国ではまず貧困を克服し、国民を食べさせることこそが『人権保障』なのだ」と反論することがある。これは「人権よりも開発」、あるいは「自由権よりも社会権」の思考法と言えるだろう。この点に関しては、1970年代末までに、国連総会がすべての人権（自由権および社会権）の不可分性・相互依存性を確認していることが重要である。

第2に、人権保障の問題は一国の問題を超えて国際社会の関心事であり、人権侵害に対して国際社会の対応が求められるが、その方法として援助供与に人権という条件をつけることが妥当かどうかは、かなりデリケートな問題であろう。この条件づけはやはり先進国が途上国を指図することになる。先進国政府ではなくて、途上国の主権者、市民の自己決定をもっとも尊重すべきであろう。

2　開発が人権を侵害する

開発が人権を侵害することがある。

途上国における開発プロジェクトとしてしばしばダム建設が計画、実施される。発電等のためにダムを建設するのであるが、ダム建設にはさまざまな負の効果が伴う。ダム建設地の住民は立ち退き、移転を求められる。立ち退き、移転に当たって、正当な補償を受ける住民の権利が侵害されていないかどうか。ダム建設計画の決定に至る行政プロセスに問題はないかどうか。適正な手続きによらずに住民は財産を奪われていないかどうか。ダム建設は環境権を侵害していないかどうか等々、人権の観点からダム建設のような開発プロジェクトを吟味、精査することが求められるであろう。

場合によっては、ダム建設によって人権を侵害される住民が、救済を求めて裁判所に訴えを提起することもある。日本のODAによって建設されたインドネシアのコトパンジャン・ダムによって影響を受けた住民が日本政府等を相手に東京地方裁判所に提起した訴訟はその一例である。コトパンジャン・ダムはインドネシアのスマトラ島中部に位置する、発電、洪水制御、灌漑、観光開発、養魚などを目的とする多目的ダムである。1992年に着工、1996年に完成し、翌年貯水を開始、1998年に発電を開始した。このダムの建設に伴い、水没地域に居住していた約2万人の住民は移転を強いられた。移転に伴って、移転住民に正当な補償——経済的な補償および生活基盤の再建——がなされたかどうかが問われるが、多くの住民は納得していない。また、ダム建設は稀少生物が生存するこの地域の生態系に被害を与えている。

　コトパンジャン・ダムの建設に反対する地元住民は、ダム着工前の1991年に、ダム建設資金をODAとして融資する日本政府に対して、融資を中止するように要請した。住民代表が来日し、国会議員や通産省の担当者を訪問することまでしている。が、ダムは92年に着工され、96年に完成した。しかし、ダム完成の時点でも移転の補償金が支払われていない世帯があり、彼らの中には補償金支払を求めてインドネシアの裁判所に提訴するものもあった。コトパンジャン・ダムは1998年に発電を開始したが、計画どおりには貯水できず、したがって発電量も予定より少なく、また住民の移転先での生活基盤の確立もままならなかった。

　このような状況で、2002年9月5日、ダム建設により移転させられた住民3,861名（インドネシア国民）は、日本政府、国際協力銀行（JBIC、1999年まではOECF）、国際協力事業団（JICA、現在は国際協力機構）、東電設計（開発コンサルティング会社）を被告として、ダム周辺の原状回復措置をインドネシア政府に勧告することと193億500万円の損害賠償を住民に支払うことを求める民事訴訟を東京地方裁判所に提起した。2003年3月28日には、さらに住民4,536名と1つの自然生態系を原告として、同じ被告に対して、同趣旨の民事訴訟が提起された。2006年2月現在、

訴訟は東京地方裁判所で進行中である。日本の ODA が法廷で吟味されているのである。

3 開発と人権の統合──発展の権利、人権に基づく開発アプローチ

　1970年代、途上国は新国際経済秩序の樹立を目標に掲げて、国際経済秩序の変革を試みたが、これは成功したとは言いがたかった。他方で、1970年代には、人権に関して注目すべき進展があった。1972年、ストラスブールの人権国際研究所で行われた講演において、セネガルの最高裁判所長官ケバ・ムバイエ (Keba M'baye) が、発展の権利 (right to development) という概念を打ち出した。また、1970年代後半、ユネスコなどでは、発展の権利や平和的生存権 (right to live in peace) などの生成中の新しい人権を、第1世代の人権(自由権、参政権)、第2世代の人権(社会権)に続く、第3世代の人権として捉える見方が広まった。このような人権論の進展を背景として、途上国は開発の問題を人権の問題として捉えるアプローチをとり、1986年、「発展の権利に関する宣言」(国連総会決議、1986年12月4日)を成立させた。同宣言第1条はこう述べている。「発展の権利は、譲ることのできない人権である。この権利によって、すべての人間およびすべての人民は、あらゆる人権および基本的自由が完全に実現されうるような経済的、社会的、文化的および政治的発展に参加し、貢献し並びにこれを享受する権利を有する」。「発展の権利に関する宣言」において、開発と人権は結びついたのである。

　ここで development という言葉について少し整理しておきたい。Development という英語は、日本語では開発と訳されたり、発展と訳されたりしている。Develop という動詞は他動詞でもあり自動詞でもある。他動詞の develop は外発的で多少力ずくで改造するという響きがあり、自動詞の develop は内発的でもともと備わっている素質が開花するという響きがある。他動詞の develop は開発すると訳され、自動詞の develop は発展すると訳されているような気がする(他動詞としての develop、自動詞としての develop という整理は平和学者ヨハン・ガルトゥング

による)。Developmentは、経済学の文脈では開発と訳されることが多く、人権論の文脈では発展と訳されることが多い。Right to developmentは発展の権利と訳すことが確立している。このような次第で、本節では開発という言葉と発展という言葉が並存することになった。

　発展の権利という概念、開発／発展を人権として捉える考え方は有意義であると思う。発展の権利のような第3世代の人権は、誰の権利であるのか、権利の内容は何であるのか等々の点でまだ議論が進行中であり、すでに確立している第1世代の人権（自由権、参政権）や第2世代の人権（社会権）と同じように取り扱うことはできないが、発展を個人の人権として捉えることのメリットは大きい。開発に経済学的にアプローチする場合でも、現在では開発を単なる経済成長として捉えるのではなく、一人ひとりの人間の可能性の実現として捉える見方――人間開発 (human development)――が強くなっており、発展を個人の人権として見る発展の権利論はこの動向と共鳴し合うであろう。

　1990年代から、開発を人権の実現として捉え、開発プロセスの全体（状況分析、目標設定、実施、評価など）を人権保障の観点から進めるというアプローチ、人権に基づく開発アプローチが議論されるようになった。

　ここでは、ダム建設を例にとり、人権の観点から開発プロセスを眺めてみたい。

　1) 自己決定の権利。ダム建設は、その国の人々に電力を供給するという広い意味での社会権保障の側面を持っているかもしれないが、まず第1にダム建設によって影響を受ける人々の権利が保障されなければならない。ダム建設によって移転を余儀なくされる人々、生計を立てる手段を失う人々が、ダム建設に同意するかどうかの自己決定の権利が尊重される必要がある。2) 参加の権利。ダム建設の決定がなされると、次は住民、関係当事者が計画、政策形成に参加する権利が問題になる。3) 生存権。ダム建設はその地域の住民の生存権に影響する。ダム建設にともなう移転によって生計を立てる手段を失ったならば、それは生存権保障の問題になるだろう。4) 環境権。ダム建設は自然環境に大きな影響

を与える。良好な環境を享受する権利——それは生存権から引き出されることが多い——の保障が問われる。5) ダム建設によって先住民のコミュニティーや女性が影響を受けることが多いので、先住民や女性の権利には敏感でなければならない。以上ごく大づかみに眺めてみたが、人権保障の観点から吟味しつつ開発を進めることによって、開発プロジェクトの正統性が高まるのではないかと思われる。

　ダム建設は開発プロジェクトの典型的なものであり、先進国および国際開発金融機関からの開発援助供与の対象となることも多い。ダム建設の是非をめぐって、激しい議論になり、反対運動が起きることも少なくない。このような状況のもとで、世界ダム委員会 (World Commission on Dams, WCD) の活動は興味深い。WCD は、世界銀行と環境 NGO である世界自然保護連合 (IUCN The World Conservation Union) のイニシアチブで1998年に組織された。12人の委員は、ダム反対の NGO、産業界、先進国、途上国などから選ばれており、ダムに関するさまざまな見解を代表した。WCD は、2年間におよぶ作業の後、2000年11月16日、報告書「ダムと開発——決定のための新しい枠組み」("Dams and Development: A New Framework for Decision-Making") を発表した。この報告書はダム推進でもダム反対でもなく、ダム建設に当たって影響を受ける住民の合意を得ること、住民も計画と事業決定に参画することなどを重視するものである。そして、報告書はダム建設の詳細なガイドラインを提案している。ダム建設における人権配慮について前述したが、この記述は報告書の主張と響き合うと思う。

　この種の報告書は何らかの拘束力を持つわけではなく、説得力で勝負するものである。WCD の報告書の説得力はどうか。報告書に対して、NGO からは強い支持、援助機関、世界銀行からは基本的な支持、そして産業界の一部からは批判的なコメント、という状況のようである。援助機関、世界銀行などは基本的に支持しても、具体的に提案されたガイドラインを採用するわけではない。WCD と報告書に対する評価はまだ定まっていないようであるが、これらは開発と人権を結びつける重要な

試みであり、これから開発と人権の問題を考えるときに1つのモデルになる可能性もある。

> **論点4** 世界各国の人間開発指数（『人間開発報告書』）と人権指数（フマーナ『世界人権ハンドブック』）を調べてみよう。これらの指数から、どんなことが言えるか。また、このような指数にはどのような意義と問題点があるか。

コーヒーブレイク(3)

自然の権利訴訟——自然生態系が原告となる!

　自然保護、環境保全を目指す運動が訴訟のかたちをとることがある。その場合、環境NGOが原告となり、自然環境を破壊する者を被告として、環境破壊行為の差し止め、原状回復、あるいは損害賠償などを求めて、訴訟を起こすことになる。1970年代の米国で、自然の物——野生生物、あるいは自然生態系——が訴訟の原告になりうるとする主張がなされた（クリストファー・D・ストーン「樹木の当事者適格」『南カリフォルニア・ロー・レヴュー』1971年。日本語訳は『現代思想』1990年11月号）。開発行為、環境破壊行為によって被害を受ける生き物はまさに原告になりうるのであり、人間——環境NGO——はそれらの法的代弁者として法廷でそれらの「権利」を擁護しうると言うのである。米国では自然が原告となり、それらの権利の擁護をめざす訴訟が提起された。これらは自然の権利訴訟と総称される。米国で1973年に制定された「絶滅の危機に瀕する種の保護法」という法律には市民訴訟条項があり、絶滅の恐れのある種に対する侵害行為に対して誰でも自然の権利を代弁できると規定されている。1978年にはパリーラ（鳥類）が原告となった裁判で、原告をパリーラと表示したままで勝訴が言い渡された。

　日本では、1995年に奄美大島のゴルフ場開発中止を求めて、アマミノクロウサギ、アマミヤマシギ、ルリカケス、オオトラツグミを原告として提起された訴訟、奄美自然の権利訴訟が、最初の自然の権利訴訟である。その後、野生生物等を原告とした自然の権利訴訟はいくつも提起されているが、日本の裁判所はまだ、野生生物や自然環境を原告として認めていない。

　インドネシアのコトパンジャン・ダムをめぐる訴訟において、東京地裁へ提訴した原告の「ひとり」が、「コトパンジャン・ダム貯水地周辺のスマトラゾウ、スマトラトラ、マレーバク各個体群を含む自然生態系」である。スマトラゾウ、スマトラトラ、マレーバクはいずれもダム貯水流域に棲息する稀少動物で、水域環境の変化による影響を受けやすい動物であり、ダム建設により絶滅の危機に瀕している。コトパンジャン・ダム訴訟の原告の訴状は、自然物が原告になることを認めた米国の判決を引用して日本の裁判所の判断を批判し、自然環境保護のために自然物が原告になることを認めるべきだと力説し、日本の民事訴訟法上の要件もクリアしうると主張している。コトパンジャン・ダム訴訟は、自然の権利訴訟としても注目されるのである。

〈参考文献〉

1 西垣昭・下村恭民・辻一人『開発援助の経済学』有斐閣、2003年
　開発援助全般に関してわかりやすく解説している。日本のODAについても詳しい。開発援助の入門書的本。

2 渡辺利夫・草野厚『日本のODAをどうするか』NHKブックス、1991年
　日本のODAプロジェクトの現地調査に基づき偏らない立場からの評価を試み、さらに日本の援助の理念を提示する。

3 大野健一『途上国ニッポンの歩み』有斐閣、2005年
　日本の経済発展を開発途上国日本という観点から振り返る。日本のこれまでの経済発展の歴史で開発途上国の開発に参考になること、ならないことが示唆される。

4 W.C.バウム他『途上国の経済開発』東洋経済新報社、1988年
　世界銀行のプロジェクト援助の経験が集大成されている。開発の分野別の知識を得るには適当な入門書。

5 久米邦武編『米欧回覧実記一〜五』岩波文庫、1977年
　明治初期に派遣された遣欧使節団の随行史家による膨大な記録。初めて見るアメリカ、イギリス、フランス、ドイツと欧州各国の長期旅行の驚きに満ちた見聞がいきいきと綴られる。

6 金田辰夫『体制と人間 中央アジアの小国の再生』日本国際問題研究所、1995年
　中央アジアの小国キルギスタンの市場経済移行に同国のアドバイザーに任ぜられた著者の日本の経済発展の経験を踏まえた処方箋が紹介される。

7 マブーブル・ハク（植村和子ほか訳）『人間開発戦略―共生への戦略』日本評論社、1997年
　パキスタン出身の開発経済学者ハク氏は、UNDP（国連開発計画）総裁の特別顧問を務め、1990年に『人間開発報告書』（年刊）を創刊した。同報告書登場の背景、人間開発の概念、同報告書の政策提言等について「生みの親」が語る。

8 アマルティア・セン（東郷えりか訳）『人間の安全保障』集英社新書、2005年
　1998年にノーベル経済学賞を受賞したインド出身のセン氏は、ハク氏とともに、『人間開発報告書』およびその1994年版が打ち出した「人間の安全保障」の概念に大きな影響を与えた。人間の安全保障、人間開発、人権等の関係について語った最近の講演録を集めた小論集。

9 国連開発計画『人間開発報告書』国際協力出版会・古今書院、年刊
　1990年から毎年、国連開発計画が発行している報告書。単なる経済成長として開発を捉えるのではなく、人間の選択肢を拡大すること、人間の可能性を実現することとして開発を捉える。毎年世界各国の人間開発指数を計算し、年ごとに特集を組んで、南北問題の現状を示し、その克服のための政策提言をしている。必読。

10 大沼保昭『人権、国家、文明』筑摩書房、1998年

176　第7章　開発途上国の開発と人権

　国際法学者である著者が、現代国際社会における人権について、その思想的起源、さまざまな緊張関係——主権（内政不干渉）と人権、人道的介入、自由権と社会権、欧米と非欧米——、諸文明間の対話による普遍性の獲得等、きわめて網羅的に考察している。包括的でバランスのよい見取り図になっている。

11　『アムネスティ・レポート　世界の人権』アムネスティ・インターナショナル日本、年刊

　国際人権 NGO アムネスティ・インターナショナルが毎年発行している世界各国の人権状況に関する定評ある報告書。英文の報告書をアムネスティ・インターナショナル日本が翻訳して日本版を発行している。2005年版では、世界149カ国の2004年中の人権状況——ダルフール紛争、津波など——について報告している。

12　チャールズ・フマーナ編『世界人権ハンドブック』明石書店、1994年

　世界各国の人権状況を調査、評価した上で、各国の「人権指数」を算出した興味深い本。しかし、取り上げる人権が自由権に偏っていて、社会権をほとんど無視している点、それに各国の人権状況を評価するに当たってもっぱら先進国の情報に基づいていて途上国の情報がない点で、バランスを欠くという批判がある。批判に留意しつつ、この本を参考にしてほしい。

用語解説

開発途上国

　Developing countries を翻訳した言葉で、発展途上国とも言い、先進国（advanced countries あるいは developed countries）と対をなす。一般に1人当たりの所得などが低い貧しい国々を指しているが、確立した定義はなく、OECD の開発援助委員会（DAC）や世界銀行などがそれぞれ別の定義を行っている。

第三世界

　開発途上国とほぼ同義で使用されるが、冷戦たけなわの時期に西側先進国（資本主義国＝第一世界）、東側ソ連東欧諸国（社会主義諸国＝第二世界）に属しない勢力という意味でその名前が付けられた。最近ではあまり使われない。

開　発

　Development を翻訳した言葉で、発展とも訳される。さまざまな意味に使われるが開発途上国の開発と言うときには、開発途上国がより豊かになること、あるいはそのためのさまざまな努力を指す。当初経済活動を重視した経済開発をもっぱら指したが、その後教育や医療などの社会部門を重視した社会開発の必要性がうたわれ、昨今では個々の人間の選択の幅を広げることを重視する人間開発の重要性が叫ばれている。

債務累積問題

　一般には1980年代に中南米諸国を中心とする多くの開発途上国の対外債務が世界

経済全体の危機にも波及しかねないほど累増したことを指す。開発途上国の経済政策の失敗、石油価格の高騰による輸入支払いの増加、世界的な高金利などがその原因とされる。この問題の解決のため、IMFや世界銀行が主導する構造調整政策が多くの開発途上国で実施された。

構造調整融資

世界銀行の中心をなす融資形態（貸付を行う形式）。ある開発途上国の経済の基本的あり様（構造）が国際経済のあり様とうまく整合せず、対外債務の急増などの困難が生じている場合、その国の経済構造を国際経済のあり様に合わせる（調整する）ように改革（構造調整）が必要だとして、その改革の実施を条件として、当面の輸入決済資金を融資するもの。

世界人権宣言（Universal Declaration of Human Rights）

1948年12月10日、第3回国連総会で採択された決議。国連の設立目的の1つ、人権尊重を具体化するものとして「国際人権章典」の制定が目指されたが、その最初の結実として採択された。前文と全30条から成り、人類社会において普遍的に保障されるべき人権が列挙されている。国連憲章とともに、戦後世界秩序の基礎といってよい。これは国連総会決議であり条約ではないため、法的拘束力を持たないが、国際人権規約をはじめとする国際人権諸条約の出発点となった。採択日の12月10日は「人権デー」、それに先立つ1週間は「人権週間」として、各種行事が行われている。

自由権、参政権、社会権

人権は、自由権、参政権、社会権の3つに類型化されることが多い。自由権は表現の自由のように個人の自由に対する国家の介入を排除する権利（「国家からの自由」）であり、18世紀から主張されてきた最初の人権である。参政権は主権者が持つ主権的権利（「国家への参加」）である。自由権と参政権は第1世代の人権と呼ばれ、国際的には「市民的及び政治的権利に関する国際規約（自由権規約）」で保障されている。社会権は生存権のように社会連帯の観点から国家による配慮を要求する権利（「国家による積極的給付」）であり、第2世代の人権と呼ばれ、国際的には「経済的、社会的及び文化的権利に関する国際規約（社会権規約）」で保障されている。

第8章　情報化社会

清本　修身

―――〈本章のねらい〉―――

　今日の世界は情報化社会、あるいは高度情報化社会としてしばしば特徴づけられている。情報を時代のキーワード、あるいは一種のシンボルとして位置づけながら、政治、経済、文化など、あらゆる社会活動の変化を理解しようという立場がこの社会学的分析を生んでいる。

　たしかに、進展するグローバリーゼーションの背景には、インターネットをはじめとする時空間を超えた情報技術の新たな登場があり、それが歴史的な社会変動の大きな起爆剤になっている。そして、誰もがこの情報革命の新時代を身近に感じとっている。しかし、その全体像を正確に認識することはきわめて困難である。

　そうは言っても、情報があらゆる社会領域に氾濫し、度合いの差はあっても、無視できない影響力を発揮している。こうした環境の中で、われわれは情報を取捨選択しながら、生活をしている。これが情報化時代に生きるわれわれの姿だとしたら、その実像に少しでも接近し、内実を解明していく必要はあるだろう。

　それを試みようとするのがこの章のねらいである。が、むろん、この複雑で、やや茫漠とした世界のすべてを照らし出すわけにはいかない。できるだけ多角的な視点からこのテーマを考えていくことにするが、これにうまく付き合うために求められるのは、学際的な知識をしっかりと涵養し、動員することである。その上で、国際社会を理解する1つの足場として役立ててほしい。

1　情報化と社会変動の構図

1　情報の価値体系

　情報とは具体的にどういうものなのか。これには当然ながら、限定的な定義はあり様がない。だが、一般的には「そこからメッセージが読み取れるもの」「区別でき、差異のあるもののすべて」ということになり、新聞、テレビなどメディアの発するニュース情報もあれば、音楽、書籍、映画、漫画、絵画、踊りなどあらゆる文芸活動に含まれているのも情報である。むろん、政治、経済、文化などだけでなく、DNA情報、指紋情報、医療情報など科学、物理などの分野でも同じである。ほかにも、たとえば、古代遺跡が発掘されると、そこに往時の生活状況などの情報が読み取れるわけだから、そうした遺跡も情報となる。つまり、人間活動の歴史のすべての所産として情報というものがある。

　こうして見ると、情報というものは量と質の両面から見て、計量的に測定不可能なものであろう。情報社会というのも、古来、人間は共同体の中で、さまざまな情報によって生きてきたことから、必ずしも特別新しい社会実体ではない。

　それでも、今日、情報化社会と改めて言われるのは、どういうことだろうか。それは数々の通信手段の技術革新によって情報の飛躍的な増加と地球規模の拡散が急速に進み、社会変容の重大なパラダイム（枠組み）となるまでになったからである。

　これに関しては多様な分析がされている。主要な技術革新が「創造的な破壊」をもたらし、情報流通の「量と速度」が増大して、社会活動のさまざまな分野で、情報の新しい価値体系が生まれ、社会変容につながっているのだ、という技術決定論的な考え方や、多様な情報メディアの驚くべき拡大によって今日の社会はその情報環境の大きな影響、支配を受けているためであるという見方もされている。また、社会の職業構成の変化に焦点を当て、あらゆるサービス産業を包含した情報関連労働者の

膨張から、その社会変容を捉える分析もある。この傾向に関しては先進国クラブとされる OECD（経済協力開発機構）がその報告書(1986年)で、「加盟国において、情報の創造や操作、およびそのための基盤支援に主として関わる雇用が増加を続けている」と述べている。

　これらの分析的観察はそれぞれが孤立してあるものではなく、相互関係性で理解するのが適切であるのだろうが、理論的研究としては米国の著名な社会学者ダニエル・ベルの論考や未来学者アルビン・トフラー、メディア研究者のハーバート・シラーの諸論文などさまざまある。

　ベルは著作『脱工業社会の到来』(1973年)などで、社会発展の歴史を前工業社会（農業中心）、工業社会（製造業中心）、脱工業社会（サービス業中心）の三段階に類型化し、脱工業社会では情報の量的、質的拡大が社会変化の重要な特徴になっている、と分析している。ベルはさらにその新しい社会がサービス産業で情報労働者の雇用増大をもたらしていると論じ、情報化社会の出現を規定した。

　トフラーは『第三の波』(1970年)で、現代文明は「第一の波」（農業革命）、「第二の波」（工業革命）に続く「第三の波」（情報革命）のうねりの中にあると指摘し、多様性を内包した新しい価値観と秩序を持った社会の出現を予測した。また、シラーは「高度資本主義が情報や情報技術に依存し、全体的な社会システムで情報の生産と流通が主要で不可欠な活動となった」との認識を示した。

　これらは産業社会論、あるいは文明論的な視点で捉えられた先駆的な研究であり、やや大まかな分析枠組みであることも否めないが、情報と現代の社会構造を考える一定の座標軸にはなっている。情報社会論的な研究はこのほかにも多くあるし、1960年代以降のポスト・モダニズム言説の世界にも情報を文化論的に研究する多彩な成果が生まれている。

　歴史の連続性という観点からすれば、どの情報社会分析もすべて段階的な発展として考えるべきで、やはり正確な全体像を見定めることは難しいと言えるが、われわれは「情報」がかつてないほど大きな価値体系に組み込まれた時代に生きていることは確かである。

2　情報公共圏の変容

　概観的に言えば、情報伝達の主役となってきたマス・メディアの発展の歴史は社会空間の変容と深い関わりを持っている。

　グーテンベルグの印刷術の発明（15世紀半ば）は聖書の普及によって、それまでの中世の宗教共同体に風穴をあけ、宗教改革への道を拓いたとされる。さらにその後、新聞、雑誌、書籍などの活字文化の興隆をもたらし、それぞれの領域内での共通言語（国語）の形成に一定の役割を果たした。それが国民的アイデンティティーの確立を促し、18世紀の国民国家の誕生につながっていったと言われる。この活字メディアの発達が公共の空間で市民の活発な言論活動を誘発し、国家の姿や形にも大きな影響を与えてきたのである。ドイツの社会学者ユルゲン・ハーバマスは19世紀の初期資本主義の時代において、活字文化がカフェやサロンで、開かれた議論、批判的精神を醸成し、国家から独立した「ブルジョア（市民的）公共圏」の形成につながった、と論じている。これは必ずしも新しいメディア技術が歴史的な社会変容を決定づけたということではなく、社会自体にも変化の芽が胚胎していたことは当然見逃せない。が、それでもそれなりの駆動力になったと言える。

　情報メディアは続いて19世紀半ばのモールス信号の発明を皮切りに電話、映画、無線通信などの相次ぐ登場による情報伝達手段の革新によって、次第にその活動領域の多様化と広域化を実現していくが、これらも同時に時代ごとの社会変容の誘因になってきた。

　20世紀に入り、ラジオ、次いで半ば以降にテレビが生まれ、とりわけ目と耳に訴求する（映像と音声）テレビは、市民生活に絶大な影響を与えてきた。テレビは衛星放送の時代を迎えて時空間の壁も一気に突き破り、本格的な情報化時代を担う主要メディアとして、多様な世界像を茶の間に持ち込み、世界の政治、経済、文化など人間の社会活動の領域を動かすまでになった。選挙の動向に少なからずの影響力を発揮し、経済の大量消費社会を下支えし、ファッション、ライフスタイルなどを牽引し

ている。現代の社会空間にこれほど深い刻印を残してきたメディアはほかにあまりないと言えるだろう。

テレビの衛星放送は情報グローバリゼーションの先兵としても位置づけられるが、20世紀末に登場したインターネットは既存のメディア概念を根底から揺さぶり、社会の新しいパラダイム・シフトを引き起こそうとしている。グローバリゼーションはすでに国民国家の溶解ともとれる現象を広げ、国家機能の数々の変容も迫っているが、インターネットの世界はそれらの現象をさらに定着させている。時空間の壁を今度は「瞬時」に飛び越え、しかも個人的なメディアとしての機能を持つインターネットは、世界的に爆発的な普及を遂げ、すでにメール（通信）、情報検索・交換、多様な電子ビジネスの展開のほか、行政サービス、選挙など公私の分野で、積極的に活用されている。選挙では2002年の韓国大統領選の帰趨に市民のこのネット情報網が大きな役割を果たしたと分析されているし、2004年の米大統領選でも選挙キャンペーンやその資金調達でかつてない威力を発揮した。どの国の選挙でもこのネット活用はさらに盛んになるだろう。

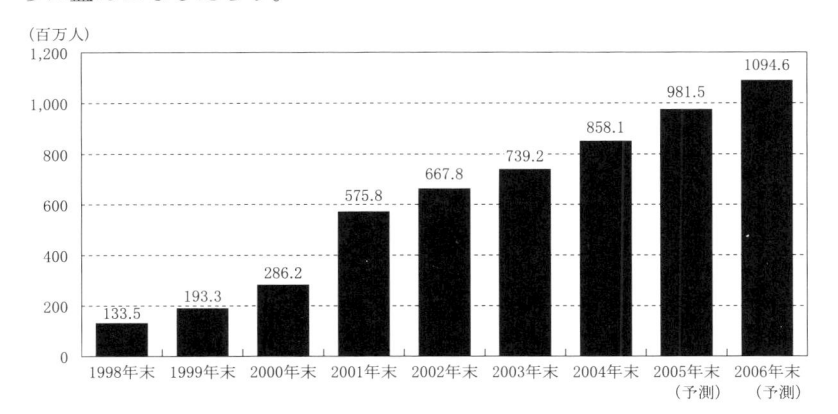

(百万人)

年末	利用者数
1998年末	133.5
1999年末	193.3
2000年末	286.2
2001年末	575.8
2002年末	667.8
2003年末	739.2
2004年末	858.1
2005年末（予測）	981.5
2006年末（予測）	1094.6

図8-1　世界全体のインターネット利用者数推移と予測（1998年–2006年）

注）世界全体のインターネット利用者数は、2004年時点で8億5,810万人である。今後もインターネット利用機器の普及により、人口がもっとも集中しているアジア地域やラテンアメリカ、東ヨーロッパなどを中心に増加し、2005年末には9億8,150万人に、2006年末までには10億人に達すると見ている。

出典）『インターネット白書2005』。

政治におけるインターネット利用はこれまでの代表民主主義に代わる直接民主主義の推進に役立つとの議論もされるようになっているが、世界の紛争や戦争でもネットの進出が目立つようになっている。90年代半ばのメキシコ・チアパス州で起こったマヤ先住民の反乱と政府の鎮圧作戦をめぐり、世界の人権団体がメキシコ政府に抗議するネット介入し、99年のコソボ紛争でのNATO（北大西洋条約機構）軍空爆をめぐっても、インターネット上で情報合戦が展開された。

　これらは既存メディアの情報独占を崩しかねない、国境を越えた市民レベルの情報発信の新しい地平を示すとともに、インターネットによる独自の公共圏形成の可能性さえ示唆するものである。しかし、問題はまだ数多い。たしかにこのネット空間は利便性や効率性に大きな利点があるが、基本的に無秩序のまま成長している。個人性の高いメディアであることがその理由であり、制御や管理システムがきわめて困難であり、そのシステムが開発途上にあることからすれば、どう信頼性を高める一定の秩序を構築できるのか、今後の推移を見守る必要があるだろう。

3　ネット社会の諸相

　メディアと法制という関係も情報化社会の正確な理解には欠かせない。新聞や雑誌、書籍はもっとも古い情報メディアであり、民主主義の発展の歴史の中で成長し、多くの国の憲法で保障された「言論・表現の自由」を基盤に公共圏での事業を自由に広げてきた。ラジオやテレビ事業は公共空間を利用する電波という特殊性から、それを管理する国家の許認可制のもとに置かれて、放送法などに基づいて運営されている。事業自体の法的な枠組みはやや違うが、報道の内容的にはどちらも「国民の知る権利」に応える情報サービスであり、公共性や倫理性、プライバシーや名誉毀損などの人権保護の法的義務の遵守が課せられている。今日の雑誌や新聞でしばしば名誉毀損の問題が発生し、またテレビでは視聴率至上主義による番組の低俗化が公共性や倫理性にからんで、これらメディアへの批判の目が向けられていることは否めないが、メディアと

法制でもっとも議論を呼んでいるのはコンピューターによるサイバースペース（電脳空間）とそのネット社会の管理問題である。

　従来、電気通信の分野は放送と通信に大別され、それぞれ異なった法制度で運営されてきた。放送は不特定多数を対象に電波で情報を伝送するマスコミュニケーションの形態をとるが、通信は電話や郵便を主体とした私的な形態であると想定されてきた。このため通信政策の基本は、憲法にある「通信の秘密保護」が前提とされ、表現の自由に関する諸問題は起こらないと考えられてきた経緯がある。

　しかし、インターネットの登場で、不特定多数を対象とする通信が可能になり、いわば公然性を有する通信であるということから、新たな法的対応が求められるようになった。ネット上の情報に、公序良俗に反するような猥褻表現や映像、名誉毀損、プライバシー侵害、さらには詐欺など数々の犯罪の温床となるような問題が発生したためである。また、ネット情報に侵入し、破壊するハッカー事件やネット情報と著作権の問題、クレジットカードや種々の個人情報の漏洩問題もしばしば起こるようになった。ネットは「匿名社会」であることにもよって、すでに述べたように無秩序な成長過程にある。

　こうした問題に対して、政府はネット不正アクセス禁止法やプロバイダー責任法などの新法を制定するほか、既存の法律の改正・適用などの措置をとっているが、ネットはその匿名性のほか、情報発信源の移動容易性などの問題もあり、事件としての摘発がいたちごっこにもなっている。ネットはむろん国際犯罪にも利用されているため、対応の国際的協調体制も進んでいるが、被害者は着実に増加している。

　これら犯罪性との関連は別にしても、ネット社会は情報化時代の中で、新しい監視社会の出現であるという認識も求められるだろう。個人情報が行政機関や金融機関などさまざまな企業組織、民間団体のコンピューターで管理され、ビジネス用、行政サービス用などそれぞれの目的で使われているが、この情報管理システム自体が各個人への監視機能を持ったものである。我が国で2005年4月から施行された個人情報保護法は、

情報の悪用を防止することを目指したものであるが、利用と悪用の境界線を具体的にどう引くかは、「意識」というきわめて個人的な心理の領域にもからみ運用の難しさは避けられない。もっとも、行政と個人情報という視点に立てば、この問題も新しいものではない。国家の発展過程では国民の個人情報は社会福祉や税制など幅広い政策の基礎データになってきたからである。そういう意味では監視社会は歴史的に展開されてきたとも言える（英作家ジョージ・オーウェルが著作『1984年』で描いた独裁者による監視社会とは違う意味で）。しかしながら、個人情報が異常に拡散した現代のネット社会は近代的な自由社会の危険な影と評することもできるだろう。

> 論点1　今日のネット社会では個人情報の流出事件が多発している。果たしてわれわれは便利な自由社会に生きているのだろうか。ネット社会の光と影をしっかり考えよう。

2　グローバル化時代のメディア

1　活発化するメディア再編

　伝統的にマス・コミュニケーション（マスコミ）メディアとされてきた新聞、テレビ、ラジオ、映画などの分野で、近年、画期的な変革・再編の動きが活発化している。これは多様なメディアの融合によって、情報発信力を高め、ビジネス利益の向上を図ろうというメディア業界の狙いによる動きである。が、それは同時に、業界の競争激化で、マルチ・メディア時代にうまく対応しなければ、生き残れないという厳しさを背景にしたものでもある。90年代半ばのインターネットという新メディアの出現、情報処理のデジタル技術革命がこの流れを加速させることになった。

　この新展開がもっとも大胆に見受けられるのはアメリカであり、とくにテレビ放送界である。アメリカでは80年代後半から90年代のITブームに乗って、情報産業の合従連衡が盛んになり、半ば以降、激しいM・

A（合併・買収）合戦が繰り広げられた。テレビ放送界はその荒波を受けた。

　米三大ネットワークとして生きてきたCBSは娯楽産業大手のバイアコム社に、ABCはディズニーに、また、NBCは畑違いのGE（ジェネラル・エレクトリック）に、それぞれ買収された。また、80年代初頭に登場し、世界的に市場拡大を果たしていたケーブルテレビのCNNは、雑誌や映画産業を抱えるタイム・ワーナーに買収され、タイム・ワーナーがさらにインターネット事業の大手AOL（アメリカ・オンライン）と合併したことで、AOL／タイム・ワーナーの傘下に入った（この両者の合併は「株式交換方式」で行われ、本来の事業規模は圧倒的にタイム・ワーナーの方が大きいにもかかわらず、ITブームによって株価が急上昇していたAOLが有利に進め、いわば小魚が大魚を呑んだ格好となったことやネットと既存メディアの大型融合として大きな注目を集めたが、事業的には成功しなかった）。これに加え、オーストラリア出身のルパート・マードック氏がイギリスで、タイム紙などの買収をしたあと、80年代後半に、アメリカへ進出し、新聞、映画、テレビなどを統合したメディア支配に乗り出している。米テレビ界は彼の立ち上げた新局FOXを加え、四大ネットワークと呼ばれるようになっている。

　GEのように異業種のメディア参入もあるが、ほとんどが情報産業の垂直統合となり、傘下にテレビ、ネット事業、映画、レコード、出版などの企業群を抱え、メディア・コングロマリット（メディア複合体）として世界規模で影響力を強めている。

　これに対し、米新聞業界は他メディアとの融合には当初、距離を置いてきた。米新聞界は親会社が配下に多数の新聞を抱えるというシンジケート方式で規模の拡張を図ってきたのだが、しかし、インターネット普及の勢いには抗することもできず、どこもネットのニュース配信を始めざるをえなくなった。これには長期にわたる新聞の販売部数の減少傾向ということや、ネット広告の激増ということもからんでいる。ただし、オンライン報道は基本的に無料であるため、広告料で経営経費をどう賄えるかという深刻な問題がある。

188　第8章　情報化社会

表8-1　メディア収入トップ20企業

順位	企業名	メディア収入(百万ドル) 2002年	メディア収入(百万ドル) 2003年	2003年伸び率(％)	2003年収入内訳(百万ドル) 新聞	雑誌	テレビ地上波	ラジオ	ケーブル	その他
1	Time Warner	28,203	29,247	3.7	0	4,514	660	0	15,473	8,600
2	Comcast Corp.	16,002	17,492	9.3	0	0	0	0	17,492	0
3	Viacom	15,939	17,252	8.2	0	51	7,761	2,098	5,595	1,748
4	Walt Disney Co.	9,991	11,239	12.5	0	298	4,806	612	5,523	0
5	NBC Universal (General Electric Co.)	8,325	8,177	-1.8	0	0	6,193	0	1,984	0
6	Cox Enterprises	7,348	8,108	10.3	1,400	0	523	426	5,759	0
7	Direc TV Group	6,445	7,696	19.4	0	0	0	0	0	7,696
8	News Corp.	6,884	7,532	9.4	168	5	4,422	0	2,313	624
9	Gannett Co.	6,076	6,330	4.2	5,610	0	720	0	0	0
10	Clear Channel Communications	5,851	6,138	4.9	0	0	268	3,695	0	2,175
11	Advance Publications	5,409	5,909	9.2	2,128	2,197	0	0	1,585	0
12	Echo Star Communications Corp.	4,430	5,410	22.1	0	0	0	0	0	5,410
13	Tribune Co.	5,199	5,398	3.8	4,017	20	1,323	38	0	0
14	Charter Communications	4,566	4,819	5.5	0	0	0	0	4,819	0
15	Hearst Corp.	3,731	4,045	8.4	1,458	1,900	687	0	0	0
16	Cablevision Systems Corp.	3,292	3,694	12.2	0	0	0	0	3,694	0
17	Adelphia Communications Corp.	3,426	3,584	4.6	0	0	0	0	3,584	0
18	The New York Times Co.	3,079	3,227	4.8	3,008	0	130	15	0	74
19	Knight Ridder	2,835	2,848	0.4	2,768	0	0	0	0	80
20	Bloomberg	2,240	2,380	6.3	0	0	0	11	63	2,306

注）メディアを"広告で支えられるメディアコンテンツと配給"と定義した順位。
出典）電通総研『情報メディア白書2005年』。

　日本の新聞の経営との比較で言うと、両者の大きな違いは、日本は販売と広告売り上げがほぼ半々なのに対し、アメリカはもともと広告売り上げが収入の8割近くを占めており、ネット配信上で広告が増加しても、全体の経営にそれほど貢献しない。そのため、一部の主要新聞はオンライン報道の課金制に踏み切っているが、それもどこまで消費者の理解を広げられるか不透明で、苦悩は続いている。
　こうした米メディア界の変貌の構図は、日本や欧州諸国でも着実に進展している。社会文化の差異や規制の度合いによって、その変化のスピードに多少の違いはあるにしても、本格的なブロードバンド（高速大容量通

信）時代を迎えた今日、動画のネット配信などでメディア融合はさらに大きな波になろうとしている。

　このメディア融合を媒介している新技術は、それ自体は本質的に「中立」的であるにしても、その適用には「思想（価値観）」や「影響力」が内包されている。そのことを考えれば、利益主義とメディア本来の公共的役割との折り合いをどう考え、調整すべきかの議論は今後、さらに高まっていくだろう。

コーヒーブレイク(1)

ハリウッド誕生物語

　「発明は99％の努力（PERSPIRATION）と1％の霊感（INSPIRATION）である」。白熱電灯や蓄音機など数々の発明で知られる米国のトーマス・エジソンの有名な言葉である。あえてこんな言葉を最初に引用したのはエジソンという人物を想起してもらうためだが、実は、この発明王は映画登場の歴史にも大きな役割を果たしている。

　映画の発明は一般的にはフランス人のリュミエール兄弟によるとされている。同兄弟が1895年、パリのレストランの一室で、自ら開発した活動写真映写機「シネマトグラフ」で、史上初めての有料の試写会を開いた。この映画のタイトルは「列車の到着」で、駅に着いた蒸気機関車がまわり一面蒸気に包み、客車のドアが開き、人々がプラットホームに降りてくる光景を映しただけのわずか数分のものだった。

　しかし、この数年前、エジソンはすでに「キネトグラフ」という活動写真の撮影機とその映写機を開発し、自らの研究所の敷地内に撮影所も建設した。そこで、何本かの活動写真を作り（これらも1分前後のもの）、興行主に売っていた。

　ところが、彼の発明したのは「覗き箱」方式の映像で、特許申請に際し、映写幕（スクリーン）を使用する可能性を盛り込まず、しかも、ヨーロッパでの特許申請もしなかった。この手落ちによって映画発明者としての栄誉をリュミエール兄弟に譲ってしまうことになった、と言われている。

　余談がやや冗長になってしまったが、それでもこの経緯は、アメリカが映画技術の草創期から優位にあり、後のハリウッド誕生につながっていった考えられる。映画はこのように歩み出し、20世紀初頭までに、大衆娯楽としてたちまち広がり、米国では映画館も9千館以上になった。ただ、まだこのころは1本の映画も30分程度で、映画館といっても掘っ立て小屋みたいものがほとんどだったが、やがて「ニッケルオデオン」と呼ばれ、ニッケル（五セント）の入場料をとる映画館が隆盛して、どこでも超満員の観客を集めるようになった。これには移民国家としての米国事情がからむ。当時は無声映画であったため、世界各地からやってきた英語もよく理解できない大量の移民者がかけがえのない娯楽として楽しんだのである。

この時期に主に東欧からやってきたユダヤ人移民がこの映画興行に目をつけた。欧州で決して社会的に安定した地位を築けなかった彼らは生き延びるための人間観察の目を磨き、人間の本質に訴えかける映画というものの可能性を見抜き、商売になると考えたのだろう。彼らは当初、映画館経営や配給業に専念するだけだったが、そのうちに映画をより多く手に入れるためにニューヨークなどで独自に映画制作にも乗り出した。だが、エジソン社と特許問題で紛争が起こり、撮影妨害にもしばしば遭った。その監視の目を逃れるために新しい撮影場所を探した。

　そこで選択されたのが当時はまだ未開地だった西海岸のロサンゼルス近郊のハリウッドである。この地は年間を通じて気候もよく、映画の大衆化から多作の必要性という条件にも適う上、周囲に砂漠もあって、人気を呼び始めていた西部劇の撮影にも好都合だった。何より、彼らユダヤ人の映画制作者は東部のアングロサクソン支配社会か離れたこの地でこそ、自分たちの映画王国を築き上げられると判断したのである。

　映画産業は東部から西部に拠点が移り、いよいよハリウッド誕生となるのである。これでわかる通り、ハリウッドの大手映画制作会社の創始者はほとんどがこのユダヤ人やその子孫たちである。パラマウント社、MGM社、20世紀フォックス、ワーナー・ブラザース社—などなどである。ただし、今日では激しいメディア産業の吸収・合併の荒波を受けて経営体制はほとんどが変化を遂げている。

　一方、このハリウッド物語で注目すべきことは、映画を世界の大衆消費文化として仕立て上げた多民族国家としての米社会の活力である。それを理解するためにこんな評言も参考にしたい。「多民族国家であることのつよみは、諸民族の多様な感覚群がアメリカ国内において幾層も濾過装置を経てゆくことである。そこで認められた価値が、そのまま他民族の地球上に普及することができる」(司馬遼太郎『アメリカ素描』)。

2　情報戦略（操作）

　情報操作というのは、社会活動、さらに個別的な人間生活のあらゆる断面で起こりうる現象と考えられる。情報戦略と情報操作の区別は本質的に難しいし、明確な区別の必要もないとは言えるが、一般的に前者はそれほど悪意的なイメージがないのに対し、後者は一定の意図的な欺瞞性が含意されて使われている。そうだとしても、なお情報操作は何らかの主体が能動的に行うものばかりではなく、受動的なもの、情報環境によって結果的にだまされるということがしばしばあることも認識すべきだろう。この前提も踏まえた上で、情報操作を定義すれば、「情報の送

り手として個人あるいは多様な統合組織（国家や国際機関も含む）が何らかの意図を持ち、直接またはメディアなどを介して、対象を一定の方向に誘導するコミュニケーション行動」ということになる。

　情報操作がメディア報道で中で、際立って目立つのは戦争報道である。その実情を少し考察をしておこう。

　「戦争が始まって、最初の犠牲者になるのは真実である」。この言葉は第1次世界大戦（1914年—18年）に際して、ハイラム・ジョンソン米上院議員が発した警鐘として有名である。この言葉は戦争報道の歴史と照らしてみても、きわめて有効性がある。だが、それはいわば当たり前のことでもある。どんな戦争でも情報戦略は、武器の力より死活的な重要性を持っているからである。　戦争はほとんどの場合、「大義」が唱えられ、その正否は別にして、大義自体がすでに情報戦略を構成することになる。その戦略は敵を凌駕し、国民を駆り立てるのにも必要と解されている。

　歴史的に国民動員の情報操作を巧みに駆使した例としてよく引き合いに出されるのがドイツ・ヒトラー時代である。第1次世界大戦の敗北とワイーマール共和国の政治的混迷期から登場したヒトラー・ナチズム政権は、鉤十字（ハーケンクロイツ）というシンボルマーク（現代風に言えば、ロゴ）を創案し、ゲッベルス宣伝相を起用して、数々の宣伝映画を製作した。1936年のベルリン・オリンピックもナチス・ドイツの威勢を国際的に誇示する行事として利用した。オリンピックで初めて聖火リレーを導入し、イベント性も演出した。1つの視点として、この政治的な情報戦略体制が第2次世界大戦へと突き進んだと考えれば、戦争報道という問題の内実はある程度理解できるだろう。同大戦での日本軍部の戦況発表にも多くの「ごまかし」があったことは周知の通りだが、むろん、連合国軍側の報道も同様である。これに対し報道メディアは、「真実を歪めた」との重大な批判は免れないことになる。

　しかし、それとて、戦争は国家の総力戦であり、検閲を含む情報統制は戦争遂行の不可欠な要素であることからすれば、報道上の困難さが常に付きまとう。これも無視するわけにはいかないだろう。このように

20世紀前半の戦争は、すべてではないにしても、おおむね報道メディアが戦争への協力体制に組み込まれていた、と言ってもよいだろう。

1960年代に燃え上がったベトナム戦争では、最も自由な報道が行われたとされている。この戦争における米軍のベトナム・ゲリラ勢力掃討作戦は多くの一般民間人を巻き込んで展開され、ミライ（ソンミ）村虐殺など数々の戦争の悲惨な内情がペンとカメラによって報道された。それによって米国内を始め世界で反戦運動が盛り上がり、70年半ば、当時のニクソン米政権は米軍撤退へと追い込まれ、和平協定によって戦争が終結した。戦争の真実を暴いたということでは、報道の大きな成果と言えるだろう。

他方、この戦争は米国社会に深刻なトラウマを残し、米政府が戦争の報道対策を再検討する契機にもなった。この際の議論は国家の安全保障と国民の「知る権利」をどう両立させるかという点が中心テーマになった。両者の妥協案として浮上したのが、「プール取材（代表取材）」という方式で、90年の湾岸戦争で本格的に適用された。プール取材というのは、前線取材に報道メディアを選択して（欧米の主要メディアは優先される）、全体の代表として同行させる方式だが、報道内容には、作戦遂行上の障害防止に関する数々の禁止項目も規定され、事実上の情報統制となった。この戦争ではコンピューター制御のハイテク近代兵器が登場したこともあり、「クリーンな戦争」とか「ビデオゲームのような戦争」と呼ばれたが、報道の制約があったことも、それには関係する。

だが、湾岸戦争は報道的には「ジャーナリズムの敗北」という見方がされている。これはやはりプール取材を最終的に受け入れたためであると言えるのだが、ただ、この取材方式も戦争当初の期間という約束があったと言う。それが最後まで続いたことで、米報道界は戦争後、「湾岸戦争は米国現代史の中で、もっとも正当に報じられなかった戦争」と総括する報告書を提出し、米国防総省に抗議した。

2001年9月11日の9・11同時テロに端を発するアフガン戦争では、主として米テレビ・メディアにテロの卑劣さを訴え、国民を結束させる愛

国主義的な報道が際立った。米主要テレビ局は「立ち上がるアメリカ」(CBS)、「われわれは勝つ」(ABC)、「アメリカの精神」(CNN) など、報道の中立性をほとんど省みないようなキャッチフレーズを掲げた。米政府も反テロ対策に障害となるような報道を自粛するようテレビ局に要請した。

続くイラク戦争 (2003年) では、今度は「埋め込み取材」という報道方式が採用された。これは軍と寝食を共にしながら、前線取材を認めるというものだが、そのねらいは報道陣に軍との連帯感を持たせるものであった。イラク戦争では、開戦の大義となった「大量破壊兵器の存在」が偽りであることが最終的に判明するが、多くのメディアはそれに振り回されることになった。

近年のこれらの戦争でもメディア側の報道に多様な疑問が投げかけられたが、見逃してはならないのは、戦争推進主体のますます巧妙化する情報操作手法である。戦争は古来、情報戦略が重要な装置となってきたが、情報化時代という今日の状況では、国民、国際世論を味方につけなければ、どんな戦争も勝利できない。それがこうした流れの背景にあるが、とは言っても、操作に踊らされた報道はやはりメディアの責任である。これに関連して理解しておくべきことは、一般ニュースも含め、とりわけ戦争報道では、各報道陣の国籍、彼らの社会的、政治的価値観がその報道の立場や内容に大きく投影されることである。

3　肥大化する広告産業

やや変則的だが、前節の流れの続きとして広告産業のテーマに入っていくと、戦争にも広告会社の「表立った」参入が目立ってきているのが近年の注目すべき特徴である。

湾岸戦争ではクウェート政府が契約した米大手広告会社によってイラク軍兵士の残虐ぶりを訴えるクウェート人少女の米議会証言 (ナイラ証言) が行われた。米社会、さらには国際社会に対し、クウェートへの同情と共感を訴求する戦略で、この証言はテレビや新聞で大きく報道さ

れたが、その後、少女は駐米クウェート大使の娘で、目撃証言も捏造と判明した。また、90年代初めの旧ユーゴスラビアのボスニア内戦では、軍事的に劣勢にあるイスラム系住民側の委託を受けて、米広告会社がセルビア人勢力の非道さを強調する「民族浄化」というにフレーズを創案したとされている。かつてのナチズムのホロコーストを髣髴とさせるようなこのフレーズも、むろん国際世論を味方にするためのキャッチ・コピーで、世界のメディアにはこの象徴的な「記号」が氾濫した。

9・11テロ後に、ブッシュ政権は国務省の広報戦略担当の高官として広告会社社長を抜擢した（後に更迭）。

これらは現代社会での戦争と広告産業の接近を例示するものであるが、「表立って」と断ったのは、歴史的にもそれは決して新現象でないからである。第1次世界大戦では、米国は広告関係者らを招き、参戦の国内世論を誘導するために「クリール委員会」を設置したことなど、むしろその関係は深い。

広告産業は商業的な利益を求める広報活動、あるいは宣伝（プロパガンダ）活動であり、その各用語に一定の境界線があったにしても、大きな情報戦略の枠内では、渾然一体としたものと考えてよいだろう。そのため、多様な宣伝分野に進出しているのがその実態ではあるが、それでも、「平和」と「経済発展」がこの産業の拡大に不可欠なキーワードであることに変わりはない。資本主義の歴史的な発展とともに育ち、冷戦後の世界で広まった市場経済主義に後押しされて、一層の巨大産業として成長を遂げたのである。自由で豊かな大衆消費社会がそれを支えてきたことや、価値観の多様性を提示してきたという意味では、民主主義の発展に貢献してきたという見方もできる。

肥大化したこの産業の今日の活動を見ると、一般企業広告ばかりでなく、民営化(1984年のロサンゼルス大会)後のオリンピックやサッカーワールドカップなどのスポーツ大会や万博など多種多様な国内、国際的イベントにもビジネス参加をしている。政治の分野でも選挙戦略のみならず、行政広報などにも深く関与している。

表8-2　地域別広告費

(単位：100万USドル)

地　域	2004年			2003年		
	広告費	シェア(％)	前年比(％)	広告費	シェア(％)	前年比(％)
北米	254,573.7	53.9	5.5	241,277.9	54.6	2.3
中南米	15,247.5	3.2	14.8	13,281.3	3.0	10.1
ヨーロッパ	112,866.1	23.9	6.8	105,688.0	23.9	2.8
アジア	71,836.3	15.2	7.8	66,621.1	15.1	4.4
オセアニア	8,186.5	1.7	12.1	7,302.4	1.7	9.7
中近東	6,737.9	1.4	24.2	5,423.4	1.2	11.6
アフリカ・その他	2,872.3	0.6	16.3	2,469.8	0.6	5.3
総広告費	472,320.2	100.0	6.8	442,064.1	100.0	3.2

注） 1　USドル換算レート：2004年平均。
　　 2　2003年の広告費は2004年のUSドル換算率で計算。
出所）英ゼニス・オプティメディア社、2004年の調査。

　今日の世界の広告市場は約4,723億ドルにのぼり、アメリカはその半分強の約2478ドル、日本は2位で、約400億ドル、3位はイギリスの約200億ドルなどとなっている（英調査会社ゼニス・オプティメディア、2005年報告）。近年、インターネット広告が急増しているのが大きな特徴で、また、地域的には、経済成長の目覚しい中国の広告市場の規模拡大が注目されている。

　これらの数字は情報産業の中で、広告産業がどれだけ大きなシェアーを占めているかを示しているが、社会の公共圏での「説得的コミュニケーション」、あるいは「イメージ形成術」とも称されるこの広告の世界は、一方で情報操作術が高度化した側面もある。それが果たして公衆の利益にどうつながっているのかどうか。社会性を訴える無料の公共広告が欧米を中心に伸びているともされるが、広告メッセージの商業主義の本質ともからんで、それを正確に読み取ることも忘れてはならないだろう。

論点2　新聞、テレビなど既存メディアとインターネットの融合は多様な展開を見せているが、数々の問題も提起されている。この融合を取り巻く諸問題を深く検討しよう。

3　国際情報環境とその課題

1　情報秩序と情報格差

　世界におけるメディア情報の流れをめぐる諸問題は、歴史的にも多様な取り組みが行われてきた。冷戦時代の1960－70年代には欧米諸国のメディアによる情報支配に対して、開発途上国の第三世界から異議が唱えられ、ユネスコ（国連教育科学文化機関）はこの問題に焦点を当てた会議を開催してきた。その背景になったのは、途上国の経済開発、拡大する南北の経済格差という問題である。国連はこれの解決を目指し70年代に新国際経済秩序という理念を宣言したが、第三世界は経済開発を阻害している大きな原因の1つに西側先進国の途上国に対する文化的態度がある、と指摘し、文化的な支配や情報の流れをめぐる論議に発展した。「先進国のメディアは大がかりな宣伝により、工業化世界の世論が第三世界に源を発するあらゆる主張や要求に背を向けるような条件づけを行ってきた」（当時のチュニジア・ユネスコ常任代表）といった意見が投げかけられた。

　こうした論議の中で、72年、ユネスコ総会は世界の富裕国のメディアがどのように「国際的な世論の支配、または精神的、文化的な汚染源に至る手段になってきたか」に注意を促した。また、78年、同総会は「均衡のとれた情報の流れ」を謳いあげた新マス・メディア宣言に合意した。70年代に盛り上がった資源ナショナリズムもからんで途上国は経済的により強い立場を目指す一方で、新国際情報秩序の構築にも挑戦しようとしたのである。しかし、こうした対立も「言論・表現の自由」という政治理念や「情報の自由な流れ」といった基本原則とからんで、具体的な成果にはつながらず、途上国側は結局、防衛的な政策しかとれなかったのが実情である。ユネスコでの論議も80年代に入り、米レーガン政権のユネスコ脱退（84年）後、一旦雲散霧消し、途上国に大きな欲求不満を残した。

だが、その一方で、国際経済はグローバル化の一途をたどり続け、相互依存がますます強まってきた。とりわけ、冷戦終結後の世界は自由競争の激化とIT（情報技術）社会の登場によって、経済秩序、情報秩序とも再び大きな変貌を遂げるようになった。インターネットが多様な電子ビジネスや情報流通のボーダレス化を一層加速させているが、このITインフラに関して世界の格差が大きな問題となってきた。いわゆるデジタル・デバイドである。それだけでなく、インターネットを基軸とした高度情報化社会のガバナンス（統治）にどう取り組むかも新たな課題として浮上してきた。この高度情報化社会に対応するため、情報通信関連では初めてのサミットとして国連は2003年12月、スイス・ジュネーブで世界情報通信サミット（WSIS ＝ WORLD SUMMIT ON INFORMATION SOCIETY）を開催した。国連の専門機関であるITU（国際電気通信連合）が中心となって準備されたこのサミットは、「情報社会に関する共通のビジョンの確立および理解の促進を図り、そのビジョンの実現に向けて協調的な発展を遂げるための戦略的行動計画を策定する」ことを目的とし、2005年11月、チュニジア・チュニスで、その第2回サミットが開かれた。この一連の会議で、①デジタル・デバイドの解消、②ITに関するグローバルな決定プロセスへの途上国の参加、③文化の多様性の保障、④情報通信技術に関する人材開発と教育支援——などの行動計画が採択された。これらの内容はIT後進国が情報革命の大きな流れから取り残されないよう国際的な協調体制を固める決意を示しているが、インターネットの管理システム（ガバナンス）が米国の圧倒的な支配下にあることに対する反発は各国に潜在している。

　ちなみに日本は2000年に通称「IT基本法」と呼ばれる「高度情報通信ネットワーク社会形成基本法」を制定、2001年には「e-Japan重点計画」などを発表し、IT戦略本部が中心となり、世界最先端のIT国家となることを目標に掲げた。

2　文化摩擦とメディア

　情報秩序や情報格差とも関連してしばしば指摘されている問題に文化摩擦がある。先述のユネスコ会議でも言及したが、冷戦終結後、この問題は大きな議論として改めて浮上している。冷戦終結直後は、「平和の配当」論、平和な世界像が語られたが、旧ユーゴスラビアの民族紛争の激化などで、その世界像が暗転し、宗教、文化などが紛争の重大な対立要因となる構図が次第に鮮明になった。20世紀末に出版されたサミュエル・ハンチントンの「文明の衝突」は世界を文明、文化的視点から一定の地域分けをし、対決・衝突していく可能性を予言し、この新しい潮流を強く印象づけた。冷戦時代のイデオロギーに代わって、「文化」が世界秩序に重要な意味を持つようになった。

　この時代の変化にメディアはどういう役割を果たしているのだろうか、という問いかけもされる。欧米の主要メディアによる圧倒的な情報発信力によって、世界各国の固有の文化が侵食され、摩擦を起こしていることは国際社会の情景の中でしばしば見受けられるようになっている。

　少し具体例を挙げてみよう。2002年の韓国でのサッカーワールドカップの際、韓国では犬肉を食べる食習慣があり、それが動物虐待である、とフランスの有名な女優がテレビ出演して非難した。これに対し韓国側は反発し、フランスの代表的料理フォアグラを槍玉にあげた。フォアグラはガチョウの肝で作るが、その肝はガチョウを鉄柵で動けないようにして飼い、口に漏斗を差し込み、餌を与えて強制的に大きくしたものである、とし、それこそ動物虐待だ、とやり返したのである。日本人の鯨肉の食習慣も、世界の反捕鯨勢力の圧力によって次第に衰退してきたことも文化摩擦現象である。

　政治、経済の場面でも、たとえば、1999年12月のWTO（世界貿易機関）シアトル閣僚会議に、世界のNGO（非政府組織）や市民団体が数万人押し寄せ、反グローバリズムを叫んで、会議を麻痺させた。この会議は新貿易自由化交渉（新ラウンド）立ち上げの枠組みを協議する目的で開かれたが、米国主導によるグローバリズムは途上国の利害を無視するものだ、

と抗議の気勢をあげた。2001年7月のイタリア・ジェノバでの先進国首脳会議（サミット）でも、「金持ちクラブのグローバル支配に反対」を叫ぶ数万人のデモが行われた。これらも先進国と途上国の政治、経済の価値観にからむ文化摩擦と見ることができるだろう。

　9・11同時テロ後、イスラーム世界とキリスト教世界の政治・文化の摩擦現象が大きく膨らんだことも、問題の深刻さを示している。1996年ペルシャ湾岸の小国カタールで創設された衛星放送「アルジャジーラ」が9・11同時テロ後、独自の映像やアラブ世界の声を伝える報道をし、世界で大きな注目を集めた。中東初の24時間放送に育っている同放送は「1つの意見があれば、また別の意見もある」を報道のモットーに掲げ、世界に視聴者を拡大しているが、メディアの影響力競争という視座からすれば、文化摩擦現象ととれなくはない。

　各国メディアによって引き起こされる文化摩擦はその背景にそれぞれの国民文化に基づく価値観を体現するナショナリズムがどうしても関係するが、アメリカなどのメディアは文化的覇権主義と見られることも多い。メディア情報をこうした角度から捉える論議はむろん、長い歴史を背負ったものでもある。80年代に世界を席巻したアメリカの人気テレビ番組「ダラス」やディズニーのアニメ（たとえば、ドナルド・ダック）でも、文化帝国主義という批判的論争が巻き起こったことがある。この論争は先進国対途上国という対決図式ばかりでなく、「ダラス」では、当時のフランスの文化相ジャック・ラングが83年に「アメリカの文化帝国主義の象徴」であるとまで断言した。

　その論争には各時代の政治的な文脈が入り込んで、解釈に複雑さを増す傾向も避けられないが、今日の世界はグローバリゼーションが一層進む一方で、それぞれの国民文化を守ろうとするナショナリズムも高まっている。このせめぎあいの中で、多様な形の文化摩擦はますます顕在化していくだろう。インターネットという新情報伝達メディアの爆発的な普及は世界の市民レベルでこの流れをすでに加速させている。

　メディアと文化摩擦は「国家の主権と国際的コミュニケーション」と

いう根源的な問題を含んだテーマでもあるが、近年、メディア側に強く求められているのは「文化多元主義」あるいは「文化相対主義」という考え方をしっかりと確立する必要性である。摩擦を助長するのではなく、文化の相互理解を促し、調和、融合を図るような役割を自覚することがなければ、メディアは危機を迎えることになるだろう。

3　メディア・リテラシー

　多様なメディアの発展に伴い、われわれは「情報爆発」とも言われる情報氾濫の時代を迎えている。ときにそれは「情報公害」とも言えるような有害情報の氾濫の様相も呈しているが、誰もがその多様なメディアに浸って生活している。それが現実である以上、メディアが形成する社会のイメージに、多かれ少なかれ影響を受けるのは避けられない。そのため、メディアが発信する情報をどう読み解くべきかを学ぼうという活動が情報の受容者側から起こり、近年、盛んになってきたのがメディア・リテラシーである。

　情報をめぐる環境というのは基本的に発信側と受容側が「非対称」形になっている、と考えてよい。受容側はどんな情報のテーマにも専門家であることはないだろうから、どうしても発信側の情報メッセージに操作されがちとなる。米国の政治学者であり、ジャーナリストでもあったウォーター・リップマンは著作『世論』(1922年) で、人間とメディア情報に関して「擬似環境」という概念で捉え、「われわれは自分で見る前に外界について教えられ、経験する前に、ほとんどの物事を想像する。そして先入観に支配される」という議論を展開した。さらに「われわれはたいていの場合、見てから定義しないで、定義してから見る」とし、大量の情報を制御する必要からメディアによって採用される「ステレオタイプ」に大きな影響を受けていることに警鐘を発した。リップマンの著作は第1次世界大戦後の混乱期の中で、大衆心理の形成過程を分析するために書かれたものだが、今日でも人間と情報環境を考える際によく引用され、メディア・リテラシーの必要性を支える有効な思考基盤となる

だろう。

　メディア・リテラシーはむろん情報の受動的な解読努力を意味しているだけではない。メディアは公共の空間での活動であるため、市民はその公共の領域を広げるための積極的な活動にも取り組まなければならない。リテラシーとは識字力や読解力を意味するだけではなく、広く教養があることをいう。したがって、メディア・リテラシーは、多様なメディアの制度化された情報発信に関し、その情報操作の圧力に対するいわば予防ワクチンのようなものである、と考えるだけではすまない。公共空間での表現の領域をいかに多様化し、民主化し、意義のある表現の交流を活発化させるかという能動的な問題でもある、と理解すべきだろう。

　メディア教育あるいは情報教育は今日、世界の小学校から大学まで多くの教育現場でいろいろな取り組み方で実践されている。民間の団体もNGO方式などで、その活動を活発化させている。インターネットやビデオ機器を使って、情報を発信する手法も採用されている。情報の受け手としての立場から発信する立場としてもこのリテラシー問題に取り組む能動的な姿勢である。

　アメリカではこの市民の情報発信を支援する「パブリック・アクセス」という制度がある。これは自治体とケーブルテレビ（CATV）会社の契約によって成立している市民に開放されたチャンネルである。CATVは地域の独占サービスであるため、自治体はその見返りとして市民にチャンネルの一部を開放するよう要求できる。このシステムによって市民が自由に製作した番組を一定の時間（時間は各社によって多少がある）無料で流すことができる。アメリカは全国に1万社近くのCATVがあり、数千社がこの「パブリック・アクセス」を活用した番組を流しているが、その内容も政治・社会問題を扱ったドキュメンタリーや一般討論番組、芸術や趣味の番組など多岐にわたっている。番組の中には地域のチャンネルから飛び出して全国的にヒットしたものも生まれている。

　市民の手作りのこうした番組がメディア・リテラシーの手段となっていることは、情報への多様な視点を提供するという意味で、たしかに市

民参加型民主主義の前進に大いに役立つものであろうし、一層複雑化する情報社会を読み解く参考にもなる。しかし、もっとも重要なことは、これらも含めたメディア情報をいかに冷静に、批判的に分析できるかどうかである。批判的というのは、決して否定的というネガティブな思考ではなく、適切な基準や根拠に基づく論理的思考である。

テレビを見て、ビデオゲームをし、音楽を聴いて、パソコンでインターネットというのは現代の若者の生活風景である。彼らは「差し込み世代」（機器をプラグに差し込む）とも形容されているが、どの情報メディアにも潜むマイナス効果にはしっかりと目を向けていくことこそ、リテラシーということになる。

> 論点3　メディア情報とその商業主義は国際社会の平和共存に貢献しているか、いないのか多角的な視点で議論してみよう。

コーヒーブレイク(2)

パブリック・ディプロマシー（Public Diplomacy）

　1989年のベルリンの壁崩壊によって第2次世界大戦後から続いた東西冷戦が終結し、世界は新国際秩序を模索しながら複雑な展開を見せている。国際社会のこの多様な展開の主旋律になっているのは、社会全般にわたる自由競争の激化である。国家間のその競争は国益追求の一層の重視であり、厳しい外交合戦となっているが、冷戦後のこの外交分野に「パブリック・ディプロマシー」という概念が装い新たに、大きく登場している。

　外交いうのは伝統的に国家が最大のプレイヤーである。その基本はむろん、今日もそれほど変わらない。しかし、冷戦後の世界では、グローバリゼーションの進展に伴い、国家の安全保障や民主主義のあり方になどに大きな変化が生まれている。安全保障問題はボーダレス社会の中で、国際化する犯罪、感染症、麻薬など身近な人間の生活を脅かす諸問題にも深く関与しなければならなくなっている。国連が打ち出した「人間の安全保障」という考えはこの流れに呼応するものである。冷戦後、拡大した世界の民主主義のあり方も、NGO（非政府機関）など市民団体の活動が広がり、より市民参加型になっている。

　こうした時代背景の中で、国家観、国力に対する見方が変化し、軍事力や経済力（ハードパワー）のみならず、知識や文化などのソフトパワーの重要性が強調されるようになった（ハーバード大・ジョセフ・ナイ教授のソフトパワー論はその代表例）。

この思考のいわば新基軸と情報化時代を融合させて、推進されているのが「パブリック・ディプロマシー」である。「装い新たに」と冒頭で書いたのは、「パブリック・ディプロマシー」の概念自体は新しいものではないからだが、その中身を大づかみで言えば、それぞれの国家の持つ政治、経済、文化などあらゆる活動の「魅力的」な要素を官民総力をあげて、広く国際社会に売り込もうという戦略である。ソフトパワー外交の情報戦略と捉えることができる。国家イメージのブランド戦略という見方もできるだろう。

　こうした戦略によって、国際的な信頼や評判（魅力）という新時代にふさわしい資産（富）を追求しようということであるが、イギリスのブレア政権（1997年発足）がこの「パブリック・ディプロマシー」推進の火付け役となった。同政権は国家イメージを売り込むキャッチ・コピーとして「クール・ブリタニア（かっこういいイギリス）」を作成し、経済、科学、文化、観光など多彩な分野で自国の持つ「魅力」を売り込むキャンペーンパーを展開した。国家のあらゆるソフトパワー資源をブランド化し、付加価値をつけたメッセージ（情報）を発信したということになる。キャンペーンは、ある意味では政府主導であるにしても、多くの関連民間諸団体を総動員し、それらが前線に立って参加し、諸外国の国民にアピールすることが、「パブリック・ディプロマシー」の中心的概念である。アメリカでも9・11同時テロ事件後、国務省が対アラブ諸国の国民に対する文化広報戦略を強化している。

　ちなみに、日本の小泉政権も「クール・ジャパン」なるスローガンを掲げ、通商産業省の情報関連産業の輸出促進政策や外国人観光客の誘致作戦にそのスローガンを活用している。

〈参考文献〉

1　佐藤卓巳『現代メディア史』岩波書店、2004年
　19世紀半ばから今日に至る出版、新聞、ラジオ、テレビなどマス・メディアの発展の歴史とその社会的影響などを概観した必読すべき書である。

2　フランク・ウエブスター（田畑暁生訳）『「情報化社会」を読む』青土社、2004年
　情報化社会に関する主要な理論分析を俎上に乗せて、多様な角度から検討を加えた著作で、わかりやすく書かれており、大いに参考になる。

3　武市秀雄・原寿雄『グローバル社会とメディア』ミネルバァ書房、2003年
　グローバル時代を迎えた中でのジャーナリズムの問題点、その課題を政治、経済、文化など多角的視点から論評した書。

4　アンソニー・スミス（小糸忠吾訳）『情報の地政学』TBSブリタニカ、1982年
　歴史的な情報秩序の形成過程を踏まえ、先進国と途上国の情報格差の問題、それ

に対する取り組みなどを解説されている。

5　小林雅一『グローバル・メディア産業の未来図』光文社新書
　1990年代半ばのインターネット登場によって起こったメディア関連企業の大型合併によって巨大化する米国のメディア産業の実情を描いている。

6　ジョン・トムリンソン（片岡信訳）『文化帝国主義』青土社、2003年
　先進国の巨大なメディア支配によって生まれている文化帝国主義という概念を冷静に分析、多様な言説を点検した学術書。

7　山田健太『法とジャーナリズム』学陽書房、2004年
　ジャーナリズムとその法的な枠組み、具体的な諸問題をめぐる判例などを取り上げて解説している。報道に関する法制を理解するのに役立つ。

8　井上数馬『アメリカ映画の大教科書（上）』新潮社、1999年
　ハリウッド映画に関する歴史書というべき内容も著作で、数々の名画の監督、主演俳優などを取り上げ、多彩なエピソードを紹介している。

―――――――――　用語解説　―――――――――

OECD（経済協力開発機構）
　市場主義を原則とする先進国中心の経済協力機関。1961年発足し、現在加盟国は30カ国。本部はパリ。

NATO（北大西洋条約機構）
　戦後の東西冷戦激化に伴い、1949年、米国、カナダ、西欧12カ国で結成された共同防衛組織。冷戦後、旧東欧諸国などを包含し、26カ国体制となっている。

WTO（世界貿易機関）
　関税その他の貿易障害を除去し、世界の自由貿易の円滑な推進を目指し、1995年、前身の関税貿易一般協定（ガット）を発展的に改組して結成された機関。加盟国は148カ国・地域（2004年12月現在）

プロバイダー責任法
　2001年施行。ネット上で中傷などの被害を受けた場合、被害者は発信者の身元の情報開示請求権を持つことや違法な情報に対するプロバイダーや電子掲示板の主宰者の削除権を認めるなどの措置を盛り込んでいる。

不正（無制限）アクセス禁止法
　1999年施行。国際的なサイバー犯罪条約の国内法化の一環として成立した法律で、勝手に他人のサーバーに侵入するハッカー対策などネット特有の犯罪の取締りを目的としている。

株式交換方式

　企業合併などの際、企業の事業規模や資産などを基準にせず、それぞれの株式の時価総額をもとに、合併するする方式。これだと事業規模の小さな企業でも株式の時価総額が大きければ、有利になる。

クリール委員会

　民主党のウイルソン大統領が第1次世界大戦への米国の参戦を促すために設置した広報委員会（Committee On Public Information: CPI）。新聞編集者のジョージ・クリールを委員長とし、国務長官や陸、海軍長官らが参加、全米的に大規模な反独キャンペーンを展開した。

第9章　ヨーロッパ統合

星野　　郁（1・2節）
中本真生子（3節）

───〈本章のねらい〉───

　ヨーロッパ統合は、半世紀以上に及ぶ長い歴史を持ち、深化と拡大の過程を経て、今日に至っている。ヨーロッパ統合は、ヨーロッパ大陸における恒久平和と繁栄の確立を目的とし、国民国家の限界を超国家的な統合を通じて止揚しようとする、歴史的に見てもきわめてユニークな試みである。EU（ヨーロッパ連合：European Union）への加盟国は、25カ国を数え、さらに拡大が見込まれるとともに、巨大な経済力と単一通貨ユーロを擁し、グローバルな舞台でも影響力を強めている。地域統合の隆盛は、今日世界の趨勢であり、北米や中南米、東アジアでも地域統合の進展が見られる。しかし、ヨーロッパ統合は、その歴史の古さや統合の深さ、規模の点で群を抜いており、他の地域統合のモデルとなっている。本章では、こうしたヨーロッパ統合の歴史的歩みと到達点について概説し、グローバル・アクターとしてのEUの役割および克服すべき統合の諸課題について論じる。また、ヨーロッパ統合がヨーロッパの人々の生活や価値観にどのような影響を与え、EUがヨーロッパにおける複雑な文化・民族問題にどのように対処しているのかについても見ていきたい。

1 ヨーロッパ統合の展開

1 ヨーロッパ統合の原点

　ヨーロッパは、15世紀以来、世界の政治、経済、文化の中心として繁栄を誇った。しかし、20世紀に入ると2度にわたる戦争を経験し、著しい国土の荒廃を余儀なくされ、さらに新たに台頭した米ソ二大超大国の対立の狭間で没落の危機に直面した。そこで、ヨーロッパは、悲惨な戦争の経験を踏まえ、恒久平和の確立と安定、繁栄の実現を目指してヨーロッパ統合をスタートさせることになった。その際、中心的な役割を担うことになったのが、ドイツ（当時は西ドイツ）とフランスである。両国は、フランス外相シューマンの提案により欧州石炭鉄鋼共同体（ECSC）を設立し、何世紀にもわたり戦争の原因であった国境地域の石炭資源と鉄鋼産業を共同の管理下に置くことで、相互不信を取り除いた。ECSCには、独仏両国に加え、もともと統合志向やヨーロッパ志向の強いベネルックス諸国やイタリアも加わり、こうしてヨーロッパ統合推進の基礎が築かれることになった（表9–1）。

　加えて、注目すべきは、当時はアメリカもヨーロッパ統合を支持し、潜在的対抗者となりうるヨーロッパの再建を積極的に後押ししたことである。アメリカは、統合プランの立案や推進に当たり、ヨーロッパ各国の間で戦略的仲介者の役割を演じた。また、ヨーロッパの復興のために巨額の援助（マーシャル援助）を行うと同時に、**NATO**（北大西洋条約機構）の設立も主導した。ヨーロッパに対するアメリカのこうした積極的関与の背景には、ヨーロッパの民主化に懸ける、元来の理想主義の発露もさることながら、ますます先鋭化する東西冷戦のもとでソ連との対抗を強く意識していたことがある。アメリカは、ソ連に対抗するために西ヨーロッパへの軍事的、経済的梃入れが急務と考えていた。中でも、東西冷戦の最前線に立つ西ドイツは、アメリカにとってもっとも重要な戦略的パートナーと位置づけられ、フランスとの和解により再軍備が可能と

表9-1 ヨーロッパ統合の歴史

1952年	ECSC（欧州石炭鉄鋼共同体）設立
1954年	EDC（欧州防衛共同体）挫折
1957年	ローマ条約の締結によりEEC（欧州経済共同体）設立
1967年	EC（欧州共同体）へ改組
1968年	関税同盟および共通農業政策完成
1969年	EMU（経済・通貨同盟）計画浮上
1973年	第1次拡大（イギリス、デンマーク、アイルランド加盟）
1979年	EMS（欧州通貨制度）発足
1981年	第2次拡大（ギリシャ加盟）
1985年	域内市場白書
1986年	第3次拡大（スペイン、ポルトガル加盟）
1987年	単一欧州議定書の締結により域内市場統合計画開始
1988年	EMU構想再浮上
1989年	ベルリンの壁崩壊、冷戦体制の終焉
1990年	統一ドイツの誕生
1992年	マーストリヒト条約の締結（EU（欧州連合）設立）
1995年	第4次拡大（オーストリア、スウェーデン、フィンランド加盟）
1997年	アムステルダム条約の調印
1999年	ユーロ導入開始
2002年	ニース条約の調印
2004年	第5次拡大（中東欧の10カ国加盟）
2005年	フランス、オランダでEU憲法条約否決

なった。こうしてヨーロッパ統合は、西欧から始まったが、当初は東西冷戦対立の刻印を色濃く帯びていた。

2 ヨーロッパ統合推進のてことしての経済・通貨統合

　ヨーロッパ統合は、すでに述べたように政治主導で始まった。しかし、統合の目標や進め方をめぐって、やがてヨーロッパ各国の間で深刻な意見の対立が表面化することになった。ドイツやイタリアは、超国家的な統合を推し進め、ヨーロッパ・レベルで連邦国家を形成すべきであるという連邦主義アプローチを主張する一方、フランスは、統合はあくまで国家間の協力にとどめるべきであるという政府間主義ないし国家連合主義アプローチを主張し、ヨーロッパ・レベルへの国家主権の移譲には真っ向から反対した。そのため、欧州防衛共同体の挫折に見られるように、政治統合の推進は、大きな困難に直面することになった。

　そこで、政治統合に代わり、経済統合（そして後に通貨統合）が、ヨーロッ

パ統合推進のための新たな戦略的手段として浮上することになった。その理由は、各国の主権や利害が鋭く対立する政治統合に比べて、経済統合に関しては、すべての加盟国の利害が一致し、その推進も容易であると思われたことから、統合推進派のエリートが経済統合を梃子にしてヨーロッパ統合の推進を図ろうとしたことにある。経済統合固有の領域では、ヨーロッパの経済成長を促進し、経済力でアメリカに伍していくためには、狭隘な国内市場の限界を打破し、西欧レベルで統一市場を創出する必要があると考えられていた。第2次世界大戦後に、海外植民地のほとんどを失い、外延的発展の道を閉ざされたヨーロッパにとって、内包的発展を目指す以外に他に選択肢はなかった。

　こうしてスタートした経済統合は、その目論見通りに、50年代から60年代にかけて目覚しい進展を見せた。ヨーロッパにおける経済統合の進展は、GATT（関税および貿易に関する一般協定）を通じた世界貿易自由化の流れともうまくマッチしていた。1958年にはEEC（欧州経済共同体）が設立され、1968年には、関税同盟と共通農業政策から成る共同市場の完成を見た。そして、こうした経済統合の進展によって、ヨーロッパ経済もまた目覚しい発展を遂げた。さらに、60年代の末には、こうした経済統合の成果の上に立って、通貨統合、すなわち為替変動幅の段階的縮小から不可逆的固定を経て単一通貨の導入に至るEMU（経済・通貨同盟）の創設が構想されたが、70年代初めのブレトンウッズ体制の崩壊や世界恐慌、さらにはヨーロッパ各国間の利害対立の先鋭化により、計画は挫折を余儀なくされた。しかも、各国は深刻な不況を打開するために国内産業の保護を強めたことから、経済統合も後退を余儀なくされた。

　けれども、70年代の末には、ドルの撹乱に端を発したヨーロッパ域内の為替レートの混乱や、アメリカのみならず日本をはじめ東アジア諸国との競争の中で、次第に鮮明となっていったヨーロッパの産業の国際競争力の低下や経済衰退への危機感、さらには対ソ安全保障政策をめぐる対米不信の増大が、ヨーロッパ各国に相互協力と結束の重要性を再認

識させ、経済・通貨統合を再び軌道に乗せるきっかけとなった。冷戦体制下でアメリカの忠実なパートナーであったヨーロッパのアメリカ離れは、この時に始まったといってよい。他方、アメリカはアメリカで、この時期以降次第にヨーロッパ統合に冷淡になっていく。

　1979年には、ヨーロッパ域内での為替レートの安定を目指したEMS（欧州通貨制度）が創設され、80年代半ば以降参加国の間でマクロ経済政策の協調が進み、為替レートの安定がもたらされた。さらに、EMSによって達成された通貨安定の基礎の上に、貿易や投資の妨げとなるすべての非関税障壁の撤廃を通じてヨーロッパ・レベルで単一市場を創設し、規模の経済の利益と競争の促進を通じてヨーロッパ経済の再活性化を目指す、域内市場統合計画がスタートした。そして、域内市場統合計画が軌道に乗り、ヨーロッパ経済に経済の復調の兆しが見えた80年代の末には、70年代初めに一旦挫折したEMUの創設が、再び統合のアジェンダにのぼることになった。このように、経済・通貨統合こそが、ヨーロッパ統合の決定的な推進力に他ならなかった。

3　冷戦体制の崩壊とヨーロッパ統合のダイナミズム

　ヨーロッパにとって、EMUの創設は60年代末以来の悲願であった。その裏には、ヨーロッパ統合推進のてことしての役割への期待や、後に付け加わった単一通貨による域内市場統合戦略の補完に加え、ドル支配からの脱却、すなわち気まぐれなドルの動向によってヨーロッパ域内の為替レートや経済が翻弄される事態から、一刻も早く抜け出したいとの願望が存在した。かねてから、国際通貨ドルを通じたアメリカの世界支配（いわゆる「国際通貨制度の非対称性」）に異議を唱え、EMSのもとでもマルクを通じたドイツ支配に不満を募らせていたフランスは、イタリアとともにEMUのもっとも熱心な推進者であった。他方、ドイツはEMUの創設には同意したものの、その拙速な実現には慎重であった。ドイツは、EMSのもとでヨーロッパの金融政策を事実上支配し、調整の負担を他の参加国に押し付けることのできる特権的な地位にあり、ドイツ国民の

大多数もマルクの放棄に反対していた。そのため、統合の推進派の間でも、EMU の実現は、21世紀の課題と思われていた。

　ところが、こうした状況を劇的に変える事態が到来した。それが冷戦体制の崩壊である。冷戦体制崩壊の結果、東西に分断されていたドイツでは、周辺国の不安をよそに、再統一への機運が急速に盛り上がっていく。ドイツの周辺諸国は一国たりともドイツの再統一を望んでいなかったが、再統一の阻止がもはや不可能であると知るや、統一ドイツをヨーロッパ統合の文脈に埋め込むことによってその脅威を取り除く戦略へと転換した。他方、ドイツは、再統一に対する政治的承認を得るために、ヨーロッパ統合に対する恒久的なコミットメントの証として、最終的にマルクの放棄を受け入れた。1992年には、マーストリヒト条約の締結により、EMU と共通外交安全保障政策、司法内務協力の３つの柱から成る EU が創設され、90年代の末までに単一通貨の導入を目指すことになった。99年１月からユーロの導入がスタートし、2002年初めには混乱なく導入を終えた。

　こうして冷戦体制の崩壊は、見通し可能な将来にはありえないと思われた EMU の実現を可能にすることによって、ヨーロッパ統合に飛躍的な発展の機会を提供することになった。しかも、それだけではない。冷戦体制の崩壊によって、西ヨーロッパの一角で始まった統合が、全ヨーロッパ、さらには、それを超えて拡大する展望が開けた。長期的に見れば、むしろこちらの方が、冷戦体制の崩壊がヨーロッパ統合にもたらした影響としてより大きなインパクトを持っているかもしれない。1995年、2005年の２度の拡大を経て、EU の加盟国は25カ国となり、さらなる拡大が見込まれている。また、拡大は、EU の諸制度や諸組織、意思決定のあり方の抜本的な見直しを不可避としている。こうして冷戦体制の崩壊は、ヨーロッパ統合の深化と拡大の決定的な契機を提供した。

4　多極化する世界と存在感を増す EU

　冷戦体制崩壊後、唯一の超大国として、アメリカは、圧倒的な軍事力

に加えて、経済の分野でも90年代半ば以降、日欧の低迷を尻目に、IT分野を中心に驚異的な成長を見せ、ほとんど一人勝ちの様相を呈した。そうした状況は、アメリカによる一極支配、帝国の出現を思わせた。9.11テロの発生からイラク戦争への突入、そしてバグダット制圧に至る時期は、まさしくアメリカおよびブッシュ政権の絶頂期であったと言えよう。

けれども、今日明らかとなりつつある事態は、アメリカによる一極支配の到来ではなくて、むしろ世界の多極化である。とくに経済の領域ではそれが顕著になっている。世界レベルでの貿易・投資の自由化を目指したWTO交渉が行き詰まりを見せる一方で、FTA（自由貿易協定）の締結等を通じた地域経済統合の数は急速に増加している。その結果、近隣諸国間同士の貿易が増大し、大陸規模で統合された経済地域が、次々と出現している。すでに単一通貨ユーロを有し、アメリカに匹敵する経済規模を有するEUが、そのような地域統合の中でももっとも有力なアクターであることは疑いない。

EUは、巨大市場の魅力によって、EU周辺諸国をEUへと惹きつけているだけでなく、多極化する世界にあって、東アジアやメルコスールといった他の主要な地域経済圏や、ロシアやインドといった有力な国々とも経済関係を深めている。また、EUは、巨大な経済力を背景に、国際的な通商交渉や、IMFやOECDをはじめとした国際機関の運営、各種規格や基準、競争ルールの設定等においても、アメリカに対抗して、巨大な経済力を背景に、ますます支配的な影響力を行使するようになっている。京都議定書の締結や国際刑事裁判所の創設に示されるように、環境保護や人権問題といった分野でもEUの発言力は増している。外交や安全保障の分野でも同様である。イラクへの軍事侵攻をめぐってEUは分裂したが、フランスとドイツがこぞってアメリカの軍事侵攻に反対し、存在感を示したのは記憶に新しい。その後の事態の推移を見れば、どちらが正しかったかは明らかであろう。このように、EUは、深化と拡大のプロセスを経て、今やグローバル・アクターの有力な一員となり、その存在感を高めているとともに、グローバル・ガバナンスの重要な一

翼を担うようになっている。

> 論点1　世界には、EUの他にどのような地域統合があるか。また、それらの地域統合は、EUとどのような共通点や相違点があるか、調べてみよう。

2　ヨーロッパ統合の課題

1　政治統合の強化と民主主義の赤字の克服

　ヨーロッパ統合は、飛躍的な発展を遂げてきたが、同時に発展に伴って新たな課題にも直面している。中でも、現在EUにとってもっとも重要な課題と考えられているのが、さらなる拡大と深化に向けた政治統合の強化である。

　EUの拡大は、EUの諸制度や法律、ルールを当該諸国に広げ、安定した政治や社会、経済発展のための基盤作りに貢献する。実際、新規加盟国やEUへの加盟を望む国々は、貿易や直接投資の拡大を通じた経済発展の促進や、自国の国際的プレゼンスの向上に、大きな期待を寄せている。すでに述べたように、EUの拡大は、グローバルな舞台におけるEUの発言力や交渉力の強化にもつながる。けれども、その一方で、拡大は、最終的には30を越える国々をEUに迎え入れることによって、より多くの軋轢や問題を内部に抱え込むことにもなりかねない。

　ヨーロッパ統合をスタートさせた原加盟国とは異なり、新たにEUに加盟した中東欧の国々やこれから加盟を望む国々は、必ずしもヨーロッパ統合の理念に共鳴しているわけではない。安全保障政策の面では、むしろアメリカに近い政策をとろうとしている国も見受けられる。加えて、これらの国々と、西ヨーロッパの国々との間には大きな経済格差が存在し、前者の順調な経済成長が続いているものの、当分その差が埋まる見込みはない。そのため、西ヨーロッパの国民の間には、自国の企業がより安い賃金を求めて中東欧諸国に生産拠点を移転させる、あるいは中東

欧諸国から安い労働力が流入することによって、自分達の職が奪われたり、福祉水準が引き下げられたりすることへの不安が高まっている。けれども、より深刻で差し迫った問題は、EUの構成国が著しく増加することによって、各国間の利害が今まで以上に錯綜し、意志決定が複雑で運営がより困難になることであり、拡大は、統合の希薄化を通じて、EUを弱体化させるリスクをはらんでいる。

　したがって、こうしたリスクを回避するためには、EU条約の前文に謳っているように、「より緊密な同盟(ever closer Union)」の実現に向けて、EUの制度や機構改革の推進、換言すれば、経済統合に比べて著しく遅れていた政治統合の強化が急務となっている。EUの制度や機構の簡素化、EUの代表となる大統領や外相ポストの設置などを盛ったEU憲法の制定は、政治統合に関するささやかな前進を図ろうとする試みに他ならなかった。にもかかわらず、フランス、オランダの国民投票で否決され、残念ながら発効の見込みが立っていない。

　EU憲法の否決に示されたような、ヨーロッパ統合に対する一般市民の反発の背景には、拡大の影響に対する不安に加えて、いわゆる「民主主義の赤字」の問題がある。ヨーロッパ統合は、これまで基本的にエリートによって推進されてきた。そのため、十分な民主主義的チェックが働いてきたとは言いがたい。しかも、EUが巨大化するにつれて、ユーロクラット（欧州官僚）と呼ばれる官僚組織がますます大きな権限を振るうようになってきており、ヨーロッパの一般市民の間には、自分たちの与り知らないところで、次々と一方的に進められていく統合に対して、不安や反発が増大している。EU憲法には、市民に開かれた民主的なEUの確立を図るべく、100万人以上の市民の発議に基づいて立法を認める条項が盛り込まれていたが、十分な理解を得ているとは言いがたいし、それで十分であるとも思えない。ヨーロッパ統合の前進を図るには、ヨーロッパの一般市民からの強力な支持が必要であり、そのためには民主主義の赤字の克服が喫緊の課題である。この点、ヨーロッパには、いわゆる「E世代」と呼ばれ、ナショナルなアイデンティティーを超越し「ヨー

ロッパ人」としてのアイデンティティーを持つ新世代が台頭し、ヨーロッパ的スケールで生活やビジネスを営むようになっている。この世代が次代のヨーロッパ統合を担い、民主的なヨーロッパの基盤作りに貢献することが期待されている。

2　国際競争力の強化とヨーロッパの社会モデルの堅持

EUにとっての2つ目の課題は、グローバルな競争を勝ち抜くための国際競争力の強化と、社会的連帯や公正を重視するヨーロッパの社会モデルの堅持である。

今日ヨーロッパが直面している最大の問題は、EU全体で一千数百万人にも達する高失業である（図9-1）。ヨーロッパ統合が飛躍的な発展を見せたにもかかわらず、ヨーロッパの多くの市民が統合の成果を実感できないでいるのは、高失業や貧困がいっこうに減少しないからに他ならない。高失業は、失業給付の増大を通じて福祉国家に大きな財政的負担を強いると同時に、方や移民排斥運動の原因にもなっている。こうした

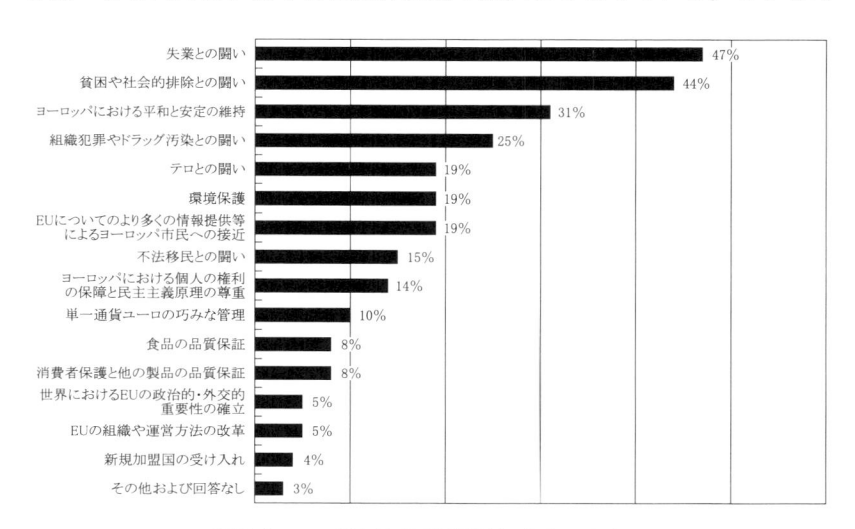

項目	%
失業との闘い	47%
貧困や社会的排除との闘い	44%
ヨーロッパにおける平和と安定の維持	31%
組織犯罪やドラッグ汚染との闘い	25%
テロとの闘い	19%
環境保護	19%
EUについてのより多くの情報提供等によるヨーロッパ市民への接近	19%
不法移民との闘い	15%
ヨーロッパにおける個人の権利の保障と民主主義原理の尊重	14%
単一通貨ユーロの巧みな管理	10%
食品の品質保証	8%
消費者保護と他の製品の品質保証	8%
世界におけるEUの政治的・外交的重要性の確立	5%
EUの組織や運営方法の改革	5%
新規加盟国の受け入れ	4%
その他および回答なし	3%

図9-1　EUは何を優先課題とするべきか

（EU25カ国、2005年9月に3つ同時選択で調査）

ヨーロッパの高い失業率の背景には、ヨーロッパ経済の低成長があり、さらにその主要な原因は、国際競争力の低下にある。ヨーロッパの場合、少子高齢化の進行による人口動態の変化も低成長に追い討ちをかけており、人口減少が目前に迫っている。

　すでに述べたように、ヨーロッパ経済の再活性は、80年代以来の課題であり、域内市場統合もユーロの導入もそのための手段であった。しかし、EUがキャッチアップの目標に掲げたアメリカとの経済力格差は、狭まるどころか、むしろ90年代以降ますます拡大する一方であり、他方でEUは東アジアをはじめとする発展途上国からの急速な追い上げにも直面している。もちろん、ヨーロッパの中には、アイルランドや北欧など、アメリカを凌ぐ目覚しい成果をあげている国も一部に存在するが、ドイツやイタリアといった大国の低迷が著しい。そのため、EU全体として国際競争力の強化が急務となっている。

　けれども、グローバルな競争に打ち勝つために国際競争力の強化が急務であるとはいえ、ヨーロッパ諸国は、アメリカのような、経済効率や短期的利益追求のためには、社会的安定を犠牲にし、貧富の格差拡大を放置する、冷酷な市場原理主義の導入を決して望んではいない。ヨーロッパには、社会的連帯や公正を重視する固有の社会モデルや、福祉国家の伝統が根づいている。ヨーロッパの中では、アメリカのモデルに近いといわれるイギリスでさえ、アメリカに比べればはるかに手厚い福祉制度を維持している。

　したがって、EUの場合、国際競争力の強化は、ヨーロッパ固有の歴史的、社会的文脈の中で追求されねばならない。2000年には、2010年までに完全雇用と良質な労働、世界で最も競争力あるダイナミックな経済の3つを同時に実現することを目指した、リスボン戦略が打ち出された。同戦略は、上記の3つの面で、ヨーロッパでもっとも成功を収めている北欧諸国の社会モデルを念頭に置いていると言われる。北欧諸国は、90年代初めに深刻な経済危機に直面したものの、見事に危機から立ち直り、IT産業を中心に高い国際競争力を有し、失業率もEU平均より

低い一方、今日でも手厚い福祉制度のもとで、きわめて所得格差の少ない平等な社会を維持している。北欧諸国は、高い教育水準と研究・開発能力によって、いわゆる「知識経済 (knowledge-based economy)」への移行に関しても世界の最先端に立っており、ヨーロッパの社会モデルのもっとも素晴らしい成功例とみなされている。

　にもかかわらず、ヨーロッパ経済の現状を見る限り、残念ながらリスボン戦略が成果をあげているとは言いがたい。リスボン戦略の打ち出された翌年の2001年以降、ヨーロッパは景気後退に見舞われ、経済成長率が著しく低下し、失業率も悪化した。リスボン戦略のモデルとされた北欧諸国やアイルランドは、相対的に良好な経済パフォーマンスを維持しているものの、ドイツやイタリアは低成長に喘ぎ、南欧諸国は知識経済への移行に関して著しく遅れている。また、ユーロの導入を契機に、アメリカから巨額の投資資金が流入するようになったこともあって、ヨーロッパ企業の間に、従業員の雇用を顧みず、株主の利益や短期的収益の追求を第1に考えるアメリカ式の経営が徐々に広がる兆しも見える。さらに、北欧の一部を除くほとんどの国々に所得格差の拡大が見られ、とくに新規にEUに加盟した中東欧諸国でその傾向が著しい。そのような状況で、果たしてヨーロッパの目指す、国際競争力の強化と伝統的な社会モデルの維持の両立が可能となるのか。ヨーロッパの模索が続いている。

3　世界経済の安定と国際社会の平和への貢献

　上記のようにEUは現在内部にさまざまの困難な課題を抱えている。にもかかわらず、グローバル・アクターとしてのEUには、世界経済の安定と国際社会の平和の確立に向けて積極的な役割を果たすことが求められている。

　世界経済の安定に関しては、ダイナミックな成長を続けるアメリカ経済が牽引車となっており、ヨーロッパ経済はその規模の大きさにもかかわらず、残念ながら十分な役割を果たしているとは言えない。しかし、

巨額な経常収支赤字と海外資金のそのファイナンスを依存するアメリカ経済の成長は、大きな潜在的リスクを抱えている。加えて、発展途上国の多くは、経済のグローバル化のもとでも、貿易や投資拡大の恩恵に与れず、低開発と貧困に喘いでいる。加えて、世界経済の安定した成長には、通貨・金融面での安定も欠かせない。だからこそ、EUの役割が重要となる。世界経済のバランスのとれた成長、とくに発展途上国の経済成長のためには、EUが域内市場の開放を通じて発展途上国により多くの輸出の機会を提供する必要がある。EUは、すでに発展途上国に対して最大のドナーとなっているが、途上国の持続的な経済発展のためには、援助よりも貿易や途上国向けの直接投資の拡大が望ましい。また、アフリカをはじめEU周辺地域の発展途上国の経済成長は、EUへの移民流入圧力を低下させるだけでなく、当該諸国への輸出の拡大を通じて、EUの経済成長率の押し上げにもつながる。通貨・金融の安定に関しては、EUはすでに単一通貨ユーロを有し、ユーロ圏を徐々に広げようとしている。ユーロは、国際通貨としてドルの地位にはまだ及ばないものの、将来的にはドルのライバルとなり、アメリカに対して国際収支規律の遵守を促すことを通じて、よりバランスのとれた安定した国際通貨・金融システムの確立に資すると期待される。

　他方、国際社会における平和の確立に関しては、そもそもヨーロッパ統合の出発点が、ヨーロッパにおける恒久平和の確立にあったように、EUは多くの貢献を行なってきた。とくに、冷戦体制崩壊後は、拡大を通じて、中東欧諸国における民主主義や市場経済の定着、法による支配の確立に大きな役割を果たし、大陸ヨーロッパの西の平和と安定を東へと広げた（いわゆる「安定の島」から「安定の大陸へ」）。そして、EUはこうした法とルールに基づく多国間の国際協調モデルを、今後はヨーロッパ大陸の外へと広げていくことが求められる。アメリカのような、強大な軍事力にものを言わせ、単独主義的行動に走るのではなくて、外交、安全保障、人権、環境問題などさまざまな分野で、国際的なルールや取り決め、そして交渉に基づく国際協調体制を築いていかなくてはならない。

その意味で、EUには、国際社会における平和と安定の確立のために、非常に重要な役割が課せられている。そのためには、経済統合に比べて遅れている政治統合を前進させなければならない。とくに、外交・安全保障政策の分野で顕著な構成国間の分裂を修復し、ヨーロッパが1つの声で語ることのできる体制を整えなくてはならない。ヨーロッパのモザイク構造や統合が織り成す多様性は、ヨーロッパの強さであるが、同時に弱さでもある。したがって、EU自身が掲げているように、「多様性の中の統一 (Unity in diversity)」こそ、ヨーロッパの統合が目指すべき道に他ならない。

> 論点2　外交・安全保障政策や人権、環境問題への取り組み等において、アメリカとEUの間には、どのような違いがあるか、調べてみよう。

コーヒーブレイク(1)

EUの意思決定をめぐる大国と小国の対立

　EUの意思決定は、各国の担当大臣からなる閣僚理事会で行われ、全会一致、特定多数決そして単純多数決の3つの方法が採られる（ただし、単純多数決はほとんど用いられない）。全会一致は、すべての構成国の賛成が必要で、1国でも反対したら当該案件は否決される。全会一致による意思決定は、共同体条約の批准や外交、安全保障、税制といった国家主権に関わる重要な領域で行われる。全会一致制では、国の大きさに関係なくどの国も1票を有する。言い換えれば、ルクセンブルクのような小国でも、ドイツのような大国と同等の権限が与えられている。かつては、構成国の数が少なかったこともあって、多くの統合分野で全会一致制がとられていた。しかし、構成国の数が増え、また統合の領域も拡大する中で、1国でも反対すれば否決というのでは、統合の前進が阻まれてしまう。そこで、特定多数決が適用される分野が徐々に拡大されることになった。特定多数決の場合には、仮に反対があっても、一定の票数（現在の25カ国のもとでは、321票のうち232票）を獲得すれば、当該案件は可決される。特定多数決制の導入と拡張は、EU統合の発展やスピードアップに大きく貢献した。構成国への票の割当に関しては、人口比等が考慮されているが、小国に対しては相対的に多くの票の配分がなされている。たとえば、人口8千万のドイツが29票であるのに対して、40万人に満たないマルタには3票も割り当てられている。このように、EUの意思決定においては、小国に相対的に有利な権限が与えられている。そして、そのことが構成国間のコンセンサスの形成と協力

を容易にし、統合の発展をサポートしてきたと言える。

　しかし、こうしたEUの意思決定方法は、大きな困難に直面するようになっている。まず、構成国数の著しい増加によって、コンセンサスの形成や意思決定が難しくなっている。また、構成国の数が増えれば増えるほど、各々構成国の発言力は相対的に低下する。とくに、以前からEUの一員だった小国ほど、発言力の低下に懸念を抱いている。オランダの国民投票によるEU憲法批准拒否は、その表れとも言える。さりとて、小国の権利に従来通り配慮するとなると、今後も続く拡大に伴う構成国の増大（その多くは小国である）によって、EUの意思決定がよりスムーズに行かない虞も出てくる。他方、ドイツを筆頭にEUの大国には、人口比や財政面でのEUへの貢献に見合った発言力を得たいとの願望がある。EU統合は、大国と小国の間の絶妙なバランスの上で発展してきたが、発言力の拡大を望む前者と、何とか発言力を維持したい後者との間で、熾烈な駆け引きが続いている。

3　ヨーロッパ統合と「文化」——多様性の中の統一

　前節までで見てきたように、EUは通貨統合に代表される経済統合を成し遂げ、政治面での統合の段階に入っている。しかし政治的統合を進めるには、人々のEUへの「参加」、そしてEUへの所属意識（アイデンティティー）が必要となってくる。そのため現在EUは、人々の意識の側面、つまり「文化」面においても統合を目指そうとしている。1992年に締結されたマーストリヒト条約は、「ヨーロッパ市民権の確立」と「ヨーロッパ・アイデンティティーの創出」を目標に掲げた。その後10年余りの年月を経て、拡大と深化を進めるEUでは、「文化」面に関わる政策は、ますますその重要性を増している。

　そしてこの新たな「市民権」および「アイデンティティー」の創出は、これまでの主権国家内での「市民権」および「（ナショナル）アイデンティティー」とは異なる特徴を持っている。このことは、EUの今後の「統合」のあり方を考える上で重要であろう。まず市民権については、EUは「国籍」を離れた部分における人々の権利の保障、つまり「国境を越えた」市民権の確立を目指している。これが「国境を越えた民主主義」の実現、

と言われる所以である。またアイデンティティについて指摘されるのは、EU がかつての近代国家による「国民」形成の際に見られたような「文化統合」、いわゆる文化、言語の一元化、均質化を目指してはいない、という点である。むしろ現在の EU が前面に押し出しているのは、「多様性の中の統一」であり、ヨーロッパの文化的多様性を確認、承認し合うという形で、新たなアイデンティティーを形成しようとしている。そしてその手段としてもっとも力を入れられているのが、教育分野である。この節で見ていくように、EU は「多様性」を尊重しつつ、さまざまな教育政策を通じて、「ヨーロッパ・レベル」で思考し、行動する「ヨーロッパ市民」の形成を目指しているのである。

しかしこのような「国境を越えた」市民権およびアイデンティティー創出の試みの一方で、現在 EU 内部では、対立や排外主義の高まりも見られる。域内格差ゆえの東欧から西欧への労働力移動が生み出す対立や、EU 域外出身の「移民」系の人々を取り巻く状況は、EU 各国共通の課題である。

以下においてはこのような問題を含めて、統合が進む中、人々の生活に関わる部分で EU がどのような方向性を持っているのか、またその中でどのような問題が生じているかについて見ていきたい。

1 「ヨーロッパ市民権」の誕生

マーストリヒト条約 (1992年) で提唱された「ヨーロッパ市民権」は、その後10数年を経て少しずつ EU 内に居住する人々の間に根づいてきている。「移動の自由」「参政権の保障」「外交保障」「請願と苦情申し立ての権利」に代表されるこの新しい「市民権」は、EU 加盟国の国籍保持者が、自身の国籍を離れた国においてもその権利を保証されるものとして機能している。

まず「移動の自由」とは、EU 加盟国民が EU 内においてビザ、滞在許可証なしに移動、居住、労働できる権利を指す。それに加え、シェンゲン協定に加盟している国家間では、パスポート、検問抜きの国境の移動

が実施されている（たとえばフランスとドイツの国境やフランスとスペインの国境は、パスポートなしで、徒歩で越えられるものとなっている）。かつて近代国民国家の形成期には、国内パスポート（国内移動で必要とされた証明書、たとえば日本ならば江戸時代の手形など）を廃止すると同時に、国境を越える際のパスポートを国家が厳密に管理、発効するものとして整備し、「国境」の壁を高くしたが、現在のEUでは構成国間の国境は低くなり、EU内外を分ける境界が高くなっていると言える。また「労働力の自由移動」は、EUの前々身であるEECを設立したローマ条約（1957年）ですでに宣言されていたが、1990年代以降は医師、弁護士、会計士等、各種専門職の資格の互換性が促進されたことにより、就業に関するEU域内での移動は、かつてとは比べものにならないほど容易になっている。さらに各国の大学での単位、学位の互換性の促進と、そのための各国の大学のカリキュラム改革は、出身国以外の域内の大学や大学院への留学や移籍をスムーズにし、学生の交流を促している。

　次に「参政権の保障」とは、EU加盟国民が自国以外のEU加盟国に居住する場合でも、居住地の地方参政権と、居住地でのヨーロッパ議会選挙の参政権を保障するものである。参政権は近代国家における「国民」の権利の主要な柱であり、それが（国政レベルは除いてではあるが）「国籍」から切り離されることの意味は大きいと言えよう。しかし現在のところ、自国以外の居住地での地方選挙への投票率や、居住地でのヨーロッパ議会への投票率は、全体として低い数字にとどまっており、人々の意識がこの新たな市民権にまだ追いついていないとの指摘もされている。

　また「外交保障」とは、EU加盟国民が、自身が国籍を持つ国家が大使館や領事館を持たない国において、他のEU構成国の大使館、領事館を通して外交的保護を受ける権利であり、EU加盟国が、自国民だけではなくEU加盟国民全体を保護する責任を持つことが明示されている。

　最後に「請願と苦情申し立ての権利」とは、EU加盟国民が、EUが権限を持っている問題が自身に影響を及ぼすと考えた場合、ヨーロッパ議会に請願を出すことができる権利を指す。これは、人々の生活が、所属

する地域、国家を超えた EU レベルで決定されることが増加していく中で、それに対する意見、異議申し立てを行う権利を保障するものである。

　以上のように、「ヨーロッパ市民権」は、先にも述べたように、これまで基本的に「国籍」とセットであった市民権を、所属する国家を離れた場所でも保障されるべきものと定義し、また実現するものと言えるだろう。それは、（国籍の有無に左右されず）人間の普遍的な権利として「市民権」を保障していくという、人の移動が増加し続けるグローバル時代の要請を先取りしていると見ることができる。しかしここまでの説明からもわかるように、「ヨーロッパ市民権」を保障される「ヨーロッパ市民」とは、あくまでも EU 加盟国の国籍保持者であり、それを持たない EU 内の居住者はそこから除外されている。その意味でヨーロッパ市民権は、国籍の枠をもしっかりと残しており、むしろ「国家」を越えたレベルで起こる問題に関して補完する役割に徹しているとも言えよう。また現在 EU 加盟国はそれぞれに異なる国籍法を持っており、後天的な国籍の取得制度には大きな相違があるため、とくに EU 域外からの移民とその子孫に関しては、加盟国間での不公正が生じるという問題も指摘されている。このことは「ヨーロッパ市民権」、ひいては今後の世界の「市民権」を考える上で、重要な課題であろう。

2　ヨーロッパ・アイデンティティーの形成

　1で見たように、現在 EU は政治統合を進めるために「ヨーロッパ市民」権を確立し、人々に「ヨーロッパ人」としての意識、自覚を持たせること、つまりヨーロッパ・アイデンティティーの形成を目標として掲げている。それは「自分たちは同じ共同体に属して」おり、「同じ未来を共有して」いるという意識の形成と言うことができるだろう。その手段として、現在もっとも重要視されているのが教育である。以下、EC 時代からの教育政策を追いながら、「ヨーロッパ・アイデンティティー」とは具体的に何を指しているのか、その形成のために何がなされているのかを見ていきたい。

かつて19世紀半ばから20世紀前半にかけて、ヨーロッパ各国はこぞって「国民意識」の形成に向けて義務教育制度を整備し、そこで「国語」と「祖国の歴史」、そして「忠誠心」を教え、子供たちに「祖国に対するアイデンティティー」を注入した。それは形を変えながらも現在にまで引き継がれており、「ヨーロッパ・アイデンティティー」構築のための教育政策は、この国家の教育政策との間のバランス、あるいはせめぎあいの中で進展してきたと言える。

1973年、ECとして初めての教育に関する提言、「教育に関する共同体政策のために」（通称ジャンヌ報告）が提出された。そこには、①教育への「ヨーロッパ・レベル」の導入（地理、歴史、市民意識の分野）、②言語学習の強化、③学位と資格の互換性、④高等教育における協力、⑤生涯教育、などの項目が並んでいた。これらの提言は1980年代後半から次々に実行に移されていく。1988年の「教育におけるヨーロッパの次元に関する決議」では、「ヨーロッパ・アイデンティティー」の形成が第1の目的として掲げられ、教育におけるヨーロッパ・レベルの強化に向けて、教育の全ての領域において有効なイニシアティブを促すことや、ふさわしいすべての教科（文学、外国語、歴史、地理、社会科、芸術諸教科など）の指導要領に、ヨーロッパ・レベルの表現を取り入れることなどが求められることになった。つまり、文学や芸術を教える際に、自国の作品や作家、芸術家と同様にEUの他の国々の作品や作家、芸術家について教えることが求められたのである。歴史についても同様であり、第2次世界大戦後のドイツ―ポーランド間、ドイツ―フランス間などでの歴史教育、歴史教科書をめぐる共同研究や交渉を経て、14カ国の歴史家が共同執筆した『ヨーロッパの歴史』の執筆や、ドイツ―フランス間での「同一歴史教科書」執筆、使用の試み（2006年）など、「一国史」を超えて「ヨーロッパ」という視線で歴史を認識しようとする動きが進んでいる。むろん、一朝一夕にこれまでの「一国史」や「国民」としてのアイデンティティーが消え去ることは考えられないが、それらと同時に存在するものとしての「ヨーロッパ」という共同体が常に意識されることは、「2度と戦争を

起こさない」という共同体の基本理念に大いに貢献するものであると言えよう。また同時にEUでは、「ヨーロッパ」意識を持たせるために学生の相互交流を促進するプログラムにも力を注いでいる。1988年から始まった「エラスムス計画」は、「ヨーロッパのアイデンティティー確立」を目的として、学生の出身国以外の大学への留学を計画、支援し、その結果EU域内の交換留学生の数は、1988年度の3000人から、1999年度には20万人へと拡大した。このエラスムス計画は、学生に出身国以外

コーヒーブレイク(2)

映画「スパニッシュ・アパートメント」に見る「エラスムス」の若者たち

　「スパニッシュ・アパートメント (2003年、フランス・スペイン合作)」は、統合が進む中でヨーロッパ若者たちがどのように出会い、ぶつかり、変化しているかを知るのに絶好の映画です。「エラスムス」制度を利用してスペインに留学することになったフランスの大学院生グザヴィエは、住居費を浮かせるために、バルセロナで同じ境遇の学生たちと1軒のアパートをシェアします。そこに集う学生の国籍はイタリア、ドイツ、スペイン、イギリス、デンマーク、ベルギー＋フランス。部屋ではスペイン語、英語、フランス語etcが飛び交い、生活習慣や考え方の違いをめぐってときには諍いが、ときには笑いが起こります。ベルギーのワロン語圏から来た学生は主人公とフランス語で話し、「私はフラマン語(ベルギーのもう1つの言語)はできない。フラマン語圏では、フランス人のふりをするの」。国境と一致しないヨーロッパの言語状況が窺えます。またバルセロナ大学では授業はカタロニア語(スペインの地方言語の1つでカタロニア地方の公用語)で行われ、「エラスムス」で来た留学生たちは理解できずに困惑。新たにカタロニア語も学ぶことに。「カスティリャ語(スペイン語)がやりたければマドリッドか南米へ行け」という教師の言葉からは、スペイン語がスペインの一部で「外国語」扱いされ、同時に(旧植民地である)南米へとつながっていることがわかります。また主人公が親しくするフランス人医師は(資格の互換性を生かして)バルセロナの病院に勤務していますが、その一方で彼の妻は新しい生活になかなか馴染むことができない……それはなぜ？日常的な多言語・多文化状態と、そこから生まれるエネルギー。「秩序」を目指す官僚的価値観とは逆の「混乱し、混沌とした」ヨーロッパがそこにあると言えるでしょう。それぞれに接触を通じて変容していく彼らの姿から、現実に生きられている「ヨーロッパ統合」を感じて下さい。「僕は彼、僕は彼女」、この感覚こそが、今育まれつつある「ヨーロッパ・アイデンティティー」なのかもしれません。続編の「ロシアン・ドール」もお薦め！

のEUの言語を2つ以上学ばせることを目指す「リングァ計画」とともに、1995年には「ソクラテス計画」に引き継がれ、さらなる交流と言語能力獲得、ヨーロッパ・レベルでの教育プログラム作成へとつながっている。このように「教育」による相互理解と交流を通じてのアイデンティティー形成は、国家ごとに取り組みの熱意に差はあるものの、若者（厳密に言うならば、現在のところは高学歴の若者）を中心に共有され始めていると言えるだろう。

3　多様性の中の統一

　ここまで見てきたように、EUは「ヨーロッパ・アイデンティティーの形成」を掲げ、人々の意識の面においても「統合」を目指している。しかしこの「統合」は、かつての近代国家形成時の「文化統合」（言語や法、習慣、価値感等の均質化）とは異なる特徴を持っている。それはEUが掲げる「多様性の中の統一」という言葉からもわかるように、同化する／させるのではなく、EU内のさまざまな文化的異なり、多様性を尊重することによって統合を進めようという動きである。EUの言語に関する政策から、この「多様性の尊重」について見てみよう。

　2005年現在、EUは加盟国のほぼすべての言語を公用語に定めており、その数は20に上る。これは名目上のものではなく、実際にすべての文書が翻訳されている。膨大な量の通訳・翻訳の手間および経費にもかかわらず、言語の統一をあえて目指さないところに、EUの言語・文化に対する根本的な姿勢を見て取ることができるだろう。加盟国内の一国ないし数国の言語へと統合することが、政治的に困難であるという側面はあるにせよ、EUの言語に関する政策は、いわゆる「多言語主義」を採用していると言える。1995年、EU閣僚理事会は「EUの教育システムにおける言語教育と言語習得の改善と多様化」を採択し、現在EU内の子供たちは、「EUに共存する諸文化を尊重し多様化を図るため、生徒は原則として、母（国）語以外のEUの言語を少なくとも2つ学ぶことが必要である」という方針のもとで言語教育を受けている。これは、いわ

ゆる使用者の多い「大言語」(英語や仏語、独語)の話者が有利となるような状況をできるだけ少なくする、また英語への一元化を阻止する、という目的と同時に、ヨーロッパの言語的多様性を尊重する意識を身に付ける、という目的を併せ持っている。母(国)語以外の言語を学び使用することは、就業やキャリアに直結する能力であると同時に、多言語状態を実感する機会にもなる。またヨーロッパ議会は1992年に「地域語、少数言語のための欧州憲章」を採択し、EU内の「少数言語」(公用語ではない言語)の尊重と保護の宣言を宣言している。そしてEU統合が進む中で、ケルト系言語(アイルランドのゲール語、ウェールズのキムリー語、ブルターニュのブレイズ語など)のような「国境」を越えた少数言語話者のネットワーク作りや、少数言語・文化研究のプロジェクトが活発化している。かつて近代国家形成時に抑圧と同化の対象となった言語・文化が、EU統合の中で息を吹き返しているのである。以上のように、現在のEUの文化をめぐる政策は、文化的多様性を認め、「相違」を互いに「知る」ことによって相互理解を深め、新たな「共通の知識、認識」を形成していこうという方向性を持っていると言えよう。

> 論点3　「東アジア共同体」構想では、このような文化の分野ではどのような試みが考えられるだろうか。

4　「統合」の中の対立

　しかし、このような「統合」および「アイデンティティー形成」の流れの一方で、反発、対立といった要素も現在のEUの中には存在している。たとえば「ヨーロッパ市民権」の中で保証された「移動の自由」が、構成国間での人々の利害対立や感情的対立を生み出すという現象が見られる。EUの東方への拡大の結果生じた、ポーランド等「東」からの労働者の波は、「西」諸国の労働者の中に大きな反感を生み出し、たとえばフランスでは「反ポーランド人労働者」の動きが起こった(これに対しポーランド政府は「フランス人よ、ポーランドに働きにいらっしゃい」とのキャ

ンペーンを張ったのだが)。このように、より低賃金で働く労働力の域内での移動は、資格職の移動に比べてマイナスのイメージで捉えられている。また2005年5月、フランスおよびオランダの国民投票において「ヨーロッパ憲法」の批准が否決されたが、選挙結果の分析からは、低所得者層ほど反対票を投じる傾向が強かったことがわかっている。彼らにとってEUは、自らが直接帰属し、参加する存在として認識されてはおらず、むしろこれまでの生活の変化を強要する権力とさえ映っているのである。さらに「ヨーロッパ市民権」の柱の1つである、居住地での地方参政権やヨーロッパ議会選挙権の行使が低い数字にとどまっていることも、「ヨーロッパ意識」が未だ一般の人々にとっては身近なものではないことを示していると言える。

　最後に、EU内部に燻るもう1つの対立についても見ていきたい。2005年10月末から11月にかけて、フランスを揺るがした「(非ヨーロッパ)移民系」の若者の「暴動」と、数は少ないながらもそれらの隣国への飛び火は、ヨーロッパがすでに「ヨーロッパ系」の人々だけの空間ではないこと、しかしその現実に社会が対応し切れていないことを白日のもとに晒した。実際、現在EU内に居住する非ヨーロッパ系移民の人口は2000万人近くに上り、イスラームはEU第2の宗教となっている。かつてのヨーロッパ諸国による植民地支配と、独立後も続く経済格差の構造の中で、1960年代、多くの人々が仕事を求めて旧宗主国へと渡った。しかし現在、彼らとその家族の多くが低学歴、低所得、失業率の高さ、居住環境の悪さ、(フランスの「スカーフ問題」に代表されるような)習俗や宗教面での圧力、そして人種差別といった問題に取り囲まれている。フランスの騒乱に先立つ2005年7月のロンドンにおける地下鉄、バス爆破テロもまた、根の部分に同じ問題を抱えていると言えるだろう。テロを実行したイギリスの若者も、騒乱に加わったフランスの若者たちもともに「旧植民地」出身の移民である親を持ち、しかし本人らはヨーロッパで生まれ、それぞれイギリスの、あるいはフランスの国籍を有し、しかし自身が属している「国家」への疎外感を強く抱いていた。これらの事

件は、移民統合の2つのモデルであるフランスの「同化主義」も、イギリスの「共同体主義」も、ともに上手く機能していないことを明らかにした。またその一方で、フランスの騒乱の背景には東欧系移民の流入と、彼らとの間の職争い、さらにはカトリックである彼らがイスラームである（とみなされる）自分たちよりも優遇されている、といった意識があるという指摘もされている。EU の目指す「多様性の中の統一」の「多様性」は、現在のところ、あくまでも「ヨーロッパ」起源のものに限られていると言える。今後、EU は非ヨーロッパ系の人々の文化や言語については、どのように対応していくのだろうか。

　ここまで見てきたように、EU は、「多様性の中の統一」というスローガンのもとに、ヨーロッパ・アイデンティティーを人々の中に育むための積極的な試みを行っている。それはただ1つのアイデンティティー、帰属意識の形成ではなく、多様性を認め、それぞれが属する地方や国家とのつながりを保った上での新たなアイデンティティー形成と捉えることができる。人々の移動がますます加速化し、多文化・多民族化が一層進む現在の世界における、新たなアイデンティティーのあり方のモデルを提示していると考えることもできるだろう。そして、最後に見たように、この新たなアイデンティティーから零れ落ちる人々の存在もまた、EU がのみならず世界が直面している問題である。「旧植民地」出身の移民の存在と、彼らを取り巻く問題は、3章で見たような大航海時代以降、世界が歩んできた「グローバル化」の果ての現象とも言える。経済統合から政治統合、そして文化の統合を実現していく中で、今後 EU にもっとも期待されるのは、この「グローバル化」の最終局面がもたらす問題の乗り越え方かもしれない。

論点4　移民の人々や、文化的背景が異なる人々との共存について、日本ではどのようなケースがあるか、調べてみよう。

〈参考文献〉
1 ゲア・ルンデスタット（河田潤一訳）『ヨーロッパの統合とアメリカの戦略―統合による「帝国」への道』NTT出版、2005年。
　ヨーロッパ統合に対するアメリカの政策スタンスの変遷を、歴史的資料に基づいて、その発足時から半世紀にわたり詳細に検証している。
2 トム・リード（金子宣子訳）『「ヨーロッパ合衆国」の正体』新潮社、2005年。
　在欧アメリカ人ジャーナリストがヨーロッパ統合の理念と現状をつぶさに観察し、EUがアメリカにとって脅威になりつつあることに警鐘をならした書。
3 田中素香『ユーロ―その衝撃と行方』岩波新書、2002年。
　ユーロの導入がEUにとってどのような意味や意義を持つのか、またユーロの導入を経てEUは今後どのような方向に進むのかについて、包括的に解説している。
4 久野弘幸『ヨーロッパ教育―歴史と展望』玉川大学出版部、2004年
　EUの教育政策および、各国の対応、プログラムについて詳しく調査、検証している。
5 小倉襄二他編『EU世界を読む』世界思想社　2001年
　国家だけでなく「人々」をもつなぐという側面からEUを読み解こうと試みている本。
6 内藤正典『ヨーロッパとイスラーム―共生は可能か』岩波新書、2004年
　ヨーロッパ内部のイスラームの問題を、多くの事例を引きながら「共生」とは何かを考える。

用語解説

EMU (Economic and Monetary Union：経済・通貨同盟)

EMUは、経済同盟と通貨同盟の2つから構成される。前者は、単一市場、単一市場における公平な競争を保障する競争政策や構造・地域格差の是正を目指す構造・地域政策、健全なマクロ経済政策(特に財政政策)の運営を定めたルールから成る。他方、後者は、単一通貨、自由な資本移動、欧州中央銀行によって運営される単一金融政策から成る。

EMS (European Monetary System)

EMSは、1979年にヨーロッパ域内の為替相場の安定を目的に導入された固定相場制度である。その中心は、ERM（為替レートメカニズム）で、自国通貨が上下2.25％の変動幅の限界に達した国に対して無制限の為替市場介入を義務づけるとともに、介入資金のファイナンスを行った。

同化主義 assimilation

（移民の統合に関しては）ホスト国の言語、文化、価値観、生活習慣等への同化を奨励することにより、社会の安定と共存を図る考え方、政策。

共同体主義 communitarianism

移民の文化や伝統を承認することによって、社会の安定と共存を図る考え方、政策。

第10章　世界の中の日本経済

高橋　伸彰

―― 〈本章のねらい〉――

　「経済学とは経世家（states man）の学問である」。経済学の父と言われるアダム・スミスの言葉だ。理論経済学者の杉本栄一（『近代経済学の解明・系譜編』理論社、1950年）によれば、経世家とは必ずしも政治家だけを意味するのではない。職業のいかんを問わず、自分の所属する社会をよりよいものにしようとする情熱を持ち、これを実践に移そうとする人々はすべて経世家になることができると言う。

　しかし、「単なる情熱だけでは経済学は勉強できません」と杉本は続ける。「現実の経済社会に沈潜し、それを構成している諸要素がどのように複雑にもつれあいながら運動しているかを、その渦の中に入りながらしかも冷静にこれをみつめなければなりません」と言うのだ。杉本の言葉はさらに続く。「現在は過去の延長でありますから、現在を知るためには過去の記録も研究しなければなりません。文書および統計となって積み重ねられた膨大な過去の記録を、整理するのです。それは、単なる思いつきや公式論では処理できるものではありません。しばしば塵にまみれた記録の中に入って、その中にかくされた宝を掘りだすのです」。

　学生時代に初めて杉本の著書を手にしたとき全身が感動で震えたことを記憶している。いま、改めて読み直しても同じ感動が伝わってくる。その底流にあるのは経済学とは経世家の学問であり、個人の利益を図るために学ぶ学問ではないということだ。だからこそ経済学を学ぶ者には、A・マーシャルが言った「冷やかな頭脳と温かい心情をもって、自己の周囲の社会的苦悩と闘わんがために自己の最善の力を捧げる」強い意志が求められているのだと思う。

　こうした経済学の持つ可能性を若い人たちには追い求めてほしい。それと同時に既存の経済学にはわれわれが暮らしている社会の実態を解明する上で限界があることも見落としてはならない。それが本章のねらいであり、学際的な国際関係学を学ぶ意義でもあるはずだ。

1 日本経済の大国化——貿易摩擦とバブルの発生

1 アメリカの赤字と日本の黒字

　第2次世界大戦の敗戦から今日に至るまで、日本の経済力はGDP（国内総生産）で見る限り内外から「奇跡」と称されるほどの成長に成功した。実際、戦前の水準に復帰したと言われる1955年と比較して2004年の名目GDPは8.4兆円から505.7兆円に約60倍（物価の上昇分を割り引いた実質ベースでは11倍）、また名目の国民1人当たりGDPも同期間において9.4万円から396.0万円へと約40倍（同7.4倍）に増加した（**図10-1**）。

　もちろん、日本のGDPは戦後60年間、順調に拡大してきたわけではない。戦後の焼け野原から戦前の水準に生産活動が復帰するまでに10年の歳月を要した。その後、20年近くの間は平均すると年率10％近い

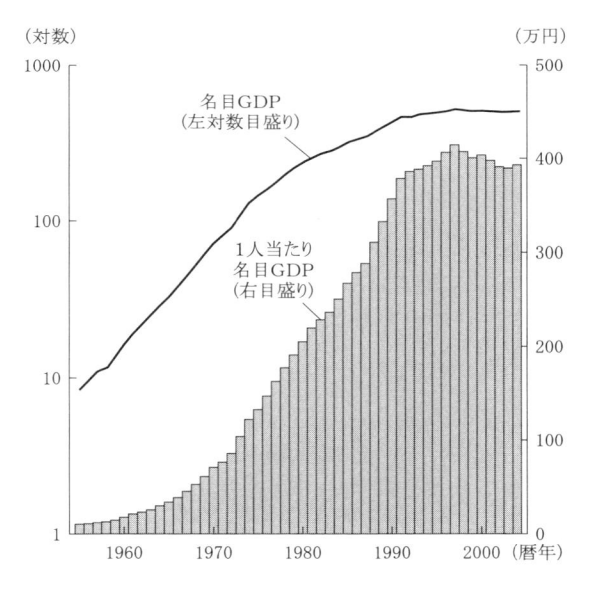

図10-1　日本のGDPの推移

資料) 内閣府「国民経済計算」。

伸び率で成長を続けたが、1970年代に入ると公害や都市問題など成長に伴う弊害が顕在化し始めた。加えて1973年末には第1次石油危機が勃発し、翌74年には戦後初めてのマイナス成長も経験したが、70年代半ばから80年代にかけては平均すると4％前後と先進諸国の中では高い成長率を達成した。その結果、1987年にはドルベースでアメリカの1人当たりGDPを追い抜くまでに日本経済は大国化したが、同時にアメリカとの間では自動車の輸出などをめぐって激しい貿易摩擦を引き起こすことになった。

　1986年における日米両国の貿易収支を見ると、アメリカの赤字1,700億ドルに対し日本は860億ドルの黒字を計上し、中でも対米黒字は586億ドル（通関統計ベース）に達していた。こうした貿易収支の不均衡をめぐって、国際経済学の専門家である小宮隆太郎氏は、旧通産省が開催した「日米経済──直面する課題と連帯への構想──」と題する国際シンポジウム（1987年1月29日、30日に東京で開催）で「アメリカがキーカレンシー国としての自覚を持たず、財政赤字をタレ流し続けていることがアメリカの貿易赤字の原因であり、その責任は専らアメリカにある」と指摘した上で、「1980年代に入ってからの日本とアメリカの間の国際収支の不均衡問題を日本では日米問題と呼び、アメリカではUS-JAPANプロブレム、時にはJAPANプロブレムとさえ呼ばれているようだが、実際にはUSプロブレムと呼ばれるべきである」と述べ、さらに「経常収支の赤字が継続するような国においては、財政・金融政策を引締め気味に運営するのが当然であり、アメリカはIMFに対する最大の出資国として、IMFからの特別融資を受けた国に対しては、常にそうした要求を行ってきたのに自分の国に関しては全く別の基準で対応している。自国の経常収支が赤字になったからといって、日本に内需を拡大せよと要求するのはアメリカの傲慢であり、それは日本の経常収支が赤字に陥った時に韓国や台湾などに内需を拡大せよと要求するのと同じである」と言って当時のアメリカの対応を批判したのである。

　小宮氏が原因だと指摘したアメリカの財政赤字は2つの経路を通し

て、貿易赤字の拡大を引き起こした。その1つが、減税によるアメリカ国内の需要拡大に誘発された輸入増加という所得面からの効果であり、もう1つが財政赤字をファイナンスするために高金利政策を維持した結果「ドル高」が生じ、アメリカ産業の国際競争力が低下して輸出が停滞するという価格面からの効果である。第1の所得効果によって、アメリカでは1982年から85年にかけて個人消費を中心に国内需要は約18％増え、輸入額も同期間において2,549億ドルから3,616億ドルへと1,000億ドル以上も拡大した。これを受けて日本の対米輸出も同期間に400億ドルから724億ドルに300億ドル以上も増加したのである。また、第2の価格効果を見ると、ドルの実効レート（貿易相手国との貿易額で加重平均したドルの為替レート）は1982年から85年の間に40％以上も上昇し、輸入が増加する一方で輸出は同期間において2,122億ドルから2,131億ドルと停滞した。この結果、アメリカの貿易収支の赤字額は1982年の427億ドルから85年には1,490億ドルにまで膨らみ、85年9月のプラザ合意を契機にドル高が修正された後も拡大を続けたのである。

アメリカの財政赤字が拡大する一方で、日本の財政収支は旧大蔵省の厳しい歳出抑制策によって1980年代に入ってから赤字幅の縮小を続けていた。一般会計に占める国債依存度は82年度の30％から、バブル前夜の86年度には同20％にまで低下し、この間、公共投資は当初予算ベースで伸び率ゼロに抑制された。厳しい財政制約のもとでも、日本が4％前後の成長を実現できた背景には輸出の伸び、とりわけアメリカ向け輸出の増加があった。実際、日本の輸出額は通関統計ベースで1982年から85年にかけて、1,388億ドルから1,756億ドルへと368億ドル増えたが、アメリカ向けの輸出額は同期間に363億ドルから653億ドルへと290億ドルも増加し、この期間における日本の輸出増加の8割を占めたのである。

こうした数字を見る限り、アメリカが日本に対して貿易摩擦の解消策として公共投資の増加による内需拡大を要求したのは、小宮氏の見方とは異なりある意味で正論だったように見える。しかし、当時の閉鎖的な

日本経済の構造を前提とする限り、日本の内需を拡大しても輸入がほとんど増加しないことは、前記の国際シンポジウムに参加していたアメリカの経済学者（ハーヴァード大学のサックスおよびミシガン大学のサクソンハウス。いずれも当時の所属）も承知していた。そこで彼らは日本国内に住んでいる人々の生活水準向上のために、公共投資を拡大して社会資本の整備を図るのが望ましいと提案したのである。

　アメリカ側からの要求にもかかわらず、財政再建を最優先の課題に掲げる日本の旧大蔵省は、長期的な公共投資の計画額を上積みするだけで実効性のある政策には取り組もうとしなかった。また、プラザ合意後の「円高不況」対策に関しても、もっぱら金融政策に景気浮揚の役割を押しつけ、財政政策の発動を極力抑制した。この結果が、金融市場に対する過剰な流動性の供給となって顕在化し、大企業による銀行離れなどの環境変化とも相まって「バブル」を引き起こしたのである。

2　統計上の大国と成長神話の崩壊

　改めて、バブル時（1987 ～ 1990年前後の期間）の日本経済を振り返ると、ドルベースの GDP は世界の15％に達し、債務国に転じたアメリカに代わり日本は債権国としても世界一となり、販売シェアや資産規模の面でも日本の企業や銀行が世界の上位を独占した。しかし、このような日本経済の大国化とはうらはらに、国内で暮らす人々の生活は必ずしもゆたかではなく、幸福感も乏しかった。事実、当時の日本の労働時間は欧米諸国と比較して年間200時間から500時間、労働日数に換算して25日から60日も長く、日常生活に必要なモノやサービスの価格も他の先進諸国と比較し平均で2倍近くも高かった。ニューヨークでは400ドル以下で買える日本製のカメラが、東京で1,000ドルもすると話題になったことがある。また、現在はデジタル・カメラの普及によって需要が激減している写真フィルムも、当時は日本から海外に輸出された製品が再び日本に逆輸入されて、国内に直接卸された製品よりも安く売られていた。さらに、円高を克服するために行なわれた日本企業による合理化努力も、

その大半は国際市場における競争力維持のために費やされ、国内で暮らす人々にはほとんど還元されなかった。その証拠に、1980年代後半における日本の工業製品の輸出価格はプラザ合意後の円高によって円ベースでは5割近くも低下したのに、国内価格の方はわずか8％の低下にとどまっていた。そして、何より東京の都心では戸建て住宅の価格が平均的な労働者の年収の16倍にまで高騰していたのである。

欧米経済へのキャッチアップを国家的な目標としていた戦後の復興期や高度成長期においては、GDPや経済成長率といった経済統計は、人々の生活のゆたかさや幸福感を示す重要な指標だったかもしれない。政府が毎年実施している「国民生活に関する世論調査」の結果を見ても、高度成長が終焉する1970年代前半までは、「心の豊かさ」よりも「物の豊かさ」に重点を置いた生活をしたいという人の割合が上回っていた（図10–2）。しかし、1970年代半ば以降は両者の割合が逆転し、GDPと人々が実感するゆたかさとの間には次第に亀裂が生じ始めてきたのである。

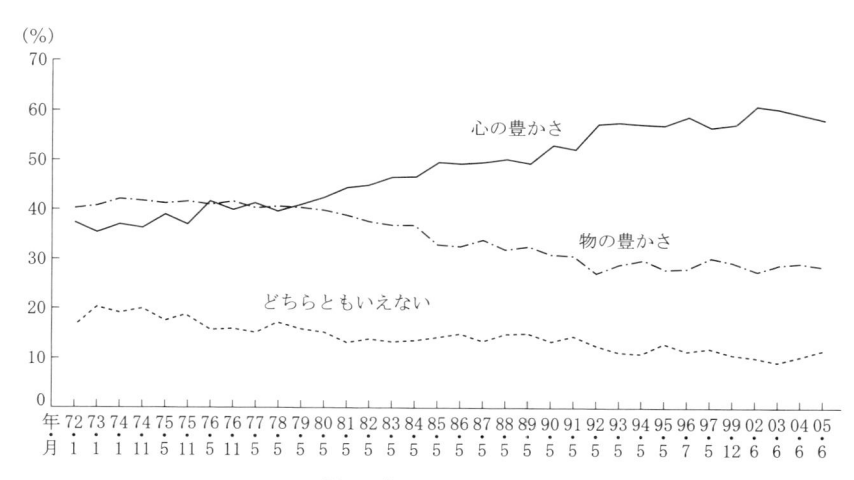

図10–2　「心の豊かさ」と「物の豊かさ」

注）心の豊かさ：「物質的にある程度豊かになったので、これからは心の豊かさやゆとりのある生活をすることに重きをおきたい」
　　物の豊かさ：「まだまだ物質的な面で生活を豊かにすることに重きをおきたい」
出所）内閣府「国民生活に関する世論調査」2005年6月調査。

戦後の日本経済が、復興期を経て内外から奇跡と評される高度成長を実現できたのは、日本の製造業が、より最新の技術を大量生産システムに応用し、品質は高く価格は安い製品を内外の消費者に供給することに努めてきたからだと言われている。それを、生産現場で支えたのが旺盛な設備投資によって蓄積された資本設備とそれを正確に操作する勤勉な労働者だった。

　ところが、バブル当時の長者番付を思い起こすと、個人部門では土地成金や株長者が上位を占め、法人部門でも銀行や証券会社が「護送船団方式」による金融行政の庇護や株式手数料の規制などを背景にして上位を独占していた。働く者よりも持てる者の方が、モノを生産する企業よりもそのあがりを召し上げる金融の方が、日本では「ゆたかな」振舞いをしていたのである。その構図は21世紀に入ってからの、IT長者やIT産業の隆盛とも逆の意味で重なるところがある。バーチャル（仮想的）な世界に消費者と生産者を誘い込み、消費者の利益が第1だと言って過酷な価格競争を生産者や販売者に求め、自分たちの所得は手数料という名の安定収入で確保したり、あるいは限界（追加的な生産に要する）費用がほとんどゼロに近いコンピューター・ソフトを世界規模で大量生産・大量販売することによって膨大な独占利益を稼いだりするのは、かつての規制による保護を盾にした「既得」利益とは正反対に位置するグローバルな市場競争を濫用した「不当」利益のようにも見えるからだ。

　先進諸国の中で、日本ほど経済格差の小さな国はないと言われた「平等神話」が崩れ始めたのもバブル以降である。個人の能力や努力そしてある程度の運によって、人々の間に経済格差が生じるのは、資本主義経済のもとではやむをえないと思われる。しかし、バブル期に見られた株や土地の高騰を主因とする資産格差の拡大は、そうした限度をはるかに越え、人々の労働意欲までも奪いかねないものだった。こうした格差の問題は、バブル崩壊によってかつての持てる者が凋落した後も、新たに誕生したIT長者や、その一方で「非」正規労働者という名の低賃金労働者が後を絶たないことからますます深刻化しているように見える。

敗戦からバブルまでの日本経済の成長を振り返ってみると、そこには2つの神話があった。1つは、それが世界に類を見ない高度でかつ長期にわたる成長であったということ、もう1つは、そうした成長を続けていけば必ずやゆたかな生活が実現されるということである。しかし、いずれの神話もバブルとともに崩壊した。1970年代後半から始まった東アジア諸国の成長や、冷戦終焉後における中国の高成長を見れば、かつての日本の成長が本当に世界に類を見ない成長だったのか疑問がわいてくる。

実際、目標とする国があり、その国の生産技術を模倣して、それを習得できる勤勉な労働力さえあれば、高成長は必ずしも難しいことではないのかもしれない。また、経済全体の効率性を引き上げ、自国の企業の競争力を高めるだけでは、GDPや企業収益は拡大しても人々が求める生活のゆたかさや幸福感を実現できないのではないだろうか。そう考えたとたん、経済成長に対する神話と信頼は大きく揺らぎ始めてくるのである。

市場メカニズムは、その参加者に、効率を引き上げる誘因を与えるが、その成果をいかに分配するべきかという指針は与えてくれない。経済全体のパイが拡大すれば、潜在的にはすべての人々がより物質的に恵まれる可能性は高まるが、それが実現される保証も、また、その結果として生活のゆたかさが人々に行き渡る保証もない。市場メカニズムとは、あくまで淘汰のメカニズムであり、分配のメカニズムではないからだ。その意味で、経済大国と言われる規模にまでGDPが拡大したのに、国内で暮らす人々がゆたかさを実感できないのは、成長を続けることだけに関心を持ち、その成果をどのような形で国内に蓄積し、また、広く還元するかを看過してきた日本の経済政策に原因の一端があったと思われる。

成長神話が崩壊し、グローバル化が進む中で、涸れ切った人々のゆたかさへの渇望にどう対応していくかは、現在の日本が直面している大きな課題である。効率性の追求という伝統的な経済学のパラダイムだけで

は、将来へ向けての海図を描くことは難しい。20世紀の後半に世界一の工業国家にまで成長した日本が、21世紀の歴史の頁に何を残すことができるのか、その真価が問われている。求められているのは、一切の怯儒を捨て既成の学問のパラダイムに挑戦することであり、これまでの学問の専門領域に固執することではないはずだ。

> 論点1　敗戦後の日本の高成長と東アジア諸国や中国の成長を比較し、似ている点と違っている点を挙げて、その理由を考えてみよう。

2　日本のゆたかさと世界の貧困——グローバル化の光と影

1　ゆたかな社会と社会的共通資本

　経済学者の宇沢弘文氏によれば、ゆたかな社会とは「すべての人々が、その先天的、後天的資質と能力とを十分に生かし、それぞれのもっている夢とアスピレーション（aspiration、熱望、抱負）が最大限に実現できるような仕事にたずさわり、その私的、社会的貢献に相応しい所得を得て、幸福で、安定的な家庭を営み、できるだけ多様な社会的接触をもち、文化的水準の高い一生をおくることができるような社会」（『社会的共通資本』岩波新書、2000年、2頁）である。そのためには、第1に「美しいゆたかな自然環境が安定的、持続的に維持されている」こと、第2に「快適で、清潔な生活を営むことができるような住居と生活的、文化的環境が用意されている」こと、第3に「すべての子どもたちが、それぞれのもっている多様な資質と能力をできるだけ伸ばし、発展させ、調和のとれた社会的人間として成長しうる学校教育制度が用意されている」こと、第4に「疾病、傷害にさいして、そのときどきにおける最高水準の医療サービスを受けることができる」こと、そして第5に「さまざまな希少資源が、以上の目的を達成するためにもっとも効率的、かつ公平に配分されるような経済的、社会的制度が整備されている」ことが満たされていなけれ

ばならないと宇沢氏は指摘する。

　そのような社会はユートピアであり、言葉の意味通り地球上には存在しない夢のような社会である。存在しない理由は物質的な成長が不足しているからではない。成長を続けるだけでは実現できないからだ。そもそも、「お金」があれば何でも買えるという考えは幻想である。改めて「お金」によって何が買えるのか、また、逆に「お金」を払っても買えないものは何かを考えてみれば、「お金」の可能性と限界が見えてくるはずだ。そう考えると、宇沢氏が掲げるゆたかな社会の条件のほとんどが「お金」では買えないことがわかる。

コーヒーブレイク

何のための「お金」か

　ケインズは「お金」の不足が原因でデフレ（物価の下落）が生じたり、失業が生じたりする場合には、中央銀行が積極的に「お金」を供給すればよいと提言した。逆に言えば、デフレ回避や失業者の救済に貢献しない投機目的の「お金」は、使用を規制したり制限したりすべきだと主張した。そうでなければ、「お金」を稼ぐことが自己目的化してしまうからだ。

　もちろん、IT長者などの金持ちが手にしている巨額の「お金」は合法的に稼いだものであり、麻薬取引や犯罪などの非合法な手段で稼いだ「お金」とは違う。だから、マネー・ロンダリング（不法に取得した「お金」を合法的な取引に利用するために国際的な口座振替などによって「お金」を浄化すること）などしなくても、世界中どこでも自由に使える「お金」だ。しかし、合法的とは言え大量の投機マネーで、株価や地価は大きく変動する。地球規模で投機マネーが駆け回れば複数の国の経済が混乱したり、弱い国の通貨が大幅に下落したりすることもある。こうした投機的な「お金」と、生活に必要な「お金」が同じ土俵で流通することに疑問を呈したのは、『モモ』などの作品で有名なドイツの作家ミヒャエル・エンデだ。エンデが提案するエコ・マネー（地域通貨）は、「お金」の機能を日常生活における交換手段に限定し、投機目的に利用されないようにする1つの「知恵」でもあった。

　ケインズも流動性のある（どこでも自由に使える）「お金」を、あえて固定的な（他の目的には使えない）事業資本に変えて投資する血気（アニマル・スピリッツ）にこそ企業家の存在意義があると主張した。単に「お金」を増やすために、金融資産や不動産などの売買を繰り返すのは投機家であっても企業家ではないからだ。そうした投機家の活動を制限したり、投機で稼いだ「お金」に税金を課したりするのは、決して自由な経済活動に対する規制ではないはずだ。社会の安定にとっては、いかに「お金」を稼ぐかよりも、どうすれば「お金」の暴走を防げるかの方が重要な課題ではないだろうか。

日本の高度成長時代に深刻な問題を引き起こした生産優先主義は、現在でも環境規制の緩い途上国において「健在」である。しかし、環境を破壊し公害を放置してもマクロ的な経済力の指標であるGDPが減ることはない。むしろ、環境を破壊する行為がGDPの拡大に貢献したり、それによって健康被害を受けた住民が治療を受けて医療費が増えたりすれば、さらにGDPは拡大することになる。自動車の利用に伴う大気汚染や騒音公害および交通事故による人的あるいは物的被害もGDPから控除されることはなく、逆にそれを修復するために投じられた費用がGDPに加算されてしまうのである。

　ゆたかな社会を実現するためには物質的な成長とは別に、ゆたかな社会の条件を満たすための努力を重ねていく必要がある。たとえば、「快適で、清潔な生活を営むことができるような住居」も、GDPが増えれば人が暮らす住居が自然に良くなっていくわけではない。快適で、清潔な生活とはどのような生活なのか、また、そうした生活を営むにふさわしい住居とはどのような住居かに関して、生活する人の身になって公正かつ中立的な立場の専門家が、責任をもって実効性のある住宅「制度」を確立しなければ、営利本位の粗悪な住宅ばかりが建ち並んでしまう恐れがある。同じことは、自動車優先の公共投資が残した横断歩道橋にも言える。自動車が平面を走り、人間の方が数十段もの階段を昇降して道路を横断するという道路整備の発想は、明らかに本末転倒している。

　それでは、いまの日本に、そして世界に何が不足しており、何が必要なのだろうか。そのキーワードの1つが宇沢氏の唱える「社会的共通資本」である。同氏によれば「社会的共通資本は、その機能によって大ざっぱに言って次の三種類に分けることができる。大気、河川、土壌などの自然環境、道路、橋、港湾などの社会的インフラストラクチャー、そして、教育、医療、金融、司法などを生み出す多様な制度資本の3つである」(『経済解析 展開編』岩波書店、2003年、573頁)。ただ、「この分類法は必ずしも排他的ではなく、また包括的でもない」(前同)、重要なのは概念であり、具体的な事例については時代や環境および国や地域などによって弾力的

に定めればよいと宇沢氏は述べている。概念を理論的に規定しながら、具体的な事例について解釈の余地を残したのは、社会のゆたかさや人間の幸福には統一されたスタンダード（基準）がないことを宇沢氏が見通しているからである。

グローバルスタンダード（世界標準）とかナショナルスタンダード（国内標準）が、社会的共通資本の機能と可能性を考える上でいかに無意味かを示す事例として「日照権」や「景観権」がある。たとえば、ニューヨークでは日照権は ancient light（古代の光）だとか、ancient right（古代の権利）と言われて、個人の権利としては認められていないと言う。そんな権利を認めていたらニューヨークの街を高層ビルで埋め尽くすことができないからだ。これに対して、日本では東京においても陽光は高層マンションの住人だけに与えられる特権ではなく、すべての人に共通な基本的権利として認められてきた。1日に何時間か太陽の光が差し込む環境で生活しなければ人間らしい暮らしはできないというのが、日本における「日照権」の考えであり、それが日本における社会的共通資本なのである。

何を社会的共通資本として維持・管理するかは、同じ国の中でも地域が異なれば、異なるのが通例である。その1つが景観権である。京都ではお寺などを拝観する際にお寺の庭から高層のビルや近代的な風景が見えないようにいろいろな工夫をして景観の維持に努めている。この結果、東京では通用しない高層建設の規制も、京都の場合には通用することが多い。どこまで景観権を社会的共通資本として維持・管理するかは地域が決める話であり、それが地域のゆたかさを支える条件でもある。

2　グローバル化の理論的可能性と現実

市場が「価格」という最小の情報で、希少な資源を効率的に配分する優れたシステムであることは否定しない。また、市場の優れた機能を地球レベルで活用するために、できる限り多くのもの（各種の権利や金融および情報などのサービスも含めて）を、世界中の国や地域で自由に取引できるように、国際的なレベルで規制や保護の廃止を主張するグローバル

化の流れにも全面的に反対するつもりはない。ただ、問題は、その程度であり、範囲である。求められているのは、市場の可能性を追求するだけではなく、市場の限界を明らかにした上で、不足する分を社会としていかに補うかを多様な人の声を聞きながら議論を重ねていくことである。その1つの解答が社会的共通資本であることは改めて確認しておきたい。

　グローバル化とは経済的な観点から捉えると、国境を越えてすべての者が同じ土俵で競争を強いられる世界が広がっていくことである。あらゆる資源（人も含めて）や商品および資本や情報が自由に世界中を移動できることがグローバル化の条件だとするなら、政治的には冷戦の終焉が、また技術的にはIT革命の進展が、そうした流れを促進してきたと言える。標準的な経済学の教えに従うなら、グローバル化は二重の意味で世界経済にとって望ましい効果をもたらすと期待される。1つは世界規模で資源配分の効率化を実現し世界経済全体のパイの拡大に貢献すること、もう1つは世界規模で商品だけではなく労働、資本、技術などの生産要素の移動が自由になれば、商品の価格だけではなく賃金や利潤および金利など生産要素の「価格」も世界中で均等化し（等しくなり）、国（含む地域）の違いによる価格差が解消されることによって、同一財および同一生産要素の価格が世界レベルで統一されることである（より詳しい説明は、国際経済学のテキストに載っているストルパー＝サミュエルソン効果の解説を参照のこと）。

　しかし、実際には標準的な経済学が期待する効果が容易に実現しないことは、グローバル化が進む中での所得格差や貧困の実態を見れば明らかである。事実、世界全体のGDPは1900年には5,800億ドル、世界人口1人当たり360ドルだったが、2000年には同32兆ドル、1人当たりGDPは平均5,200ドルにまで成長した。このように世界のGDPは20世紀の100年間で55倍、1人当たりで14倍にも拡大したが、その成果が世界の国々に均等に行きわたっていないことは**表10-1**からも明らかである。高所得国、つまり1人当たりのGDPが9,386ドル以上の国には、世界人

表10-1 世界の所得配分の状況

	年間所得（ドル）	年間平均所得（ドル）	人口（人）	代表的な国
低所得国	～ 765	450	23億1,030万	インド、サハラ以南アフリカ諸国など
低位中所得国	766～3,035	1,480	26億5,520万	中国など
高位中所得国	3,036～9,385	5,340	3億3,490万	アルゼンチン、チリなどラテン・アメリカ諸国など
高所得国	9,386～	28,550	9億7,140万	日本、アメリカ、イギリス、フランス、ドイツなど

注）上記統計は世界銀行による2003年の推定暫定値。
資料）世界銀行、田村勝省訳『世界開発報告2005』シュプリンガー・フェアラーク東京、2005年。

口の15％に当たる9億7,140万人が暮らしているが、その1人当たり平均GDPは2万8,550ドルとなっており、高所得国だけで世界のGDPの約8割を占めている。これに対して、1人当たりの平均GDPが766～3,035ドルの低位中所得国と同765ドル以下の低所得国には世界人口の約80％、49億6550万人が生活しているが、そのGDPの合計は約5兆ドルと日本一国の1.2倍にすぎず、世界のGDPに占めるシェアも15％と低い。世界のGDPを拡大させるだけで、その成果の分配を怠れば相対的な貧困だけではなく絶対的な貧困さえ解決できないのである。

　こうした格差の拡大を前にして、われわれとしては経済のグローバル化をどう捉えればよいのだろうか。冷戦が終焉した直後は、社会主義に対する資本主義の「勝利」といった一方的な見方とも重なりグローバル化に対する評価は総じて高かった。しかし、1997年の東アジア経済危機、あるいは2001年の9.11同時多発テロ事件などを契機にしてグローバル化に対する否定的な見方が台頭し始めている。実際、スーザン・ジョージとマーティン・ウルフの討論（杉村昌昭訳『【徹底討論】グローバリゼーション　賛成／反対』作品社、2003年）を見ると、グローバル化に対する2人の評価の違いがよくわかる。「富と権力を社会的上下関係の上のほうに集中させていくための機械」だとグローバル化を批判するジョージに対して、ウルフは「財やサービス、資本、そして労働力までも含んだ市場統

合のプロセス」だと反論する。また、多国籍企業は巨大な権力者だと言うジョージに対して、その認識は不正確だとウルフが応戦する。世界的な不平等の拡大についても、グローバル化に原因があると言うジョージに対し、ウルフは両者の間に直接の因果関係はないと反論する。債務危機をめぐってもIMFなどの国際機関に責任を求めるジョージと、国内の財政危機の方に原因があると主張するウルフの議論はどこまでも平行線だ。市場経済の役割や自由貿易の効果に関しても、2人は激しい議論を繰り返す。ときには、環境問題の不可逆性や反グローバリズム運動をめぐるジョージからの問題提起に対して、IMFのエコノミストだったウルフからは「これ以上聞きたくない」とか「私は社会学者でも文化のアナリストでもないのでよくわからない」といった発言まで飛び出す始末だ。

　しかし、討論全体を通して見れば同書の訳者である杉村氏が指摘するように2人は「立場の違いを超えて相手の言葉に耳を傾け」、「正面からディベートしている」。たとえば、ジョージは成長や市場の役割を全面的に否定しているわけではない。「1960年までは、成長は、大部分において、人間の生活水準を改善した」と過去の成長を評価し、通常の財やサービスの生産では市場を活用すべきだと言う。また、ウルフも「北側の巨大な富が南側の人々の手に届くようにすることは望ましい」と言って世界的な再分配の必要性を認める。結局、2人の違いは、多国籍企業（金融も含む）の自由な活動と世界的な貧困や不平等の関係をどう捉えるかに行き着く。ウルフは現に苦しんでいる人々が存在することを認めながらも、自由な経済活動とその統合というグローバル化は、50年、100年のタイムスパンで見れば貧困や不平等の解消をもたらすという期待にも似た確信を示す。これに対して、ジョージは足元の貧困や不平等を解決するためには、一部の人に富が集中するようなグローバル化に対して早急に歯止めをかけることが必要だと主張する。

　こうした一見すると噛み合わない2人の討論を通して、グローバル化をめぐる問題の本質が浮かび上がってくる。それは、先進国か途上国か、

あるいは企業か、どちらの利益を優先するのかという立場の違いと、効率と公平、あるいは成長と分配のどちらを重視するのかという価値観の違いと、今起きていることを重視すべきか、それとも長期的な効果に期待をかけるのかといった時間的な視野の違いなどによってグローバル化に対する評価も大きく異なるからである。

　その意味でグローバル化に賛成か反対か、あるいはグローバル化は良いか悪いかと二者択一的に問うよりも、良いところを伸ばし、悪いところを抑えていく対応の方が現実的なのかもしれない。加えて、常に自分とは立場の違う、また自分とは価値観の異なる人がいること、さらに、長期的に望ましいことが必ずしも短期的に望ましいとは限らないこと（逆も同じ）も忘れてはならない。グローバル化とは必ずしも世界中の国々が1つのスタンダード（標準）に従うことではない。むしろ、国によって地域によって人によって多様な標準があることを相互に認め合った上で交流を深めることが大切であり、その発想は宇沢氏の唱える社会的共通資本とも通じるところがあると思われる。

　もちろん、人間が消費するだけのマシン（機械）ならば「消費者主権」の原則に従い、世界中で経済的な取引（交流）に関する一切の規制を廃し、どこでも、誰でも、何でも自由に生産し、自由に交易し、そして自由に消費できるようにすることが「幸福」への近道かもしれない。しかし、人間は生まれてから死ぬまで毎日、消費者として社会に参加しているわけではない。ときには生産者として、また家族の一員として、地域の構成員として、サークルのメンバーとして、社会運動の担い手として、さまざまな「顔」を持って生きている。ここに複雑で多様な人間関係が成立する基盤があり、市場で成立する価格の物差しだけでは測ることができない「幸福」の種も埋まっているのである。

　人間の欲望は無限だから有限な資源を効率的に配分し、少しでも大きなGDPを実現するために成長を優先すべきだという主張や論理には矛盾がある。欲望が無限なら、有限のGDPをどんなに大きくしても欲望と現実との距離は縮まらないからだ。統計で表現できる有限な成長は無

限の欲望を満たす手段にはなりえないのである。それでも成長が必要だと主張する人は、単に多ければ多いほど、大きければ大きいほど、高ければ高いほど、速ければ速いほど望ましいと考えているだけではないだろうか。そこでは成長はもはや手段ではなく目的と化し、人間は人間としての幸福やゆたかさを楽しむためではなく、成長の「奴隷」として1円でも多く稼ぎ1円でも多く消費するように強制されていく恐れがある。

　問われるべきは、標準的な経済学のテキストが期待するように長期的にはグローバル化によって格差は縮小され貧困も解消されるのか、それとも経済学の期待とは異なりグローバル化の動きに歯止めをかけないかぎり格差や貧困はますます深刻化するのか、どちらの方向に世界は進もうとしているのかということである。最終的には歴史が証明する話だが、産業革命以降の経済変動と不断の技術革新の歴史を見る限り、分権的な資本主義経済の運動が世界レベルで一点に収斂するという意味での「均衡」の実現を期待することには無理があるように思われる。

　そもそも経済学の世界における「均衡」とは、希少な生産要素が労働も含めて効率的に配分されている状態のことであり、その場合、市場価格で評価したあらゆる生産要素の単位価格当たり限界生産性（生産要素を1単位増やしたときに増加する付加価値額）は均等化していなければならない。もし限界生産性が均等化していなければ、限界生産の低い分野から、より高い分野へと生産要素を移動させることによって、同じ生産要素の量でより多くの生産が可能になるからだ。こうした低い分野（含む国や地域）から高い分野への自由な生産要素の移動を地球規模で実現しようというのが経済学から見たグローバル化の考え方に他ならない。この考えが貫徹されると、既述したように地球規模で生産要素（資源）の効率的な配分が実現できるというのが標準的な経済学の教えでもある。しかし、このような想定はどこまで現実的だろうか。非現実的な前提や条件を置いて導出された経済学の理論的帰結ほど無意味で、有害なものはないと警告する経済学者（ジョーン・ロビンソンや宇沢弘文氏など）がいる

ことも忘れてはならない。

> 論点2　ゆたかな社会を実現するために、自分たちが暮らす地域では具体的にどのようなものを社会的共通資本として維持管理すればよいのかを考えてみよう。

3　内なる格差と福祉国家の危機

1　平均と分散で見る日本の現状

　成長を望ましいと判断する経済学の思想は一方で、経済全体のパイを再分配する分配政策の可能性を阻んできた。たしかに、全体のパイをいくら平等に分配しても、絶対的な貧困を解消できないほどにパイ自体が小さければ、分配よりも成長を優先すべきだという主張は正論である。しかし、改めて日本経済の現状を見ると、バブル崩壊以降成長率の停滞が続いているとはいえ、ドルベースのGDPは2003年で4.3兆ドルとアメリカに次ぎ世界第2位、1人当たりGDPでみても3万4,300ドルと世界第7位、G7の国の中ではアメリカに次ぎ第2位、同3万ドル前後のイギリス、ドイツ、フランスよりも高い水準を維持している。

　また、家計が所有する金融資産の総額も2004年度末で1,416兆円（日本銀行「資金循環統計」）、1人当たり1,000万円を越えている。もっとも金融資産については家計や個人間での格差が所得以上に大きいので、2004年の「家計調査」で一般世帯（世帯人員2人以上の全世帯）の状況を調べると平均1,692万円（世帯人員平均3.39人）、1人当たり約500万円となっている。そのほかにも、「学校基本調査」によると2005年度の4年制大学への進学率は男女計で史上最高の44.2％に達している。将来的には少子化の影響で大学への進学希望者よりも大学の定員の方が多くなる「大学全入時代」も近いと言われており、改めて大学の果たす役割が問われ始めている。原則論を言えば、大学で学ぶ学生の務めは高度な専門知識

を身につけることにあり、そのために教育・研究に励むことが大学で教える教員の務めである。大学への進学率上昇が学生にとっても、また教員にとっても「幸福」なことかどうかについては、改めて考え直してみる必要がある。

　スウェーデンの大学は授業料が無料であり奨学金も充実しているが、高校から直接大学に進学する者の割合は3割にとどまっており、残り7割は就職したり、職業専門学校に進んだりして専門的な職業能力を身につける道を選択すると言われている。彼我の進学率の差の背景にどのような要因があるのかは不明だが、少なくとも日本では大学に進学せずに専門的な職業能力を習得できる機会や、身につけた技術や技能を活かせる機会（仕事）は少ない。また、安易な「使い捨て文化」の普及によってモノを長く使うために必要な修理の技術や技能に対する需要、あるいはそうした能力を持つ職人に対する社会的な評価も高いとは言えない状況にある。「ものづくり」を支えているのは、最先端の分野で新製品の発明に取り組んでいる人たちだけではない。われわれの日常生活で利用されている技術や技能の大部分はこれまでの経験を通して引き継がれてきたものであり、そうした過去の蓄積がベースになって新しい技術や技能が誕生する例も多い。情報技術の進展によって精巧なコピーが簡単に作成できるようになり、本物と偽物の差の判別はますます難しくなっているが、それによって本物と偽物の「差」が縮小しているわけではない。「差」が縮小するほど、逆にわずかな「差」の中に新しい価値が生まれてくることもある。そのわずかな「差」を作り出す技術や技能こそ高度な職業能力であり、その伝承と養成を怠れば日本経済は「土台」から崩れてしまう恐れもある。

　日本の経済社会は平均的に見れば所得面でも、また資産面でもゆたかに見える。しかし、平均を見て分散を見ないのは「森を見て木を見ない」のと同じだ。一般には「木を見て森を見ない」方が大局観に乏しいと批判されるが、経済学の世界では逆に森という全体の統計だけを見て1人ひとりの人間を見ないのは机上の空論に等しい。平均とは計算上の虚構

であり、現実の社会には1人ひとりの間に看過できない格差が存在している。1人当たり平均3万4,000ドルという日本のGDPは、日本国内で生活している人の間でGDPを平等に分ければ計算上そうなるというだけの話である。実際、2004年の「国民生活基礎調査」によれば、1世帯当たりの平均所得は578万円だが、6割の世帯の所得は平均以下であり、同300万円未満の世帯が3割弱、また、同200万円未満の世帯も2割弱に達している。所得が平均の半分以下の世帯は一般に「貧困世帯」と呼ばれるが、その割合が日本では2割を越えている可能性がある。また、同じ調査で、貯蓄のない世帯が全体の9.4％、また貯蓄はあるといっても100万円未満の世帯が同じく9.4％も存在しているのである。

2　社会保障をめぐる問題と再構築の展望

　パイの拡大を目的とする成長政策とは異なり、分配政策の目的は経済格差によって生じる問題の緩和にある。誤解がないように付言すれば、分配とは高きから低きに向けて一方的に所得を移転する「完全平等」政策のことではない。人間としての尊厳を維持しながら生きていくために最低限必要な社会サービスの給付に関して、その費用を各世帯あるいは各個人の経済力に応じて負担してもらおうという政策である。所得や資産の少ない人の負担が小さいからといって、負担が少ない人ほど「得」をしているわけではない。そもそも重い病気に罹って膨大な医療費がかかったけれど、医療保険のお陰で自己負担は安くてすんだから「得」をしたと喜ぶ人はほとんどいない（結果的に金銭的な負担が軽くて良かったと思う人はいるかもしれないが）。むしろ、病気などには罹らず健康な方がよほど「幸福」に違いない。同じことは雇用保険や介護保険についても言える。また、死別や離別によって母子家庭になったり生活保護を受けざるをえなかったりする場合にも、受給する立場の人間から言えば、そうした給付を受けずに自立した生活を送れる方が「幸福」である。このように、本来なら受けない方がずっと「幸福」なのに、不幸にも自助努力や自己責任だけでは対応できない局面に遭遇したとき、不安を抱かず

に安心して生活できる仕組みを提供するのが分配政策の本来の意義である。

　世代間での負担と給付の大小を比較して世代ごとの金銭的な損得の試算を示したり、大きな政府か小さな政府かと二者択一的な選択を国民に迫ったりするのは、ある意味で分配政策が持つ本来の意義を矮小化してしまう危険がある。分配面でどんなに工夫しても、人々に安心を提供できるだけの財源を確保できないほどマクロ的な経済力が乏しい場合には、安心な社会を築くためにも既述したように経済成長が必要になるが、分配政策で解決可能なときにはまず分配を優先する方が人間的にも、また地球環境的にも望ましいと思われる。政府の規模をめぐっては国民負担率の小さな政府の方が大きな政府よりも望ましいという議論もあるが、どこまで人々が相互に協力し、どこから先を自己責任や自助努力に求めるのかは社会を構成する人々が選択する問題である。デンマークの社会学者であるエスピン－アンデルセン（渡辺雅男・渡辺景子訳『ポスト工業経済の社会的基礎』桜井書店、2000年、247頁）によれば国民負担の大小にかかわらず自己負担も含めれば社会サービスの供給に必要な費用の総額（対GDP比の社会支出）は、小さな政府のアメリカと大きな政府のスウェーデンの間でほとんど変わらないと言う。変わるのは、小さな政府になるほど自己負担能力の低い人が社会サービスから排除され、質の高い医療や介護などの社会サービスは経済的に裕福な人だけに集中する傾向があるということである。

　ブルーノ・S・フライとアロイス・スタッツァー（佐和隆光監訳、沢木冬日訳『幸福の政治経済学』ダイヤモンド社、2005年、第4章）によれば1人当たりGDP1万ドル（日本円に換算する場合は通貨市場で成立している為替レートよりも、購買力平価によるレートを用いる方が適切かもしれない）の水準を超えると、所得の増加と幸福度あるいは生活満足度の関係は弱まると言う。つまり、1人当たり1万ドルを越える所得に対して上昇率が急な累進税率を課しても、人々の幸福度や生活満足度への影響は小さい可能性が強いのだ。もちろん、実際に税制を改正した場合の影響に関してはよ

り詳細な分析も必要だが、少なくとも日本のように1人当たり GDP の大きな国では社会保障の財源が足りないから「小さな政府」を目指すべきだという議論はある意味で短絡的ではないだろうか。

　なお、分配政策においては財源の調達方法に加え、どのような分野にどのような基準で配分するかも重要なテーマである。日本では社会保障給付が拡大する過程で、その中心に置かれてきたのは高齢者だった。こうした高齢者中心の社会保障が少子高齢化によって急速に揺らぎ始めている。その背景にあるのは給付超の高齢者と負担超の若い現役世代との間における世代間対立の深刻化である。これに対して日本の政府は若い世代に負担の理解を求めるよりも、高齢者に給付の抑制を強いることによって問題の解決を図ろうとしている。その一端が、2001年12月に閣議決定された「高齢社会対策の大綱」に現れている。同大綱は、多様な高齢者が存在することを考慮せずに、平均の数字だけを見て「高齢者は全体としてみると健康で活動的であり、経済的にも豊かになっている」と指摘し、「健康面でも経済面でも恵まれないという旧来の画一的な高齢者像にとらわれることなく、施策の展開を図る」と言って政府の支援を最小限にとどめ、「若年期から……高齢期における問題を予防し、老後に備えるという国民の自助努力を支援する」と謳っているのである。

　もちろん、社会保障の危機に直面しているのは日本だけではない。アメリカに代表される市場重視型の福祉国家も、北欧諸国に見られる公共サービス依存型の福祉国家も、これまでと同じ仕組みで社会保障を維持していくことは困難になっている。実際、アメリカでは市場原理の徹底による経済格差の拡大によって、「第四世界」と呼ばれる新たな貧困地域が国内に形成されつつある。また、公共サービス依存型の北欧諸国でも成長率の停滞と高齢化の進展によって、負担率の引き上げが限界に達しており、福祉のために必要と言われても、これ以上の負担には耐えられない状況が生じ始めている。

　そうした中でエスピン-アンデルセン（渡辺雅男・渡辺景子訳『福祉国家の可能性』桜井書店、2001年、75-94頁）は、福祉国家の危機を克服するた

めに5つの提言を行っている。第1は女性の雇用を最大限増大させること。第2は貧困から子供を救うこと。第3は定年制度を廃止すること。第4は余暇と仕事の新しい組み合わせ、たとえば生涯の労働時間と余暇時間を決めて、月単位や年単位で働いたり休みをとったりできるようにすること。そして第5は平等概念を再検討すること、である。

　第5の平等概念の再検討に関して敷衍しておけば、平等とはある時点だけを捉えて貧困だったり低所得だったりする人を救うことではなく、貧しい人や所得の低い人が社会の中に一定数存在しても、そうした人がいつまでも貧しい生活を強いられるのではなく、より高い生活に移動できる機会が与えられ、現実に移動が行われているならば、その国は「平等」だとみなしてもよいのではないかという提言である。たしかに、学生時代は貧しい生活をしても、卒業すれば少しずつ生活が改善していく機会がすべての学生に開かれているなら、いつの時代にも貧しい学生がいたとしても、その社会を不平等な社会と呼ぶことはできないだろう。

　その意味でも、日本においては高齢者の支援だけではなく、子供の保育や若者の職業教育などに対する支援にも目を向けた福祉政策の改革が必要である。若者と高齢者に対する給付を比較すると、日本では若者に対する給付が高齢者の18％ときわめて低くなっている。つまり、社会保障が高齢者中心に給付され、育児や保育および若者の職業訓練の支援などにはほとんど回されていない。だから、若い世代が負担増を嫌い、日本の社会保障制度は危機に瀕しているのかもしれない。これまでの制度が危機に陥っているとするなら、土台から制度を作り直す作業が必要である。単に、古いものを壊すのではなく、長期的な展望をもって新しいものを作り出す構想力と実行力がなければ本当の意味での改革はできないのである。

論点3　社会保障制度の具体的な事例（年金、医療、介護、生活保護、育児・保育サービスなど）を取り上げて、その問題点と解決策について考えてみよう。

〈参考文献〉

1　井村喜代子『日本経済―混沌のただ中で』勁草書房、2005年
　バブル発生から今日に至るまでの日本経済の実態と推移について、豊富な統計資料に基づき、多様な視点から解明を試みた良書。初心者には少し難しいかもしれないが、ぜひ挑戦してほしい日本経済の入門書。

2　宇沢弘文『社会的共通資本』(岩波新書)岩波書店、2000年
　本章でも取り上げた社会的共通資本についてわかりやすく解説してあると同時に、その具体的な事例として教育、医療、都市問題、地球環境および金融制度を取り上げ、伝統的な経済学の限界と問題点について根源的な批判が試みられている。

3　杉本栄一『近代経済学史』(岩波全書セレクション)岩波書店、2005年
　近代経済学の学説を原典に基づき学派ごとに解説した名著。文章は読みやすいが内容は深いので、じっくりと味わいながら時間をかけて読むことを薦める。著者は近代経済学とマルクス経済学の双方に精通しており、中立的な視点から両学派の理論を解説。長らく絶版になっていたが最近復刊されたので、是非この機会に手にとって読んでもらいたい。

4　スーザン・ジョージ(小南祐一郎・谷口真理子訳)『なぜ世界の半分が飢えるのか』朝日新聞社、1984年
　先進国主導の開発が、なぜ途上国の人々を救済することに失敗しているのかを、農業(食糧)問題に焦点を当て分析した古典的な名著。経済的に貧しいから飢えるのではなく、途上国の農業が国際的な市場メカニズムの中に取り込まれることに飢えの原因があると主張。

5　ジャグディシュ・バグワティ(鈴木主税・桃井緑美子訳)『グローバリゼーションを擁護する』日本経済新聞社、2005年
　書名の通り、グローバル化反対に対する反論の本。著者はWTOの顧問も務める国際経済学者であり、具体的な事例を挙げながら実証的かつ説得的に議論が展開されている。賛成、反対を問わずグローバル化の問題を考える上で必読の一冊。

終章　国際社会の中の日本とアジア

文　京洙
安藤　次男

―〈本章のねらい〉―

　2005年10月、小泉純一郎首相が靖国神社を参拝した。首相就任以来5度目となるこの参拝に対して中国や韓国が激しく反発し、同年暮に予定されていた両国との首脳会談はキャンセルされた。靖国参拝がネックになって、日中首脳の相互訪問は4年以上も途絶えたままになっている。日本国内でも慎重論や反対意見が噴き出した。主要新聞各紙ではっきりと賛成を表明したのは『産経新聞』一社だけで、自民党と連立与党を組む公明党の神崎代表も「A級戦犯が合祀されている靖国神社への参拝は遺憾だ。誠に残念」と批判した。何よりも、首相の参拝に先立つ9月30日、大阪地裁は首相の靖国参拝に対して福岡地裁（04年4月）に続いて「憲法違反」の判断を下していた。

　参拝直後に実施された『朝日新聞』の世論調査では賛成42％、反対41％と国民の意見は真っ二つに分かれた。小泉首相は参拝について「心の問題」であるとして、思想、良心の自由を定めた憲法19条まで引き合いに出しているが、首相の参拝という"行為"をめぐって国論は二分し、アジア外交は停滞している。靖国参拝問題をはじめとする、過去の植民地支配や侵略戦争の解釈や清算の問題は、いまや、日本の外交政策や東アジアの国際関係を左右するような大問題となっている。

　本章は、こうした状況を踏まえて、戦後60年を経てもなお過去の清算が問題とならざるをえない背景と、これをめぐる論点を明らかにすることをねらいとしている。もちろん、とは言っても、歴史問題をめぐる何らかの解答を示すものではなく、あくまでもこの問題を考え、議論していくための素材として、近代以降の日本の歩みと、第2次大戦後の歴史認識の変遷を素描した。

　中国・韓国をはじめとするアジアと日本との関係は、日本の外交や国際関係にとっての出発点とも言えよう。それは、本書で学んだ国際関係学のさまざまな基礎知識がじかに試されるような重要な論点をも含まざるをえないであろう。

1　隔たる歴史意識

「世界の近代史上における数々の植民地支配や侵略的行為に思いをいたし、わが国が過去におこなったこうした行為や他国民とくにアジアの諸国民に与えた苦痛を認識し、深い反省の念を表明する」。

1995年の「国会決議」（歴史を教訓に平和への決意を新たにする決議）の一節である。やや歯切れが悪いが、日本の国会（衆議院）がアジア諸国に対する「植民地支配や侵略的行為」について戦後50年にして初めて示した反省であった。同じ年、当時、連立与党を自民党とともに構成した革新政党（社会党）の党首でもあった村山富市首相は、「戦後50周年記念式典」においてより踏み込んで「反省」と「お詫び」を語った。

「わが国は、遠くない過去の一時期、国策を誤り、戦争への道を歩んで国民を存亡の危機に陥れ、植民地支配と侵略によって、多くの国々、とりわけアジア諸国の人々に対して多大の損害と苦痛を与えました。私は、未来に誤ち無からしめんとするが故に、疑うべくもないこの歴史の事実を謙虚に受け止め、ここにあらためて痛切な反省の意を表し、心からのお詫びの気持ちを表明いたします」。

このいわゆる「村山談話」は、村山首相の個人的な見解として述べられたものではなく、閣議決定に基づく公式の談話として以後の政権にも引き継がれ、日本国政府の公式の歴史的見解とされているものである。

人々の国境を超えたつながりがその密度を限りなく高めてゆくグローバル化の時代には、近隣の国々とのトラブルは、まかり間違えれば日本の経済社会そのものの営みを危うくする。かつて日本が侵略した中国一国をとっても、2004年、日本の中国に対する貿易総額はアメリカのそれを上回り、中国は日本にとって最大の貿易相手国となっている（『日本経済新聞』2005年1月26日夕刊）のである。そういうアジアの隣人たちとの付き合いを睦まじいものにするには、当然、日本がかつての過ちを侘びなければならないし、実際、90年代以降、さまざまな形で過去の"反

省"や"謝罪"が語られてきた。おそらく上記の「国会決議」や「村山談話」は、戦後日本のアジア認識をめぐる1つの到達点を物語るものであった、と言える。こうした日本の姿勢は、「歴史認識」をめぐって軋轢の絶えなかったアジア諸国の指導者や国民からも一定の理解を得た。1998年、日本を訪問した韓国の金大中大統領は日本の国会で演説し、「日本は韓国を含むアジア諸国の国民に大きな犠牲と苦痛を与えた。しかし、第二次世界大戦後、日本は変った。日本国民は汗と涙を流して、議会制民主主義の発展と共に世界が驚く経済成長を遂げた」と述べ、過去のわだかまりを超えた未来志向の日韓関係の構築を訴えた。

　ところが、「国会決議」から10年、戦後60年の節目の2005年になって、過去の認識をめぐる、日本とアジア、とりわけ、中国や韓国との軋轢が再燃した。島根県議会による「竹島の日」条例の制定、一部自治体による扶桑社の歴史教科書の採択、さらには小泉首相の靖国神社参拝などをめぐってアジア諸国で対日批判が巻き起こった。韓国では日本大使館などに対するプラカードを掲げてのデモがあり、一部には自身の体を燃やすなどする激しい抗議活動が起こった。中国では、日本企業や大使館、日本人が経営する店舗への投石など、反日デモが吹き荒れる一方で、小泉首相の靖国神社参拝については中国外相によるヒトラーの追悼にたとえての批判まで飛び出し、"過去"をめぐる溝はますます深まっているようにさえ見える。

　戦後60年も経たいま、一体、何がこうした反目や行き違いを起こしているのであろうか。日本が過去にアジア諸国にもたらした「多大な損害や苦痛」とは何であり、日本は、この過ちを克服しアジア諸国との和解と共存を確かなものとするためにどのように努めてきたのであろうか、そして、日本と、中国や韓国といったアジアの隣人たちの歴史感覚や歴史認識にいまもなお大きな隔たりが存在するのは、一体、なぜなのか、この章では、これらのことを改めて検証し、今後の国際社会における日本のあり方をめぐる論点を整理してみたい。

2　近代日本の国民国家形成とアジア

　明治維新最大のイデオローグの 1 人であった吉田松陰は、「但章呈（条約）を厳にして信義を厚ふし、其間を以て国力を養ひ、取易き朝鮮・満州・支那を切り随へ、交易にて魯国に失ふ所は又土地にて鮮満に償ふべし」（『吉田松陰全集』第 1 巻、岩波書店、1972 年）と述べている。つまり、国際社会における各主権国家の対等にして不可侵の関係が国際社会の信義として重んじられる反面、いわば「主権国家」の要件を欠く「取り易き」地域への侵略は、単に正当化されるばかりか、「善く国を保つ」（同書）ための必須の条件とさえされているのである。日本が明治維新を断行し、近代国民国家の形成に向けて歩み始めた 19 世紀後半の世界とは、まさにそのようなものであった。

　産業革命を経た欧米列強は「主権国家」として互いの関係を「万国法」によって律する反面、アジア、アフリカ、ラテンアメリカに対してはまさしく「取り易き」地として侵略や分割の対象とした。「国会決議」の言う「世界の近代史上における数々の植民地支配や侵略的行為」とは、そういう「弱肉強食」の国際社会にあって、植民地支配や侵略は日本だけの行為ではなかったことを示唆している。

　実際、日本も列強諸国から不平等条約を強要され、幕末や明治の指導者たちは、まかり間違えば、日本自身が「取り易き」地として列強の支配のもとに置かれかねないという強い危機感を抱いていた。こうした中で日本は、天皇制の下に一枚岩の「国民」としての結集を図り「文明開化」や「富国強兵」の掛け声のもとに近代化にまい進しつつ、東アジアの覇権をめぐる列強間の対立にも便乗しながら、日清・日露の 2 つの戦いに勝利する。そしてこれによってアジアでは唯一、近代的な国民国家としての自立（不平等条約の改正による一人前の国民国家としての承認）を成し遂げたのである。だが、その自立は、列強の圧力に抵抗するアジアの人々を抑圧する軍事力としての役割を担う中でもたらされた自立であり、「征

韓論」や「脱亜論」に象徴されるようなアジアへの蔑みや侮りも日本人の他者認識に定着させられることになった。

　日露戦争を経た20世紀の初めには、列強諸国による「世界分割」が完了して、世界が一握りの帝国主義国と、何らかの形でその支配のもとに置かれた、のちに第三世界と呼ばれるようになる、圧倒的多数の地域の人々に二分された。日本は、前者の一員として、イギリスやアメリカなどの他の列強諸国と権益を分かち合い、共同して植民地や半植民地での抵抗を抑圧する体制の一翼を担った。第1次大戦は、そういう列強同士の権益をめぐる調整がこじれることによって起こった地球の再分割のための戦争であった。戦争の中心はヨーロッパ列強間の確執にあり、日本は、この未曾有の大惨事に乗じて、資本主義の発展を遂げる一方、すでに植民地としていた朝鮮半島を足場に中国大陸への進出を図った。

　第1次大戦の経験を経て国際的には、欧米諸国での民主主義の成長や植民地・従属地域での民族運動の台頭があり、そのことは、1939年のナチス・ドイツのポーランド侵攻に始まる第2次世界大戦に、植民地の再分割という古い時代の性格を与えながらも、国際的な民主主義勢力とファシズムや軍国主義との対立という性格を与えることになった。すでに日本は、1920年代の末に始まる世界恐慌以降、国内的には、青年将校らによる5・15（31年）事件や、2・26（36年）事件などを通して軍国主義化が進む一方、対外的には満州事変（31年）や盧溝橋事件（37年）と中国大陸への侵略を拡大していった。

　第2次大戦が勃発（39年）すると、日本は一方でドイツ、イタリアのファシズム諸国と結び（日独伊三国同盟、1940年9月）、他方で大東亜共栄圏構想を打ち出して、石油・ゴムなどの天然資源を求めて矛先を東南アジアに広げる。日本のアジア侵略はこの地に権益を持つ米英との対立を招き、1941年12月、ついに日本は真珠湾を奇襲攻撃して米英との戦争に突入する。日本のアジア侵略と支配は、結局、中国をはじめとするアジアの人々の粘り強い抵抗と米英ソなど連合諸国の反撃にあって惨憺たる敗北に終わる。

日本のアジアでの侵略戦争には、大量・無差別の虐殺、化学戦、細菌戦、生体実験、アヘン・麻薬の利用、捕虜の虐待、強制労働などありとあらゆる非人道的行為が伴い、これによって命を失った犠牲者は２千万人を越えると言われる。強制連行、軍人・軍属・慰安婦としての戦地への動員など、植民地朝鮮・台湾の人々の被った心理的・肉体的犠牲も、甚だしかった。もちろん、この戦争による日本人自身の被害も大きい。その犠牲者（死者）は軍人・軍属が約230万人、広島・長崎への原爆、沖縄戦、東京大空襲、「満蒙開拓団」などによる国内外での民間人の犠牲者は80万人に上るとされている。「国策を誤り、戦争への道を歩んで国民を存亡の危機に陥れ、植民地支配と侵略によって、多くの国々、とりわけアジア諸国の人々に対して多大の損害と苦痛を与えました」という、「村山談話」は、この弁解の余地のない事実を物語るものである。

　敗戦は、日本が軍国主義を清算し、新しい民主国家として生まれ変わる好機でもあり、アメリカの占領政策もその出発点においては、日本の徹底した非軍事化と民主化を目指した。占領下の1946年11月に公布された日本国憲法は、まさにその戦後日本の再生の方向を集大成したものであった。新憲法は、主権在民、基本的人権の尊重という国内の民主化と並んで、対外関係においては恒久平和の追求と、国際紛争解決手段としての戦争の放棄を世界に向かって宣言した。

　新憲法の平和主義の規定は、日本が過去を清算してアジアの一員として生まれ変わる手立てともなりうるはずのものであった。だが、敗戦の衝撃にもかかわらずアジアに対する「侵略者・加害者」としての自己認識は、日本人の間で広く共有されることはなかった。敗戦をはさんでの日本人の対外意識は、総じて「脱亜入欧」⇒「鬼畜米英」⇒「脱亜入米」と移り変わった（赤沢史朗「社会の変化と戦後思想の出発」『日本同時代史①』青木書店、1990年）とされる。日本の戦争責任を問う東京裁判も主として欧米に対する戦争犯罪や開戦責任を問うものであって、日本人の差別的なアジア観は、これといって問われないまま意識の底に潜在化し、アジアは日本人の当面の関心の外に消え去ろうとしていた。やがて、ヨーロッ

パを中心に戦後処理をめぐる米ソ間の対立（冷戦）が明らかとなり、占領政策の転換が始まる。「日本を反共の防壁」とすることが公然と宣言され、占領政策の基調も「西側の一員」として政治の安定と経済復興を目指すものへと変っていく。

　国際冷戦は、東アジアでは熱戦（朝鮮戦争：1950年〜53年）となり、戦後世界の多様な発展の可能性を閉ざしつつ、世界を引き裂き、人々を二項対立の呪縛のもとに置いた。サンフランシスコ講和条約（1951年）を通じた日本の独立の回復も、「西側の一員」として米軍に基地を提供し（日米安保条約）、沖縄をアメリカの施政下に残したままの独立であった。ここに確定したアメリカとの同盟関係を機軸とする日本の外交政策の基調は、今日まで一貫して変っていない。1960年には、「安保闘争」という、日米関係を揺るがす、戦後最大規模の国民運動の高揚があったが、この安保闘争を支えた国民意識や歴史感覚も唯一の被爆国としての戦争体験、戦争の被害者としての国民的体験であって戦争責任の自覚にたったアジアとの和解・共存を志向する意識は薄かったといわざるをえない。

3　歴史認識の到達点と課題
——グローバル化とナショナリズムの相克

　戦後日本のアジアへの復帰は、貿易・投資・戦後賠償（援助）といった、もっぱら経済的次元のそれに始まる。1950年代の戦後復興から高度経済成長の初期段階には、内需やアメリカ市場に導かれた経済発展が実現し、アジア諸国との経済関係はそれほど切実なものと意識されていなかった。だが、60年代に入ると、民間設備投資に導かれた内需中心の経済成長も限界に達し、資本財と耐久消費財の双方の機械製品に対する大量で安定的な海外市場（前者⇒アジア、後者⇒欧米）を必要とする段階となる。60年代に始まる日本のアジアへの経済進出は、インドシナへの軍事介入や経済開発優先の強権体制樹立を内容とするこのころのア

メリカのアジア政策とも深く結びついていた。70年代には、アメリカの力の陰りを背景に、アジアの資本主義圏と日本の結びつきも一段と強まり、東アジアは、日本の商品市場、資源・低賃金労働の供給地、公害産業の移転先として組み入れられていく。

　こうして日本が高度成長に邁進した50年代後半から70年代初めの時期は、世界的にも先進資本主義国を中心に景気拡大が続いた時期であった。世界史的には、この時期以降は、人の移動が大規模かつグローバル化した時代であり、先進諸国の経済成長も、これを底辺で支えた大量の移民労働者の存在を抜きにして語ることはできない。英仏独に代表されるヨーロッパの先進諸国では、早くも70年代の半ばからすでに法的に受け入れ体制を整えていた移民たちの定住が課題となり、国際社会では、マイノリティや外国人労働者の権利保障が国や国民を超える普遍的な課題として自覚されるようになっていた。そんな中にあって、日本やイタリア、スペインといった、「北」側に属しながらも工業化や都市化が比較的立ち遅れていた国々では、高度成長期の労働力のプールを、もっぱら、国内に見出すことができた。とりわけ、日本は、かたくなまでに外からの労働力の流入をこばみ、80年代に至るまで「単一民族社会の神話」を保ちえた、先進国では稀有の国であった。つまり、一般に欧米の先進諸国では高度経済成長は、他者認識の変容や多文化主義の受容を伴うものであったが、日本はこうした体験を経ずにこれを実現したのだった。

　だが、アジアへの日本の関わりの増大は、日本とアジアの関係を、その歴史をも含めて、改めて問い直さずにはおかなかった。1974年、東南アジアを歴訪した田中角栄元首相は、各地で反日デモにあい、その後日本は、軍事大国化の否定や「心と心の触れ合い」をうたった「福田ドクトリン」として知られるアジア外交の軌道修正を余儀なくされた。さらに、1982年には、中国や韓国から日本の教科書記述への批判が噴出した。この教科書問題は、日本人が歴史を見直し始める契機となり、それ以来、日本の首相や天皇がアジアへの加害責任をいかに認識している

か、ということが繰り返し問われることになった。

　1985年のプラザ合意以後の円高を背景に急速に進んだ国際化は、日本人のアジア観を大きく変えるきっかけとなった。国境の垣根を越えた人口移動の増大は、日本の等質社会の神話に風穴をあけ、日本人の他者認識に大きな変化をもたらしたのである。アジア系の外国人労働者をはじめ、難民から帰国学生から、中国残留孤児に至るさまざまな文化を背負った人々が職場や学校、地域社会の日常に深く浸透し、いわば日本の内なる「国際化」を飛躍的に進めることになった。

　さらに、さまざまなレベルの個人や市民団体、NGO、自治体などが、日本の過去を問い、ODAを見直し、進出企業による乱開発や搾取に抗議し、アジアの人々の身の丈にあった援助活動に汗を流した。アジアの開発独裁諸国の民主化とも相まって、戦後補償をめぐるアジアとの市民レベルの交流・協力も着実に前進した。すでに紹介した「国会決議」や、「村山談話」は、80年代以降のそういう蓄積の上に実現したものであり、他者認識の変化やアジアへの加害者認識が国民的にも共有される度合いのピークを表していたといえる。

　ところが、「過去の反省」は、日本の"近代"そのものの否定につながり、ひいては日本人のアイデンティティーさえも揺るがしかねない、という危機感が日本社会の底流を捕らえ始めたのもこの90年代半ばからである。「新自由主義史観研究会」が1996年につくられ、「自虐史観」への反撃が始まったのは、そういう「アイデンティティーの揺らぎ」にまつわる危機意識を物語っている。90年代の後半には、國際化やグローバリゼーションの潮流に抗うかのように、「国民意識」の立て直しやナショナリズムの復権への動きが目立っている。と言うよりは、そもそも、「ナショナリズムのグローバル化」(テッサ・モーリス＝スズキ)と言われるように、国際化やグローバル化は、必ずしも、国民のナショナルな箍の弛緩にはつながらないとも言える。むしろ、それは、この日本でもナショナリズムに新しい息吹を与え、ナショナルな記憶や「国民」の中身をめぐっての綱引きを新しいレベルで顕在化させているのである。

もちろん、いかなる国の国民であっても、自国の文化や伝統を学びこれを誇りとすることの権利を妨げられるものではない。過去の加害国のナショナリズムは否定され、被害国のそれは正当化されるといった単純なナショナリズムの善悪論も慎まれなければならない。韓国も中国も、「反日愛国主義」を政権の求心力維持に利用してきた面がないとは言えないだろう。だが、自国の文化や伝統への思い入れが、かつての侵略戦争の美化や他国への侮りや蔑みにつながったり、個人の思いを超えて、その社会の他の構成員に押しつけられたりすることはやはり許されないであろう。

人々の生活相互の関係が国境を越えて限りなくその密度を高めるグローバル化の時代にあって、"国民"や"民族"が人々のアイデンティティーを一義的に規定した時代は、明らかに、過ぎ去ろうとしている。だが、歴史意識の隔たりは、日本とアジアを分かつ絶好の楔として、時代に逆行するような、ナショナリズムのタガの締め直しにおあつらえ向きの状況を生んでいる。この難題をクリアするために、国境を越えて交し合う共感、知恵、そして真摯で開かれた議論が、いま、切実に求められている。

〈参考文献〉
1 　歴史教育者協議会『東アジア世界と日本』青木書店、2004年
古代から現代に至る日本の歩みを、中国・朝鮮などの東アジア諸国・諸民族との関係を中心に振り返った本。歴史認識の問題を、より長期の歴史的な視野に立って捉え直す上で格好の入門書。
2 　水野直樹・藤永壮・駒込武『日本の植民地支配・肯定賛美論を検証する』岩波ブックレット（No. 552）、2001年
「日韓併合の合法性問題」や「従軍慰安婦の国家責任」など、日本の植民地支配をめぐって90年代に問題となった論点を、20の項目に整理し、Q＆Aの方式でやさしく説いた解説書で、各項目についてより深めるための参考書が挙げられている。
3 　石澤靖治編『日本がどう報じられているか』新潮新書、2004年
最近の日本についての諸外国の報道を、英、仏、独、米、アラブ世界、中国、韓国についてそれぞれの国のメディア専門家が紹介した本。中国や韓国の「反日論」が客観的に分析されていて、メディアという観点から歴史問題を考える上で欠かせない。

4 藤岡信勝・自由主義史観研究会『**教科書が教えない歴史**』産経新聞社、1996年
戦後日本の歴史教育を「自虐史観」として批判する自由主義史観研究会のメンバーが、幕末から第2次世界大戦に至る日本の近現代の歩みを人物やエピソード別に、解説した本。

5 夏目書房編集部編『**どう違うの？ 新しい歴史教科書 vs いままでの歴史教科書**』夏目 BOOKLET（夏目書房）、2001年
扶桑社版の『新しい歴史教科書』、『新しい公民教科書』と、教育出版、東京書籍など7社の既存の中学校社会科教科書を「人類の誕生」から「東京裁判」に至る各項目別に詳細に検討した。教科書問題を考える上での基礎資料として最適。

6 荒井信一『**歴史和解は可能か―東アジアでの対話を求めて**』岩波書店、2006年
歴史問題をめぐる認識、政策、議論などを、日本、韓国、中国での動向を中心に詳細に検討し、歴史和解のために何が必要かを考えた本。近年の各国の政治や外交の展開を踏まえた歴史問題についての一線級の現代史研究者による分析と言える。

7 坪井秀人『**戦争の記憶をさかのぼる**』ちくま新書、2006年
最近の戦争責任論の変容を論じた部分と、1955年～95年までに戦争の記憶がどのように語られてきたのかを新聞紙面などを通じて検討した部分から成る。戦争体験の掘り起こしと継承という問題を考える上で好書。

用語解説

東京裁判

第2次世界大戦後、連合国が日本の指導者を、「平和に対する罪」、「人道に対する罪」などで裁いたもので「ポツダム宣言」の戦犯処罰条項を日本が受諾したことによって実施された。東条英機ら7人の死刑をはじめ、25人が侵略戦争を計画、開始したとして有罪判決を受けている。

竹島問題

竹島（韓国名では独島（トッド））は、島根県隠岐島の西北159km、韓国の鬱陵島の東南92kmに位置する群島（総面積0.23km²）。日本が、朝鮮の植民地化の過程で、島根県への所属とした（1905年1月）のに対して、1952年1月韓国が領有を宣言し、日韓で領有権が争われている。

従軍慰安婦問題

日中戦争から第2次世界大戦にかけての時期に日本軍兵士に性的奉仕をさせられた女性たちへの補償問題で、1991年に金学順が慰安婦としての過酷な経験を公開証言したことでクローズアップされた。日本政府は1993年、官房長官談話の形で、政府・軍の関与と道義的責任を認め、謝罪したが、いまだに、日本政府・軍の関与を否定する見方も根強い。

索　引

〔ア行〕

愛国者法　　　　　　　　　　12
アクター　　　　　　　　　　17
新しい人権　　　　　　　　171
アフリカ　　　　　　　　　150
アフリカ連合（AU）　　　　116
アメリカ帝国　　　　　　　　14
安保闘争　　　　　　　　　263
違法伐採　　　　　　　　　139
インターネット　　　　　　183
インフラ事業　　　　　　　154
ウェストファリア体制　　　　 5
エマージング市場　　　　40, 41
エラスムス計画　　　　　　226
円高　　　　　　　　　　　237
欧州経済共同体（ECC）　　210
欧州石炭鉄鋼共同体（ECSC）208
欧州通貨制度（EMS）　　　211
欧州連合（EU）　　　　　　 39
沖縄戦　　　　　　　　　　262
汚染者負担原則　　　　　　136

〔カ行〕

開発独裁　　　　　　　　　167
開発途上国　　　　　　　　150
核拡散防止条約（NPT）　　　75
核抑止　　　　　　　　　75, 76
ガバナンス　　　　　22, 23, 156
カリブ　　　　　　　　　　 58
環境規制　　　　　　　　　243
環境決定論　　　　　　　　 50
カンニバリズム　　　　　　 58
気候変動問題　　　123, 126, 129
気候変動枠組み条約　　　　128
希少金属　　　　　114, 115, 117
北大西洋条約機構（NATO）　75, 86, 89
基本的権利　　　　　　　　244
キャッチアップ　　　　　　238
キューバ・ミサイル危機　　 74
教科書問題　　　　　　　　264
京都議定書　　　　　　128–130
拒否権　　　　　　　　　16, 97
金融資産　　　　　　　　　250
グリーンピース　　　　　　138
グローバル（な市場競争）　239
グローバルスタンダード（世界標準）
　　　　　　　　　　　　　244
軍事環境問題　　　　　　　123
経済成長率　　　　　　　　238
経済・通貨同盟（EMU）　210–212
遣欧使節団　　　　　　　　160
言語帝国主義　　　　　　　 59
構造調整融資　　　　　　　155
国益　　　　　　　　　　　 6
国際競争力　　　　　　　　236
国際刑事裁判所（ICC）　　　84
国際司法裁判所（ICJ）　　　84
国際通貨基金（IMF）　　29, 235
国際電気通信連合（ITU）　 197
国際貿易機構（ITO）　　　　29
国際連合（UN）　82, 83, 90, 95, 96, 99
国際連盟　　　　　　　　　 81
国内総生産（GDP）　　　　234
国民国家　　　　　　　　5, 183
国民負担率　　　　　　　　253
国連安全保障理事会　82, 85, 86, 89, 97–101, 106

国連環境開発会議（UNCED）	128	森林破壊問題	123
国連軍	100, 104	生産要素	245
国連憲章	97-99	正戦論	87, 88
国連貿易開発会議（UNCTAD）	35	政府開発援助（ODA）	157
コソボ空爆	86, 89	世界銀行（IBRD）	29, 116, 154
国家安全保障	79	世界人権宣言	167
		世界ダム委員会（WCD）	173

〔サ行〕

		ゼロ＝サム・ゲーム	6
サイバースペース（電脳空間）	185	相互依存関係	10
債務累積問題	155	ソクラテス計画	227
サブサハラアフリカ	150		
サンフランシスコ講和条約	263		

〔タ行〕

自衛権	78, 82, 83	第三世界	152
自虐史観	265	第3世代の人権	171
持続可能な社会	131	大東亜共栄圏	261
市民社会	18, 19, 21	大量消費社会	182
自民族中心主義	50	多極世界	8
集団安全保障	96, 108	多国籍企業（MNCs）	31, 32, 247
自由貿易協定（FTA）	213	多国籍銀行	34
少子高齢化	254	多国籍軍	100
常任理事国	97	脱亜論	261
少年兵	113, 116	多様性の中の統一	227
消費者主権	248	地位協定	134
情報技術	251	力の均衡	5
情報公共圏	182	直接投資	31
情報戦略	190	デジタル・デバイド	197
情報操作	190	デタント（緊張緩和）	76
情報統制	192	テロとの戦い	13
情報独占	184, 185	伝統的社会	51
情報の価値体系	180	東京裁判	262
殖産興業政策	160	東京大空襲	262
植民地体制	29	同時多発テロ	13, 86
所得格差	245	奴隷制	61
進学率	250		
人権の不可分性・相互依存性	169		

〔ナ行〕

新国際経済秩序（NIEO）	36, 168	南北問題	153
新国際情報秩序	196	二重規準	15
新自由主義史観	265	日米安保条約	132

人間開発	172	平和への課題	106
ネイションステイト	5	貿易摩擦	236
ネット社会	184		

〔ハ行〕

〔マ行〕

ハーグ条約	81	マーストリヒト条約	39, 212, 222
ハッカー	185	未開社会	51
パックス・アメリカーナ	7	水俣病	124
パックス・コンソーシャム	8	民主主義の赤字	214, 215
発展の法則	171	民族浄化	89
パブリック・アクセス	201	無差別戦争論	78, 79, 82, 83
バブル	38	無文字社会	51
パリ不戦条約	81	村山談話	258
非核三原則	133	明治維新	260
東アジア共同体	40	メディア・コングロマリット（メディア複合体）	187
東アジア経済危機	246		
東アジアの奇跡	41	メディア・リテラシー	200
非国家的行為体	17	モノカルチュア経済	35
1人当たりの国民総所得	150		

〔ヤ行〕

ビリヤードモデル	4	野蛮人	55, 56
貧困	246	ユーロ	40, 212
貧困削減	156	輸出志向工業化	36
武器輸入	115	輸入代替工業化	35-36
福祉国家	254	ヨーロッパ・アイデンティティー	221, 224, 225
部分的核実験停止条約	75		
プラザ合意	261, 236	ヨーロッパ市民権	222, 229
ブレトン・ウッズ会議	28, 154	予防外交	109
ブロードバンド（高速大容量通信）	188		

〔ラ行〕

ブロック経済	26	リスボン戦略	217, 218
文化相対主義	50, 200	冷戦（終焉）	76, 88, 240
文化多元主義	200	レジーム	9
文化摩擦	198	劣化ウラン	134, 135
分配政策	252		
平和維持活動（PKO）	104-105, 107-108, 111		

〔欧字〕

平和構築活動	108	AU →アフリカ連合	
平和創設	109	BHN	155
平和的生存権	171	ECC →欧州経済共同体	

ECSC →欧州石炭鉄鋼共同体		ITU →国際電気通信連合	
EMU →経済通貨同盟		MNCs →多国籍企業	
EMS →欧州通貨制度		NATO →北大西洋条約機構	
EU →欧州連合		NIEO →新国際経済秩序	
EU 憲法	215	NIEs	34
FTA →自由貿易協定		NPT →核不拡散条約	
GDP →国内総生産		ODA →政府開発援助	
IBRD →世界銀行		ODA 大綱	163, 168
ICC →国際刑事裁判所		PKO →平和維持活動	
ICJ →国際司法裁判所		UN →国際連合	
IMF →国際通貨基金		UNCED →国連環境開発会議	
IMF・GATT 体制	26, 29	UNCTAD →国連貿易開発会議	
ITO →国際貿易機構		WCD →世界ダム委員会	

執筆者紹介（執筆順）

安藤　次男
　立命館大学国際関係学部教授（アメリカ政治）
　1944年生
　『アメリカ自由主義とニューディール』法律文化社
　『人間の安全保障』(共編著) 東信堂

奥田　宏司
　立命館大学国際関係学部教授（国際金融論）
　1947年生
　『ドル体制とユーロ、円』日本経済評論社
　『途上国債務危機と IMF・世銀』同文館

原　毅彦
　立命館大学国際関係学部教授（文化人類学）
　1953年生
　『ラテンアメリカからの問いかけ』(共編著) 人文書院
　『複数の沖縄』(共編著) 人文書院

小林　誠
　立命館大学国際関係学部教授（国際政治）
　1960年生
　『グローバル・ポリティクス―世界の再構造化と新しい政治学』(共編著) 有信堂高文社
　『統合と分離の国際政治経済学―グローバリゼーションの現代的位相』(共編著) ナカニシヤ出版

石原　直紀
　立命館大学国際関係学部教授（国際機構）
　1950年生
　「国連の平和活動と武力行使」、『立命館国際研究』
　「第一次大戦後の外政機構改革」、『社会科学ジャーナル』

大島　堅一
　立命館大学国際関係学部助教授（環境経済学）
　1967年生
　「有価証券報告書総覧に基づく発電単価の推計」、『高崎経済大学論集』
　「タンカー油濁事故災害の政治経済学」、『高崎経済大学論集』

本名　純
　立命館大学国際関係学部助教授（比較政治学、東南アジア研究）
　1967年生
　Military Politics and Democratization in Indonesia (London : Routledge)

『2004年インドネシア総選挙と新政権の始動』（共著）明石書店

長須　政司
立命館大学国際関係学部教授（国際協力論）
1948年生
"Challenging Managing Donors in Cambodia," in GRIPS, ed., *True Ownership and Policy Autonomy:Manageing Donors and Owing Policies*
翻訳　W. C. バウム『途上国の経済開発　上・下』（共訳）東洋経済新報社

君島　東彦
立命館大学国際関係学部教授（憲法学、平和学）
1958年生
『平和・人権・NGO』（共著）新評論
『平和のアジェンダ』（共著）法律文化社

清本　修身
立命館大学国際関係学部教授（ジャーナリズム論）
1942年生
『グローバル化を読み解くキーワード』（共著）平凡社
「重大な岐路を迎えた EU 統合」、『調研クォータリー』読売新聞社

星野　郁
立命館大学国際関係学部教授（EU 経済論）
1958年生
『ユーロで変革進む EU 経済と市場』東洋経済新報社
「欧州の社会モデルの現状と行方」、『日本 EU 学会年報』

中本真生子
立命館大学国際関係学部助教授（比較文化）
1968年生
「アルザスと国民国家」、『思想』
「ドイツ人からフランス人へ」、『世紀転換期の国際秩序と国民文化の形成』柏書房

高橋　伸彰
立命館大学国際関係学部教授（日本経済論）
1953年生
『少子高齢化の死角』ミネルヴァ書房
『グローバル化と日本の課題』岩波書店

文　京洙
立命館大学国際関係学部教授（韓国政治）
1950年生
『済州島現代史』新幹社
『韓国現代史』岩波書店

執筆分担（※印 編集委員）

※安藤　次男（1章1・2・3節）
※奥田　宏司（2章1・2・3節）
※原　　毅彦（3章1・2・3節）
　小林　　誠（4章1・2・3節）
　石原　直紀（5章1・2・3・4・5節）
　大島　堅一（6章1・2・3節）
※本名　　純（6章4節）
　長須　政司（7章1・2・3・4節）
　君島　東彦（7章5節）
　清本　修身（8章1・2・3節）
　星野　　郁（9章1・2節）
　中本真生子（9章3節）
　高橋　伸彰（10章1・2・3節）
　文　　京洙・安藤　次男（終章1・2・3節）

The New Frontier of International Relations

ニューフロンティア国際関係　　　　定価はカバーに表示してあります。
2006年4月15日

編者ⓒ安藤次男・奥田宏司・／発行者　下田勝司　　印刷・製本／㈱カジャーレ
　　　原　毅彦・本名　純
東京都文京区向丘1-20-6　　郵便振替00110-6-37828
〒113-0023　TEL(03)3818-5521　FAX(03)3818-5514　　　発　行　所
　　　　Published by TOSHINDO PUBLISHING CO., LTD.　　　株式会社 東信堂
　　　　　1-20-6, Mukougaoka, Bunkyo-ku, Tokyo, 113-0023, Japan
　　　　　E-mail : tk203444@fsinet.or.jp　http://www.toshindo-pub.com

ISBN4-88713-670-6　C3031　ⓒT.Ando, H. Okuda,
　　　　　　　　　　　　　　T. Hara, J.Honna

━━━ 東信堂 ━━━

人間の安全保障——世界危機への挑戦	佐藤誠編	三八〇〇円
東京裁判から戦後責任の思想へ〔第4版〕	安藤次男編	三八〇〇円
〔新版〕単一民族社会の神話を超えて	大沼保昭	三三〇〇円
不完全性の政治学——イギリス保守主義	大沼保昭	三六八九円
入門 比較政治学——思想の二つの伝統	H・J・ウィアルダ／大木啓介訳	一九〇〇円
ポスト社会主義の中国政治——民主化の世界的潮流を解読する	A・クイントン／岩本政敏訳	二八〇〇円
クリティーク国際関係学——構造と変容	小林弘二	三六〇〇円
軍縮問題入門〔新版〕	関下稔・中川涼司・中田瑞穂編／黒沢満編著	二三〇〇円／二五〇〇円
実践 ザ・ローカル・マニフェスト——現場からのポリティカル・パルス：日本政治裁断	松沢成文	一三八〇円
時代を動かす政治のことば——尾崎行雄から小泉純一郎まで	大久保好男	一八〇〇円
明日の天気は変えられないが明日の政治は変えられる	読売新聞政治部編	二〇〇〇円
ハロー！衆議院	衆議院システム研究会編／岡野加穂留	一〇〇〇円
大杉榮の思想形成と「個人主義」	飛矢崎雅也	二九〇〇円
〔現代臨床政治学シリーズ〕		
リーダーシップの政治学	石井貫太郎	一六〇〇円
アジアと日本の未来秩序	伊藤重行	一八〇〇円
象徴君主制憲法の20世紀的展開	下條芳明	二〇〇〇円
〔現代臨床政治学叢書・岡野加穂留監修〕		
村山政権とデモクラシーの危機	岡野加穂留・藤本一美編著	四三〇〇円
比較政治学とデモクラシーの限界	岡野加穂留・大六野耕作編著	四二〇〇円
政治思想とデモクラシーの検証	岡野加穂留・伊藤重行編著	三八〇〇円
〔シリーズ制度のメカニズム〕		
アメリカ連邦最高裁判所	大越康夫	一八〇〇円
衆議院——そのシステムとメカニズム	向大野新治	一八〇〇円
WTOとFTA——日本の制度上の問題点	高瀬保	一六〇〇円
フランスの政治制度	大山礼子	一八〇〇円

〒113-0023 東京都文京区向丘1-20-6
TEL 03-3818-5521 FAX 03-3818-5514 振替 00110-6-37828
Email tk203444@fsinet.or.jp URL: http://www.toshindo-pub.com/
※定価：表示価格(本体)＋税

ISO	International Organization for Standardization	国際標準化機構
ITER	International Thermonuclear Experimental Reactor	国際熱核融合実験炉
IUCN	International Union for Conservation of Nature and Natural Resources	国際自然保護連合
IWC	International Whaling Commission	国際捕鯨委員会
JET	Japan Exchange and Teaching	JET（日本の中・高校生の外国語教育の一環として、外国の青年を日本に招く事業）
JETRO	Japan External Trade Research Organization	日本貿易振興会（ジェトロ）
JICA	Japan International Cooperation Agency	国際協力機構
KEDO	Korean Peninsula Energy Development Organization	朝鮮半島エネルギー開発機構
LDC	Least Developed Countries	後発開発途上国
MDGs	Millennium Development Goals	ミレニアム開発目標
MERCOSUR	Mercado Común del Sur	南米共同市場（メルコスール）
MFN	Most-Favored-Nation Treatment	最恵国待遇
MIGA	Multilateral Investment Guarantee Agency	多数国間投資保証機関
MNC	Multi National Corporation	多国籍企業
MTCR	Missile Technology Control Regime	ミサイル関連技術輸出規制
NAFTA	North American Free Trade Agreement	北米自由貿易協定
NAM	Non-Allied Movement	非同盟運動
NATO	North Atlantic Treaty Organization	北大西洋条約機構
NGO	Non-Governmental Organization	非政府組織
NIEO	New International Economic Order	新国際経済秩序
NMD	National Missile Defense	（米国の）国家ミサイル防衛
NIEs	Newly Industrializing Economies	新興工業経済群
NPO	Non-Profit Organization	非営利組織
NPT	Nuclear Non-Proliferation Treaty	核不拡散条約
NSG	Nuclear Suppliers Group	原子力供給国グループ
OAS	Organization of American States	米州機構
OAU	Organization of African Unity	アフリカ統一機構
ODA	Official Development Assistance	政府開発援助
OECD	Organization for Economic Cooperation and Development	経済協力開発機構
OEM	Original Equipment Manufacturing	相手先ブランドによる製品供給
OPCW	Organization for Prohibition of Chemical Weapons	化学兵器禁止機関
OPEC	Organization of Petroleum Exporting Countries	石油輸出国機構
OSCE	Organization for Security and Cooperation in Europe	欧州安全保障・協力機関
PECC	Pacific Economic Cooperation Council	太平洋経済協力会議
PFP	Partnership for Peace	平和のためのパートナーシップ
PKF	Peace Keeping Force	国連平和維持軍
PKO	Peace Keeping Operation	国連平和維持活動
PLO	Palestine Liberation Organization	パレスチナ解放機構
PPP	Polluter Pays Principle	汚染者負担原則

SAARC	South Asian Association for Regional Cooperation	南アジア地域協力連合
SALT	Strategic Arms Limitation Talks	戦略兵器制限交渉
SII	Structural Impediments Initiative	日米構造問題協議
SDI	Strategic Defense Initiative	戦略防衛構想
SSC 計画	Superconducting Super Collider	超伝導超大型加速器計画
START	Strategic Arms Reduction Treaty	戦略兵器削減条約
TMD	Theater Missile Defense	戦域ミサイル防衛
TRIM	Trade-Related Investment Measures	貿易関連投資措置（WTO）
TRIPs	Trade-Related Aspects of Intellectual Property Rights	貿易関連知的所有権（WTO）
UN	United Nations	国際連合（国連）
UNCED	United Nations Conference on Environment and Development	国連環境開発会議
UNCTAD	United Nations Conference on Trade and Development	国連貿易開発会議
UNDCP	United Nations International Drug Control Programme	国連薬物統制計画
UNDP	United Nations Development Programme	国連開発計画
UNEP	United Nations Environment Programme	国連環境計画
UNESCO	United Nations Educational, Scientific and Cultural Organization	国連教育科学文化機関（ユネスコ）
UNFPA	United Nations Fund for Population Activities	国連人口基金
UNHCHR	United Nations High Commissioner for Human Rights	国連人権高等弁務官
UNHCR	United Nations High Commissioner for Refugees	国連難民高等弁務官
UNICEF	United Nations Children's Fund	国連児童基金（ユニセフ）
UNIDO	United Nations Industrial Development Organization	国連工業開発機関
UNOSOM	United Nations Operation in Somalia	国連ソマリア活動
UNPROFOR	United Nations Protection Force	国連保護軍
UNRISD	United Nations Research Institute for Social Development	国連社会開発研究所
UNRWA	United Nations Relief and Works Agency for Palestine Refugees in the Near East	国連パレスチナ難民救済事業機関
UNTAC	United Nations Transitional Authority in Cambodia	国連カンボディア暫定機構
UNU	United Nations University	国連大学
UNV	United Nations Volunteers	国連ボランティア計画
USTR	The United States Trade Representative	米国通商代表
WCD	World Commission on Dams	世界ダム委員会
WEU	Western European Union	西欧同盟
WFP	World Food Programme	世界食糧計画
WHO	World Health Organization	世界保健機関
WID	Women in Development	途上国の女性支援
WIPO	World Intellectual Property Organization	世界知的所有権機関
WTO	World Trade Organization	世界貿易機関
WWF	World Wide Fund for Nature	世界自然保護基金